Goleman
Meditation: Wege nach innen

Daniel Goleman ist promovierter Psychologe und Wissenschaftsredakteur der „New York Times". Bei BELTZ erschien 1987 sein Buch: *Lebenslügen und einfache Wahrheiten. Warum wir uns selbst täuschen.*

Daniel Goleman

Meditation: Wege nach innen

Aus dem Amerikanischen übersetzt
von Ebba D. Drolshagen

verlegt bei Beltz

Titel der Originalausgabe: The Meditative Mind.
The Varieties of Meditative Experience.
Jeremy P. Tarcher, Inc., Los Angeles.
© 1988 Daniel Goleman

CIP-Titelaufnahme der Deutschen Bibliothek

Goleman, Daniel:
Meditation : Wege nach innen / Daniel Goleman.
Aus d. Amerikan. übers. von Ebba D. Drolshagen. –
Weinheim ; Basel : Beltz, 1990.
(Psychologie heute : Taschenbuch ; 534)
Einheitssacht.: The meditative mind <dt.>
ISBN 3-407-30534-6
NE: Psychologie heute / Taschenbuch

Alle Rechte, insbesondere das Recht der
Vervielfältigung und Verbreitung sowie der Übersetzung, vorbehalten. Kein Teil des Werkes darf in
irgendeiner Form (durch Photokopie, Mikrofilm oder ein
anderes Verfahren) ohne schriftliche Genehmigung
des Verlages reproduziert oder unter Verwendung elektronischer Systeme verarbeitet,
vervielfältigt oder verbreitet werden.

© 1990 Psychologie heute-Taschenbuch,
verlegt bei Beltz · Weinheim und Basel
Lektorat: Rainer Spiss
Herstellung: L & J Publications-Service GmbH, 6940 Weinheim
Satz: Satz- und Reprotechnik GmbH, 6944 Hemsbach
Druck- und buchbinderische Verarbeitung:
Druckhaus Beltz, 6944 Hemsbach
Umschlaggestaltung: Peter J. Kahrl, Neustadt/Wied,
unter Verwendung eines Bildmotivs von Colin Turner
Printed in Germany

ISBN 3 407 30534 6

Für Neem Karoli Baba und Sayadaw U Pandita,
für Tara, Govinddas und Hanuman

Inhaltsverzeichnis

Vorwort *(Ram Dass)* 9
Danksagung 19
Einleitung 23

I Das Visuddhi-Magga: Eine Landkarte für den inneren Raum 27

Meditationsvorbereitungen 29
Der Weg der Sammlung 39
Der Weg der Einsicht 50

II Meditationen – Ein Überblick 73

Die hinduistische Bhakti 75
Die jüdische Kabbala 84
Der christliche Hesychasmus 90
Sufismus 97
Transzendentale Meditation 106
Patanjalis Ashtanga Yoga 113
Indisches Tantra und Kundalini-Yoga 120
Der tibetische Buddhismus 127
Zen 132
Gurdjieffs Vierter Weg 138
Krishnamurtis reine Wahrnehmung 143

III Wege der Meditation 149

Das Eine im Vielen 150

Das Umfeld der Meditation 150
Aufmerksamkeit 152
Du siehst, was du glaubst 155
*Veränderte Bewußtseinszustände
in der Meditation* 158

IV Die Psychologie der Meditation . . . 163

Abhidhamma: Eine Psychologie des Ostens . . 164
Östliche und westliche Psychologie 192
Meditation: Forschung und
praktische Umsetzung 220

Literatur 249
Namen- und Sachregister 259

Vorwort
von Ram Dass

*Im Himmel, der ihr Licht am klarsten weist,
Hab ich geweilt; und Dinge sah ich viele,
Die wiedersagt kein heimgekehrter Geist.*

*Denn unser Intellekt, wenn seinem Ziele
Er näher kommt, dringt dann in Tiefen ein,
Wohin Erinnerung folgt nicht seinem Kiele.*

*Jedoch, was ich in meines Geistes Schrein,
Mir eingeprägt vom heiligen Geländen
Das soll nun Stoff zu meinem Sange sein.*

(Dante, Die Göttliche Komödie)

Nur wenige von uns machen Erfahrungen, die ebenso lebhaft und eindringlich sind wie die von Dante beschriebenen, doch auch Sie und ich kennen Augenblicke, in denen wir zeitlich und/oder räumlich die Orientierung verlieren, Augenblicke, in denen es scheint, als stünden wir an der Schwelle zu einem anderen Seinszustand, Augenblicke, in denen unsere persönliche Auffassung von den Dingen unerheblich scheint und wir eine größere, intuitive Harmonie im Universum erahnen. Vielleicht haben Sie eine solche Erfahrung gemacht, nachdem Sie sich in einem spannenden Film oder einem Buch, in einem Kunstwerk, Musikstück oder Gottesdienst ganz „verloren" hatten; nachdem Sie einige Zeit lang völlig versunken am Ufer eines Baches, in den Bergen oder am Meer saßen; oder auch als Folge hohen Fiebers, inmitten eines traumatischen Geschehens, durch Drogen oder bei der Geburt eines Kindes; weil Sie die Sterne betrachtet oder sich verliebt haben. Zu einer Herausforderung werden diese Augenblicke, weil wir die Kontrolle verloren haben und trotzdem alles harmonisch und in Ordnung zu sein scheint.

Bei diesen Erfahrungen spüren wir einen tieferen Sinn in unserem Leben, auch wenn wir es meistens nicht in Worte fassen können. Kennzeichnend für diese Erfahrungen ist, daß sie nicht über den Verstand gehen. Kaum sind sie vorbei, kehren wir allerdings häufig zu unserem analytischen Denken zurück und versuchen, dem Geschehen ein Etikett zu verpassen. Dann wird es schwierig. Streitigkeiten über Etiketten tragen die Schuld an unglaublichen Mißverständnissen unter Menschen, bis hin zu Religionskriegen. Haben wir unsere Erfahrungen erst einmal etikettiert, gewinnen diese Etiketten, da sie mit bewegenden Augenblicken verknüpft sind, eine Eigendynamik. Außerdem geben sie unserem Ego die Sicherheit, daß wir alles unter Kontrolle haben. Einige Etiketten behandeln die Erfahrungen als psychische Phänomene: „Ich hatte den Verstand verloren", es war eine „Halluzination", ein „dissoziierter Bewußtseinszustand", ein „Aufbrechen des Unbewußten", „Hysterie" oder „Einbildung". Andere Etiketten gelten dem Inhalt und implizieren etwas Mystisches oder Spirituelles: „Gott hat sich mir offenbart", „Ich bin des Geistes teilhaftig geworden", „Ich spürte die Gegenwart Christi" oder eines „geistigen Führers", „Ich verstand das Tao", „den Dharma", „das Gesetz Gottes".

1961 fand ich mich in einem solchen Etikettenstreit wieder. Die Einnahme von Psilocybin hatte das bewegendste Erlebnis ausgelöst, das ich je gehabt habe. Es geschah in einem religiös-mystischen Kontext, und das passende Etikett schien ein spirituelles zu sein. Damals war ich Professor für Sozialwissenschaften an der Universität Harvard und neigte daher eher Etiketten zu, die implizierten, diese Droge sei ein Psychotomimeticum – das heißt, daß man durch sie verrückt wird. Und sollte ich nicht durch die Droge verrückt werden, dann schien mir vorhersehbar, daß das der Kampf (oft genug in mir selber) um das richtige Etikett über kurz oder lang bewirken würde. C.G. Jung interpretierte die Geisteskrankheit von Richard Wilhelm, dem Übersetzer des *I Ging*, als eine Folge seines Versuches, in seinem Wesen zwei völlig verschiedene Kulturen zu vereinen.

Äußerlich ging es bei meinem Kampf um den kleinen Psilocybin-Pilz. Die mexikanischen Schamanen nannten ihn *teonanacatl* (Fleisch der Götter) und betrachteten ihn als nützlich für divinatorische und mystische Erlebnisse.

Humphrey Osmond erfand das Wort *psychedelisch*, was „der Psyche offenbaren" bedeutet, und machte damit diese Etikettierung für Abendländer etwas leichter verdaulich. Die psychiatrische Gemeinde etikettierte eben diesen Pilz als „psychotomimetisches Triptamin-Derivat", das nur interessant war, weil man damit experimentell pseudoschizophrene Bewußtseinszustände herbeiführen konnte. Durch das eine Etikett wurden wir zu Erforschern von Bereichen der Mystik, in die Moses, Mohammed, Christus und Buddha vorgedrungen waren. Durch das andere zu ausgemachten Idioten, die sich selbst in den Wahnsinn trieben.

Intuitiv schien die spirituelle Metapher richtig. Gestützt wurde diese Auffassung durch deutliche Parallelen zwischen den unmittelbaren Erfahrungen mit Psychedelika und der mystischen Literatur. Ich löste diese fast unerträgliche Dissonanz, indem ich mich für eine spirituelle Interpretation entschied. Fünf Jahre lang suchten wir nach Etiketten, die den Wert dieser Erfahrungen für die Menschheit steigern würden. Die Konsequenzen, die man daraus für das Bewußtsein des Menschen ziehen konnte, waren recht unterschiedlich. Eine Variante behandelte jede geistige Verfassung, die nicht dem rationalen, normalen, wachen Bewußtsein entsprach, als abweichend – als Widerspiegelung einer mangelhaften Anpassung. Die andere Metapher verstand diese veränderten Bewußtseinszustände als seltene und kostbare Möglichkeit für die Menschheit, in größere Bereiche unseres potentiellen Bewußtseins vorzudringen. Daher sollten solche Erfahrungen nicht unterdrückt, sondern gefördert werden, auch wenn sie für bestehende gesellschaftliche Institutionen eine Bedrohung bedeuteten. Mit diesen Fragen folgten wir den Spuren von William James, der 1902 in seinem Buch *Die Vielfalt religiöser Erfahrung* über veränderte Bewußtseinszustände schrieb:

„Keine Betrachtung des Universums kann abschließend sein, die diese anderen Bewußtseinsformen ganz außer Betracht läßt. Wie sie zu betrachten sind, ist die Frage – denn sie sind so andersartig als das normale Bewußtsein. Dennoch können sie Verhalten bestimmen, obwohl sie Formeln nicht zu bieten haben; sie können Gelände erschließen, auch wenn sie keine Landkarten dazu geben können. Auf jeden Fall verbieten sie einen voreiligen Abschluß unserer Rechnungen mit der Realität."

Wir begannen, die Differenziertheit und Empfindsamkeit zu schätzen, mit der die Lehren des Ostens veränderte Bewußtseinszustände etikettieren. Seit etwa 4000 Jahren hatten diese Religionen Landkarten und Reiseführer für das Terrain innerer Erkundung erstellt. Einige verstanden wir, andere basierten auf kulturell bedingten Auffassungen, die sich von den unseren zu sehr unterschieden, um uns nützen zu können. 1967 reiste ich, von diesen Reiseführern angezogen, nach Indien, um einen Weg – oder vielleicht einen Lehrer – zu finden, mit dessen Hilfe ich diese Wegweiser effektiver würde nutzen können. Damals hoffte ich, diese veränderten Bewußtseinszustände stabilisieren und in mein normales Alltagsleben integrieren zu können. Mit Psychedelika war das keinem von uns gelungen.

In Indien traf ich Neem Karoli Baba, der alle meine Hoffnungen weit übertraf. Er lebte in *Sahaj Samadhi,* das heißt, er hatte einen Zustand erreicht, in dem veränderte Bewußtseinszustände zu einem festen Bestandteil des Lebens geworden sind. In seiner Gegenwart hatte man das Gefühl des schrankenlosen Raums, der Zeitlosigkeit, einer Liebe und eines Mitgefühls, das keine Grenzen kannte. Maharaj-ji, wie wir ihn nannten, nahm einmal eine ungeheure Menge Psychedelika zu sich. Zu meinem größten Erstaunen geschah gar nichts. Da sein Bewußtsein nicht an einen Ort gebunden war, blieb kein Ort, an den er hätte gehen können, denn er war schon hier, mit all seinen Möglichkeiten.

Sehen und sein sind zwei verschiedene Dinge – und ich bin lieber als daß ich sehe. Die Frage war, wie die Wandlung von dem, der ich zu sein glaubte, zu dem, der (oder das) Maharaj-ji war oder auch nicht war, vollzogen werden konnte. Ich wertete jedes Wort, das über

Maharaj-jis Lippen kam, als spezielle Anweisung, auch wenn ich nicht jede befolgen konnte. Dann aber wurde die Sache komplizierter, denn er begann, widersprüchliche Anweisungen zu geben. Ich erkannte, daß ich einem Lehrer gegenüberstand, der, wie ein Zen Koan, keine Wirkung zeigte, solange man dem Rationalen verhaftet blieb. Von dort aus, wo ich mit meinem rationalen, starren, analytischen Denken war, würde ich nie dorthin kommen können, wohin ich wollte. Was war zu tun?

Wenn ich mich in der Gegenwart des Maharaj-ji befand, spürte ich, wie sich mein Herz in niemals zuvor erlebten Wellen einer immer umfassenderen Liebe öffnete. Vielleicht war dies der Weg – in Liebe ertrinken. Aber mein Verstand gab keine Ruhe. Der Sozialwissenschaftler – dieser Skeptiker – ließ sich nicht kampflos ertränken. Mein Ich wehrte sich mit allen Mitteln – mit sinnlichem Verlangen, mit Intellekt, mit Schuld- und mit Verantwortungsgefühlen. So standen beispielsweise in dem Tempel, wo Maharaj-ji sich aufhielt, Statuen des Affengottes Hanuman, der seine Macht der unumschränkten Verehrung Gottes verdankt. Hanuman wird von den Anhängern Maharaj-jis tief geliebt und verehrt. Ich saß vor der zweieinhalb Meter hohen, rotbemalten Betonstatue eines Affen, sang vor ihm und meditierte über ihn. Hin und wieder kommentierte eine Stimme „Oha, du sitzt also vor einem Affengötzen aus Beton und betest ihn an. Jetzt bist du wirklich durchgedreht." Dies war der innere Kampf, für den das Bhagavad Gita eine Metapher ist.

Meine buddhistischen Freunde sagten, es sei eine Frage disziplinierten Denkens und auf Nachfrage bestätigte Maharaj-ji, wer Gerichtetheit des Denkens erlange, werde Gott erkennen. Vielleicht war es das, was ich tun mußte. Ich begann, ernsthaft zu meditieren. Der Pfad der Devotion erlaubte zu viele Gedankenspielereien, ich mußte mir selbst gegenüber hart werden. 1971 begann ich in Bodh Gaya, wo Buddha erleuchtet wurde, zu meditieren. In mehreren zehntägigen Kursen wurde ich, zusammen mit hundert anderen Amerikanern und Europäern, sanft in die buddhistischen Meditationstechniken des Theravada eingeführt – eine in ihrer Einfachheit unübertroffene Praktik.

Um diese Zeit lernte ich Anagarika Munindra kennen, ein Theravadan-Lehrer, der mit seinem fast transparenten Wesen die Verkörperung jenes achtsamen, schwerelosen Gleichmutes zu sein schien, auf den die Methode verwies. Meine ersten Annäherungen an eine neue, tiefe Ruhe belebten mich. Ich bat, mehr lernen zu dürfen, und er führte mich an das Visuddhi-Magga heran, das zur scholastischen Tradition des Buddhismus gehört. Hier nun wurde ich, ein abendländischer Psychologe, intellektuell wahrhaft in meine Schranken verwiesen. Ich erkannte, worum es bei *psyche logos* wirklich ging. Dieses eine Buch enthielt eine hervorragend formulierte, vollständige Kategorisierung mentaler Zustände, darüber hinaus eine Philosophie sowie eine Methode, wie das Bewußtsein von der Tyrannei des Denkens befreit werden kann. Hier war das Etikettierungssystem, das ich seit 1961 suchte. Da es auch erstaunlich frei von Werturteilen war, ließen sich mit ihm unterschiedliche Systeme unter dem Aspekt veränderter Bewußtseinszustände vergleichen. Ich genoß das Buch wie einen alten Cognac.

Mein Verstand war zwar hocherfreut über das System, das der Praxis zugrunde lag, aber ich mußte feststellen, daß ich für das Meditieren unempfänglich und resistent wurde. Lag der Fehler darin, wie ich die Methode ausübte, oder war es ein Hinweis darauf, daß diese Art spiritueller Praxis nicht mein Weg war? Ich war froh, Bodh Gaya verlassen zu können, um das Versprechen einzulösen, einer Bhakti-Feier beizuwohnen und auch, um Maharaj-ji zu suchen, der mein Guru war. Sie wundern sich vielleicht, warum ich mich, wenn Maharaj-ji, ein Hindu, mein Guru war, überhaupt um buddhistische Meditation bemühte – statt bei ihm zu bleiben. Nun, die Antwort lautet, daß er mich nicht bleiben ließ und immer und immer wieder sagte: „Sub Ek" (alles ist eins). Er sprach lang und breit über Christus und Buddha – und warf mich dann hinaus. Als ich von Maharaj-ji fort war, schien es daher kein Widerspruch, anderen Traditionen nachzugehen. Denn nach der Guru-Methode fördern alle anderen Methoden den Prozeß der Läuterung, die es mir schließlich gestatten würde, mit meinem geliebten Maharaj-ji zu verschmelzen. Dieses Verschmelzen würde das Ende der Reise sein.

Als ich Bodh Gaya verließ, hatte ich Vorbereitungen getroffen, den Sommer bei Munindra in Kosina zu verbringen, einem Dorf im Himalaja. Im letzten Augenblick war er verhindert, und so widmeten sich Dan Goleman, ich und noch etwa zwanzig andere den Sommer über einer Mischung aus buddhistischen, hinduistischen und christlichen Praktiken. In dieser Zeit stellte ich in Gesprächen mit Dan fest, daß wir viel gemeinsam hatten. Wir waren beide Psychologen, hatten Verbindung zu Harvard, hatten den gleichen Guru; und wir schätzten die buddhistische Theorie und Praxis der Meditation. Er kämpfte, so wie ich gekämpft hatte, darum, diese so unterschiedlichen Teile unseres Lebens zu integrieren.

Es gab auch gravierende Unterschiede zwischen Dan und mir. Dazu gehörte seine Bereitschaft, von diesen Erfahrungen und Praktiken soviel wie möglich zur Wissenschaftsgemeinde zu Hause zurückzutragen. Ich hingegen hatte das akademische Leben schon lange aufgegeben. Wie Sie an diesem Buch sehen werden, konnte Dan diese intellektuelle Integrationsaufgabe leisten: einen Überblick über die spirituellen Wege und die Bewußtseinszustände zu geben, die sie durchlaufen.

Diese Arbeit ist der Anfang eines systematischen Fundaments, von dem aus wir die Universalität der spirituellen Reise erkennen können, vergleichbar dem philosophischen Fundament, das Aldous Huxley in seinem Buch *Die ewige Philosophie* entwickelt hat. Und wenn wir erst einmal die Gemeinsamkeiten erkennen, können wir auch die Unterschiede würdigen.

Danksagung

1971 hielt ich mich während der Monsunzeit in einem winzigen Himalaja-Dorf auf. In den Monaten davor war ich Schüler indischer Yogis und Swamis, tibetischer Lamas und südbuddhistischer Laien und Mönche gewesen. Fremde Namen und Begriffe stürmten auf mich ein: „Samadhi", „Jhana", „Turiya", „Nirvana" und zahllose weitere, mit denen diese Lehrer ihre spirituellen Wege zu erklären versuchten. Jeder dieser Wege schien im Kern identisch mit allen anderen, doch erklärte jeder auf seine eigene Weise, wie man ihn befahren müsse und auf welche Orientierungspunkte man zu achten habe.

Ich war verwirrt. Dann machte Joseph Goldstein, ein Lehrer der Hellblick-Meditation, in Bodh Gaya eine Bemerkung, durch die die Dinge für mich erstmals Gestalt annahmen. Es sei, so sagte er, schlicht eine Frage der Zahl: Alle Meditationssysteme strebten entweder nach dem Einen oder dem Nichts – nach Vereinigung mit Gott oder nach der Leere. Der Pfad zum Einen führt über Konzentration auf Ihn, der Pfad zum Nichts über Einsicht in die Nichtigkeit des eigenen Denkens. Dies war mein erster Anhaltspunkt, um Meditationstechniken voneinander zu unterscheiden.

Ein oder zwei Monate später fand ich mich nun für die Dauer des Monsuns in besagtem Himalaja-Dorf wieder. Wir waren zu fünft dorthin gefahren, um während der

Regenzeit mit einem Meditationslehrer zu arbeiten. Er kam nicht. Statt dessen tröpfelten immer mehr Amerikaner und Europäer ein, die mein Guru Neem Karoli Baba geschickt hatte. Am Ende des Monsuns waren dreißig oder vierzig westliche Pilger beisammen, darunter Praktizierende so gut wie jeder größeren spirituellen Lehre: die verschiedenen Richtungen des indischen Yogas, unterschiedliche Sekten des tibetischen Buddhismus, des Sufismus, der christlichen Kontemplation und des Zen, Schüler von Gurdjieff, Krishnamurti sowie zahlloser weiterer Swamis, Gurus, Yogis und Babas. Jeder und jede* hatte seinen kleinen Schatz Lieblingsbücher und einen Fundus persönlicher Geschichten mitgebracht. Diese Texte und Erzählungen halfen mir, die wichtigsten Gemeinsamkeiten und Unterschiede zwischen den Meditationswegen zu verstehen.

Ich machte mir Notizen, die anfangs nur als Erklärungen für mich selbst dienten. Ich suchte nach Landkarten, und jede dieser Traditionen hatte eine zu bieten. Diese Karten haben mir geholfen, mich in der Meditation zurechtzufinden und mir in unbekanntem Gelände ein Gefühl von Sicherheit vermittelt. Natürlich ist ihre Reichweite begrenzt. Jeder von uns geht seinen eigenen Weg, auch wenn wir uns hin und wieder auf vielbenutzten Pfaden bewegen. Die Landkarten, die ich in dieses Buch aufgenommen habe, beschreiben bekannte Routen. Sie decken keineswegs das gesamte Terrain ab. Dieses geistige Gelände ist größtenteils unkartographiert; hier ist jeder Entdecker.

---

* Ich benutze in diesem Buch durchgehend das Maskulinum als generisches Geschlecht. Selbstverständlich steht der Weg der Meditation Menschen jeden Geschlechts, jeder Rasse und jeden Glaubens offen.

Im Zusammenhang mit diesem Buch gilt mein größter Dank Neem Karoli Baba, der mich anregte, meinen eigenen Weg ernst zu nehmen. Sehr viel verdanke ich den Gesprächen und Begegnungen mit Sayadaw U Pandita, Ram Dass, Anagarika Munindra, Chögyam Trungpa, Bhagavan Das, Anandamayi Ma, Kunu Rinpoche, Krishnamurti, S. N. Goenka, Swami Muktananda, Nyanaponika Mahathera, Bhikku Nyanajivako, Joseph Goldstein, Herbert Guenther, K. K. Sah, Pater Theophane, Yogi Ramagyadas, Charles Reeder und zahlreichen anderen, die diese Wege selbst gehen. Die Herausgeber des *Journal of Transpersonal Psychology* ermutigten mich, meine Gedanken in Aufsätzen zu formulieren, auf denen einige Abschnitte dieses Buches basieren. Meine Asienreisen unternahm ich anfangs als Harvard Predoctoral Fellow, später als Forschungsstipendiat des Social Science Research Council.

Die Gedankengänge dieser Aufsätze wurden durch die Gespräche mit all denen beeinflußt, die ähnliche Interessen verfolgen. Nennen möchte ich hier insbesondere Richard Davidson, Gary Schwartz, David McClelland, David Shapiro, Herbert Benson, Daniel Brown, Jack Engler, Mark Epstein, Jon Kabat-Zinn, Kathleen Speeth, Mihalyi Csikzentmihalyi, Gerald Fogel, Roger Walsh und vor allem meine Frau Tara Bennett-Goleman. Allen, die mir geholfen haben, bin ich zutiefst dankbar.

Einleitung

Als ich das Buch *The Varieties of the Meditative Experience* verfaßte, auf dem die ersten drei Kapitel dieses Buches basieren, war die Meditation im Westen noch etwas Neues. Zwar waren östliche Lehrer wie Yogananda und D. T. Suzuki schon lange zuvor in die USA gekommen und hatten auch vereinzelt Anhänger gefunden. Aber in den späten 60er und frühen 70er Jahren erwachte ein Interesse an Meditation, wie es der Westen bislang noch nicht erlebt hatte. Davon angesteckt, begann ich am College zu meditieren und reiste später als Doktorand der Psychologie nach Asien, um die Meditationstraditionen an ihren Ursprungsorten zu studieren. Wir, die wir uns von der Meditation des Ostens angezogen fühlten, sahen uns mit einem Wust von Techniken, Schulen, Traditionen und Nebenlinien konfrontiert. Plötzlich waren wir von Gesprächen über eigenartige Bewußtseinszustände und exotische Seinsweisen umgeben – „Samadhi" und „Satori", Bodhisattvas und Tulkus.

Dies war für uns neues, unbekanntes Terrain. Das Bedürfnis nach einer Orientierungshilfe, einem Reiseführer, war groß. Ich schrieb *Varieties* als Überblick über die wichtigsten Meditationslehren, die damals so zahlreiche Schüler fanden. Ich wollte das Exotische etwas vertrauter machen und die grundlegenden Gemeinsamkeiten dieser Traditionen aufzeigen, ohne dabei ihre Unterschiede zu vernachlässigen.

Heute liegen die Dinge anders. Die Meditation ist zu einem Teil unserer Gesellschaft geworden. Im Westen haben Millionen von Menschen meditiert, viele haben ihr in ihrem geschäftigen Leben einen festen Platz eingeräumt. Die Meditation ist in der Medizin, der Psychologie, der Pädagogik und auch für die Selbstentfaltung zu einer gängigen Methode geworden. Viele alte Hasen meditieren mittlerweile schon im zweiten Jahrzehnt.

Ich erinnere mich, daß der verstorbene tibetische Lehrer Chögyam Trungpa 1974 zu mir sagte: „Der Buddhismus wird als eine Variante der Psychologie in den Westen gelangen." Die Vorstellung, daß der Buddhismus – wie alle anderen großen spirituellen Traditionen der Welt – überhaupt eine Psychologie hatte, war mir damals völlig neu. Im Lauf der Zeit entwickelte sich jedoch die Beziehung zwischen den Psychologien des Ostens und des Westens zu einem Schwerpunkt meiner Arbeit. Ich veröffentlichte mehrere Aufsätze über die Begegnung zwischen abendländischer Kultur und östlichen Meditationstraditionen. Dazu gehörten Beschreibungen östlicher Psychologien, der Aufgeschlossenheit und der Widerstände westlicher Psychologen hinsichtlich der östlichen Denkweise und der Rolle der Meditation in Psychotherapie, Medizin und Selbsterfahrung.

Einige dieser Aufsätze habe ich in das Kapitel „Die Psychologie der Meditation" eingearbeitet. Dieses Kapitel beschäftigt sich mit alltäglicheren Anwendungsbereichen und Begleiterscheinungen der Meditation – wie sie zur Streßbewältigung beitragen und die Lebensqualität ganz allgemein verbessern kann.

Abgesehen von ihren praktischen Anwendungsmöglichkeiten beeinflußt Meditation vor allem das spirituelle Leben. Die Bewußtseinszustände, die von den klassischen Texten beschrieben werden, können Menschen nicht nur aus der Engstirnigkeit des Alltags befreien, sondern auch das normale Bewußtsein auf Dauer verändern. Solche transzendentalen Zustände sind häufig der Beginn für ein spirituelles Leben; die Begründer und frühen Anhänger einer jeden Weltreligion haben sie erlebt. Moses, der die Zehn Gebote erhält, Jesus, der 40 Tage in der Wildnis ausharrt, Allahs Visionen in der Wüste und die Erleuchtung Buddhas unter dem Bodhi-Baum – all dies sind Zeugnisse außergewöhnlicher Bewußtseinszustände.

Häufig leben religiöse Institutionen und Theologien länger als die Botschaft der transzendentalen Zustände, aus denen sie ursprünglich entstanden sind. Ohne diese lebendigen Erfahrungen aber fehlt den religiösen Institutionen der Sinn, und ihre Theologien wirken inhaltsleer. Ich sehe den Grund für die heutige Krise der etablierten Religionen darin, daß diese transzendentalen Zustände – der lebendige Geist im Herzen aller Religionen – so selten persönlich erfahren werden.

Dieser Geist eint die Vielfalt meditativer Erscheinungsformen. Eine alte Zenweisheit besagt: „Es gab noch nie zwei Wege. Alle, die ankamen, kamen auf dem gleichen Weg."

I
Das Visuddhi-Magga: Eine Landkarte für den inneren Raum

Der klassische buddhistische *Abhidhamma* ist vermutlich die umfassendste und detaillierteste traditionelle Psychologie der Bewußtseinszustände. Im fünften nachchristlichen Jahrhundert faßte der Mönch Buddhaghosa die Aussagen des Abhidhamma zur Meditation im *Visuddhi-Magga*, dem „Reinheitsweg" zusammen (Nyanatiloka Mahathera 1952).* Buddhaghosa erklärt, äußerste „Reinheit" sei ausschließlich als *Nibbana* (Sanskrit: *Nirvana*), ein veränderter Bewußtseinszustand, zu verstehen.

Das Visuddhi-Magga war jahrhundertelang Teil eines mündlich überlieferten Kompendiums buddhistischer Philosophie und Psychologie, das angehende Mönche Wort für Wort auswendig zu lernen hatten. Es vermittelt uns ein umfassendes Bild einer bestimmten Auffassung von Meditation und eignet sich daher als Ausgangspunkt, um andere Meditationsarten verstehen zu können, um die es im zweiten Kapitel gehen wird. Das Visuddhi-Magga beginnt mit Ratschlägen, welche Um-

---

* Nähere Angaben zu diesen und anderen Büchern, die im Text erwähnt werden, finden sich im Literaturverzeichnis.

gebung und welche Geisteshaltung der Meditation zuträglich sind. Sodann beschreibt es spezielle Techniken, mit deren Hilfe der Meditierende seine Konzentration schulen kann und schildert, auf welche Orientierungspunkte er auf dem Weg der Meditation treffen wird, bis er zum Nirvana gelangt. Abschließend geht es auf die Folgen ein, die das Erlangen des Nirvana für den Meditierenden haben kann.*

Das Visuddhi-Magga ist ein traditionelles Handbuch der Meditation. Es gibt jedoch nicht zwingend Auskunft über die jeweiligen Praktiken heutiger Theravada-Buddhisten. Die Abfolge, die es beschreibt, ist eine ideale und muß daher nicht dem entsprechen, was jeder einzelne erlebt. Erfahrene Meditierende aber werden mit Sicherheit an manchen Stellen Vertrautes wiedererkennen.

---

* Neben der ausgezeichneten englischen Übersetzung aus der Originalsprache Pali durch Nanamoli Thera (1976), wurden als weitere moderne Kommentare zum Visuddhi-Magga unter anderem folgende Werke herangezogen: Bhikku Soma (1949), E. Conze (1956), Kalu Rimpoche (1974), Kashyap (1954), Lama Govinda (1969), Ledi Sayadaw (1965), Mahasi Sayadaw (1965, 1970), Narada Thera (1956), Nyanaponika Thera (1949, 1962, 1975), Nyanatiloka (1952, 1981), P. V. Mahathera (1962).

Meditationsvorbereitungen

Meditieren beginnt mit *Sila* (Sittlichkeit oder moralische Reinheit). Diese systematische Schulung tugendhafter Gedanken, Reden und Taten gibt dem Streben des Meditierenden nach Bewußtseinsveränderung eine Richtung. „Unsittliche Gedanken", sexuelle Phantasien oder Zorn beispielsweise, führen zu Zerstreutheit beim Meditieren. Sie sind für den ernsthaft Meditierenden vergeudete Zeit und Energie. Seelische Reinigung bedeutet, die ablenkenden Gedanken immer weniger werden zu lassen.

Der Reinigungsprozeß ist eines von insgesamt drei Grundelementen einer buddhistischen Schulung. Die beiden anderen sind *Samadhi* (innere Sammlung) und *Puñña* (Wissen oder Einsicht). Wissen bedeutet hier „die Dinge sehen, wie sie sind". Reinigung, Sammlung und Wissen hängen eng miteinander zusammen. Bemühungen um die Reinigung des Geistes erleichtern den Beginn der Sammlung, die wiederum dauerndes Wissen und Einsicht ermöglicht. Sind Sammlung oder Einsicht ausgebildet, ist Reinheit für den Meditierenden kein Willensakt mehr, sondern geschieht mühelos und natürlich. Einsicht verstärkt Reinheit und fördert gleichzeitig die Sammlung; sowohl Einsicht wie Reinheit können Begleiterscheinungen einer intensiven Sammlung sein. Die Interaktion verläuft nicht nur in einer Richtung; die Entwicklung einer dieser Eigenschaften kommt immer auch den beiden anderen zugute. Der Verlauf des meditativen Pfades ist also nicht gleichbedeutend mit einem geradlinigen Voranschreiten dieser drei – er gleicht vielmehr simultanen Spiralbewegungen. Seine Darstellung kann nicht anders als auf lineare Weise erfolgen, beim Meditierenden geschieht die Ausbildung von Sittlichkeit, Sammlung und Einsicht jedoch auf vielfach verwobene Weise. Es handelt sich um drei Facetten eines einzigen Prozesses.

In der Tradition des Visuddhi-Magga beginnt der aktive Läuterungsprozeß für Laien, Novizen, Mönche und Nonnen mit der Beachtung der ethischen Gebote. Der Laie muß nur fünf Dinge meiden: Töten, Stehlen, Lügen, unerlaubte sexuelle Betätigung und Rauschmittel. Für die Novizen erweitert sich diese Liste bereits auf zehn, wobei die ersten fünf im weiteren Verlauf strenger eingehalten werden müssen. Für Mönche schließlich gibt es 227 Gebote und Verpflichtungen, die den mönchischen Tagesablauf bis ins Detail regeln. Die Ausübung der Reinheit unterscheidet sich je nach Lebensweise, ihr Ziel bleibt jedoch dasselbe, nämlich notwendige Vorbereitung für die Meditation zu sein.

In gewisser Hinsicht handelt es sich hierbei um Regeln für angemessenes soziales Verhalten, doch ist dies zweitrangig im Vergleich zur Reinheit der Beweggründe, die in richtigem Verhalten erkennbar wird. Es geht nicht nur um Reinheit im landläufigen, nach außen gerichteten Sinn eines sittsamen Verhaltens, sondern auch um die geistige Grundeinstellung, aus der rechtes Sprechen, Handeln und Denken erwachsen.

Beispielsweise rät das Visuddhi-Magga dem Meditierenden, er solle, falls er sexuell erregende Gedanken hat, diesen Gedanken sofort dadurch begegnen, indem er über die widerwärtigen Aspekte des Körpers meditiert. Das Ziel besteht darin, den Meditierenden von allen Reue-, Schuld- oder Schamgefühlen sowie von sexueller Lust zu befreien. Das Verhalten wird gelenkt, weil es den Geist beeinflußt. Sittliche Handlungen sollen zu einem ruhigen und gelassenen Geisteszustand führen. Das einzige Ziel eines moralisch reinen Lebens ist ein geistig reines Leben.

Da das Ziel dieser Reinheit der gelenkte Geist ist, gehört die Zügelung der Sinne zur Reinigung. Die Methode, mit der dies erreicht werden soll, ist *Sati* (Achtsamkeit). Achtsamkeit ermöglicht insofern die Kontrolle der Sinne, indem man übt, Sinneswahrnehmungen zu registrieren, ohne zuzulassen, daß sie im Geiste sofort eine Kette gedanklicher Reaktionen auslösen. Achtsamkeit ist die Haltung, Sinnesreizen nur die allernötigste Aufmerksamkeit zu schenken. Wird Achtsamkeit systematisch zu *Vipassana* (die Dinge sehen, wie sie sind) weiterentwickelt, ist sie der Königsweg zum Zustand des Nirvana. Im täglichen Leben erlaubt Achtsamkeit dem Meditierenden, Distanz zu seinen eigenen Wahrnehmungen und Gedanken zu gewinnen. Er wird Zuschauer seines Bewußtseinsstromes, was die Attraktivität der üblichen Geistestätigkeiten verringert und damit den Weg zu veränderten Bewußtseinszuständen ebnet.

Den Meditierenden, der sich zu Beginn noch von seiner Umgebung ablenken läßt, unterweist das Visuddhi-Magga darin, welches die optimale Lebensführung und der beste Meditationsort sind. Die Art und Weise, in der er seinen Lebensunterhalt verdient, darf ihm keinen Anlaß geben, Schlechtes zu tun. Mönchen sind Betätigungen wie Astrologie, Handlesen und

Traumdeutung ausdrücklich verboten; ein Leben als Bettler hingegen wird empfohlen. Besitz sollte auf ein Minimum beschränkt bleiben; ein Mönch darf nur acht Dinge besitzen: drei Roben, einen Gürtel, eine Bettelschale, ein Rasiermesser, eine Nähnadel und Sandalen. Er soll in Maßen essen, so viel, daß seine körperliche Gesundheit erhalten bleibt, aber nicht so viel, daß er davon träge wird. Sein Wohnort sollte fernab von der Welt liegen und ein Ort der Einsamkeit sein; wer einem Haushalt angehört und nicht in Abgeschiedenheit leben kann, sollte für die Meditation einen eigenen Raum reservieren. Eine übertriebene Sorge um den Körper ist zu vermeiden, im Falle einer Krankheit aber soll der Meditierende die nötige Medizin erhalten. Wenn er sich mit den vier lebensnotwendigen Dingen – Kleidung, Nahrung, Obdach und Arznei – versorgt, sollte er nur nehmen, was er für sein Wohlbefinden braucht. Er sollte dabei ohne Gier handeln, so daß auch sein unverzichtbarer materieller Besitz nicht von Unreinheit befleckt wird.

Da die eigene Geisteshaltung von der Geisteshaltung jener beeinflußt wird, mit denen man zusammenlebt, sollte der ernsthaft Meditierende die Nähe Gleichgesinnter suchen. Dies ist einer der Vorteile des *Sangha*, ein Begriff, der in seiner engen Bedeutung jene bezeichnet, die das Nirvana bereits erlangt haben, in seiner weiteren Bedeutung die Gemeinschaft derer, die sich auf dem Weg dorthin befinden. Das Meditieren wird durch die Gesellschaft achtsamer oder gesammelter Menschen erleichtert, wie es umgekehrt durch Menschen behindert wird, die erregt, unkonzentriert und von weltlichen Dingen in Anspruch genommen sind. Erregte, der Welt zugewandte Menschen neigen dazu, auf eine Weise zu sprechen, die jene Distanzierung, Leidenschaftslosigkeit oder Gemütsruhe verhindert, um die sich der Meditierende bemüht. Buddha zählt einige Beispiele für weltliches, nutzloses Geplapper auf. Typisch sind

„Gespräche über Könige, Diebe, Minister, Armeen, Hungersnöte und Kriege; über Essen, Trinken, Kleidung und Wohnung; über Girlanden und Wohlgerüche, Verwandte, Fahrzeuge, Städte und Länder; über Frauen und Wein, den Klatsch der Straße und der Gosse; über Ahnen und mancherlei Nichtigkeiten; Legenden über den Ursprung der Welt, das Reden darüber, ob es um die Dinge so oder anders steht und ähnliches mehr" (Nyanaponika 1962, S. 172).

Auf späteren Stufen mag der Meditierende etwas als Hindernis empfinden, was ihm zuvor Stütze gewesen war. Das Visuddhi-Magga nennt zehn Kategorien möglicher Verhaftungen, die einem Fortschritt in der Meditation im Wege stehen können: 1. jeder feste Wohnort, sofern dessen Unterhalt Anlaß zur Sorge ist, 2. die Familie, wenn ihr Wohlergehen Anlaß für Kummer ist, 3. das Anhäufen von Gaben oder ein Ruf, um dessentwillen man Zeit mit Bewunderern verbringen muß, 4. eine Schülergemeinde oder eine Lehrtätigkeit, 5. Projekte, „etwas tun müssen", 6. umherreisen, 7. Menschen, die einem nahe stehen und deren Bedürfnissen man Aufmerksamkeit schenken muß, 8. Krankheiten, die behandelt werden müssen, 9. theoretische Studien ohne begleitende Praxis und 10. magische Fähigkeiten, deren Ausübung interessanter wird als die Meditation. Das Lösen dieser Bindungen läßt den Meditierenden frei werden für ein Meditieren ohne Ablenkung: Dies ist „Läuterung" im Sinne einer Befreiung des Geistes von beunruhigenden Dingen. Das Leben eines Mönches ist auf diese Art von Freiheit abgestimmt; der Laie findet in den kurzen Zeiten des meditativen Rückzugs eine zeitweilige Atempause.

Der „Mittlere Weg" des Buddha stellt die Befolgung dieser asketischen Praktiken frei. Der ernsthafte Mönch kann sie praktizieren, wenn sie ihm hilfreich erscheinen. Er muß sie jedoch unauffällig befolgen, damit sie keine unangemessene Aufmerksamkeit erregen. Zu diesen Praktiken gehört unter anderem, nur Kleidungsstücke zu tragen, die aus Lumpen angefertigt wurden, nicht mehr als eine Schale Essen zu sich zu nehmen und dies nur einmal am Tag, im Wald unter einem Baum zu leben, auf einem Friedhof oder im Freien zu wohnen, die ganze Nacht wach zu bleiben. Diese Lebensführung zu wählen, steht zwar jedem frei, gleichwohl lobt Buddha alle, die diese Lebensweise um der „Mäßigkeit, Genügsamkeit, Enthaltsamkeit und Loslösung willen" befolgen, während er jene tadelt, die sich ihrer Enthaltsamkeit brüsten und auf diejenigen herabblicken, die sie nicht praktizieren. Auf jeder Stufe des Weges wird Reinheit durch Stolz vereitelt, jeder aus der Askese gezogene Gewinn wird durch Stolz verwirkt. Ziel der Reinigung ist ein von Äußerlichkeiten unberührter Geist, der ruhig und reif für die Meditation ist.

Erste Schritte auf dem Weg der Sammlung

Reinheit ist die seelische Grundlage für Sammlung. Wesentliches Kennzeichen von Sammlung ist das Nicht-Abgelenktsein; Reinigung bedeutet, systematisch alle Ablenkungsquellen zu entfernen. Nun besteht die Aufgabe des Meditierenden darin, die Einheit des Geistes zu erlangen: Gerichtetheit. Normalerweise ist der Gedankenfluß ungeordnet und zerfahren. Ziel der Sammlung in der Meditation ist es, den Gedankenfluß zu bündeln, indem man den Geist auf einen einzigen Gegenstand, das Meditationsobjekt, fokussiert. In den späteren Stadien meditativer Sammlung richtet sich der Geist nicht nur auf das Objekt, sondern durchdringt es schließlich; völlig von diesem Gegenstand der Betrachtung erfüllt, wird der Geist eins mit ihm. Dann gibt es im Bewußtsein des Meditierenden nur noch das Meditationsobjekt.

Jedes Objekt, auf das die Aufmerksamkeit gerichtet wird, kann zum Gegenstand meditativer Sammlung werden, da Sammlung ja nur bedeutet, die Konzentration auf einen Punkt gerichtet zu halten. Die Eigenschaften des gewählten Objektes haben jedoch deutliche Auswirkungen auf das Meditationsergebnis. Das Visuddhi-Magga empfiehlt 40 Meditationsobjekte:
- zehn *Kasinas*, farbige Scheiben von etwa 30 Zentimeter Umfang: Erde, Wasser, Feuer, Wind, Blau, Gelb, Rot, Weiß, Licht und Raumbegrenzung;
- zehn *Asubhas*, ekelerregende, verwesende Objekte wie zum Beispiel eine aufgedunsene, angenagte oder von Würmern zerfressene Leiche oder ein Skelett;
- zehn *Anussati*, Betrachtungen über die Eigenschaften des Buddha, die Lehre, die Gemeinde, den Frieden, die Sittlichkeit, die Freigebigkeit, den Besitz göttlicher Eigenschaften oder die Unausweichlichkeit des Todes; Kontemplationen über die 32 Bestandteile des Körpers oder das Aus- und Einatmen;
- vier *Brahma-vihara*, göttliche Verweilungszustände: Allgüte, Mitleid, Mitfreude und Gleichmut;
- vier *Aruppa*, unkörperliche Gebiete: die Unendlich-

keit des Raumes, die Unendlichkeit des Erkennens, die Sphäre des Nichts und das Weder-Wahrnehmungs-Noch-Nichtwahrnehmungsgebiet; die Widerwärtigkeit der Nahrung;

● die vier Elemente Erde, Luft, Feuer, Wasser als abstrakte Kräfte (das heißt das Feste, das Windige, das Erhitzende und das Flüssige).

Jede dieser Übungen hat ganz eigene Auswirkungen auf Art, Tiefe und Begleiterscheinungen der Sammlung; das Meditieren über eine Leiche zum Beispiel unterscheidet sich völlig von der Meditation über grenzenlose Güte. Jedes Thema eignet sich, die Sammlung in jene Tiefe zu führen, die zum Erlangen des Nirvanas erforderlich ist. Die Sammlung, die durch einen Gegenstand komplizierterer Natur – wie die Eigenschaften Buddhas – entsteht, ist weniger geschlossen als die, die durch einfache Meditationsobjekte – wie das Erd-Kasina, eine tonfarbene Scheibe – erzeugt werden. Abgesehen von der unterschiedlichen Intensität der Sammlung, die ein bestimmter Meditationsgegenstand auslöst, hat jeder auch ganz eigene seelische Begleiterscheinungen. So folgt aus der Meditation über grenzenlose Güte mehreres: der Meditierende schläft und erwacht voll Zufriedenheit; er hat keine unangenehmen Träume; er geht mit allen Wesen liebevoll um; sein Geist sammelt sich leicht; sein Ausdruck ist heiter und er stirbt ohne Verwirrung.

Buddha erkannte, daß Menschen mit verschiedenen Temperamenten auch unterschiedliche Meditationsübungen brauchen. Seine Anweisungen, wie Menschen und Meditationsübungen einander zuzuordnen sind, basieren auf vier Grundtypen des Temperaments: (1) der zum Haß Neigende, (2) der Lustvolle, Verblendete oder Erregbare, (3) der zum Glauben Neigende und (4) der Intelligente.

Übungen, die sich für den Haßerfüllten eignen, sind die vier positiven Geisteszustände und die vier Farbkasinas; zum Lustvollen passen die zehn Leichen, die Bestandteile des Körpers und die Atmung; für den Gläubigen sind die ersten sechs Betrachtungen geeignet, für den Intelligenten die Betrachtungen über Tod, die Widerwärtigkeit der Nahrung und die Elemente. Die verbleibenden Übungen eignen sich für alle. Das Visuddhi-Magga nennt auch die richtige psychische Umgebung für jeden Typus. Dem Lustvollen beispielsweise, sollte eine enge, fensterlose Hütte in einer häßlichen Gegend in der Nähe unfreundlicher Menschen zugewiesen werden; der Haßerfüllte hingegen sollte ein bequemes und geräumiges Häuschen in schöner Umgebung in der Nähe hilfsbereiter Menschen erhalten.

Der Lehrer

Der ideale Meditationslehrer war Buddha, der, wie es heißt, die Fähigkeit besaß, Geist und Herz der anderen zu kennen und so für jede Person die Übung und die Umgebung wählte, die für sie richtig war. Das Visuddhi-Magga rät dem Meditationsanfänger, seinen Lehrer entsprechend des von ihm erreichten Meditationsniveaus zu wählen. Die Unterstützung und der Rat eines Lehrers sind für den Meditierenden, der seinen Weg durch unvertrautes geistiges Terrain sucht, von entscheidender Bedeutung. Der Schüler „nimmt seine Zuflucht" zum Lehrer und gelobt, seinen Anweisungen unbedingt zu folgen.

Der Schüler opfert seine Ich-Bezogenheit. Sie ist die Quelle aller Hindernisse, die ihn davon abhalten, die Meditation zu verfolgen. Die Verantwortung für seine Befreiung liegt jedoch allein auf den Schultern des Schülers, nicht des Lehrers; der Lehrer ist lediglich ein „guter Freund", der den Weg weist; gehen muß ihn der Schüler allein. Die folgenden Zeilen aus dem *Zenrin*, einer japanischen Spruchsammlung, fassen die Rolle des Lehrers wie folgt zusammen: *Willst du den Weg wissen, der zum Berg hinaufführt, mußt du den fragen, der ihn hinauf- und hinabläuft.*

Der Weg der Sammlung

Als Beschreibung des Weges der Sammlung hat das Visuddhi-Magga leider einen gravierenden Nachteil: Es beginnt mit der Beschreibung eines fortgeschrittenen veränderten Bewußtseinszustandes, den viele, vielleicht sogar die meisten Meditierenden niemals erreichen. Diese Lücke läßt sich jedoch mit Hilfe anderer buddhistischer Quellen schließen, die beim normalen Geisteszustand des Meditierenden ansetzen.

Zu Beginn schweift die Konzentration des Meditierenden vom Meditationsobjekt ab. Wenn er dies bemerkt, lenkt er seine Aufmerksamkeit auf den Gegenstand seiner Betrachtung zurück. Seine Gerichtetheit ist nur zeitweilig, sie kommt und geht. Sein Geist oszilliert zwischen dem Meditationsobjekt und ablenkenden Gedanken, Gefühlen und Empfindungen. Die erste Hürde auf dem Weg zur Sammlung ist überwunden, wenn der Geist des Meditierenden sowohl von äußeren Ablenkungen als auch von Gedanken und Gefühlen unberührt bleibt.

Auf der nächsten Stufe kann er sich bereits längere Zeit auf das Objekt konzentrieren. Es fällt ihm leichter, seinen abschweifenden Geist immer und immer wieder auf das Objekt zurückzulenken. Diese Fähigkeit wächst in dem Maße, wie der Meditierende die nachteiligen Auswirkungen der Ablenkungen (zum Beispiel Aufgebrachtsein) erkennt und die Vorteile eines ruhigen Gerichtetseins spürt. Er lernt, geistige Angewohnheiten zu überwinden, die einem ruhigen Gesammeltsein im Wege stehen – wie Langeweile, die aus Hunger nach Neuem kommt. Inzwischen kann sich der Meditierende über lange Zeiträume ohne Ablenkung sammeln.

Am Rande der Versenkung

In den frühen Meditationsstufen herrscht eine Spannung zwischen der Sammlung auf das Meditationsobjekt und ablenkenden Gedanken. Die größten Ablenkungen bilden sinnliche Begierden, Willensschwäche, Verzweiflung und Zorn, Faulheit und Lethargie, Aufgebrachtheit und Sorge sowie Zweifel und Skepsis. Nach langer Übung kommt der Moment, an dem diese Hindernisse überwunden sind. Dies geht mit einer deutlichen Belebung der Sammlung einher. Zugleich gewinnen Merkmale wie Gerichtetheit und Glücksgefühl die Oberhand, die zu völliger Versenkung führen werden. Diese Merkmale waren auch vorher schon unterschiedlich stark vorhanden, erlangen nun aber, wenn sie zusammenkommen, plötzlich besondere Kraft. Dies ist die erste nennenswerte Errungenschaft der meditativen Sammlung; da dieser Zustand der völligen Versenkung unmittelbar vorangeht, wird er „vorbereitende" oder Eingangssammlung genannt.

Auf dieser Stufe reagiert der Meditierende noch auf seine Sinne, er bleibt sich der Geräusche in seiner Umgebung und seiner Köperempfindungen bewußt. Das Meditationsobjekt ist ein beherrschender Gedanke, erfüllt aber seinen Geist noch nicht ausschließlich. Auf dieser Eingangsstufe stellen sich intensive Begeisterungs- oder Verzückungsgefühle, Empfindungen von Glück, Freude und Gleichmut ein. Die Aufmerksamkeit auf das Meditationsobjekt kann rasch zupackend sein, als führe man einen schnellen Schlag, oder auch die Form anhaltender Konzentration annehmen. Manchmal erscheinen strahlende Gebilde oder gleißende Blitze, vor allem, wenn das Meditationsobjekt eine Kasina oder die Atmung ist. Auch ein Gefühl der Schwerelosigkeit kann sich einstellen. Die Eingangssammlung ist jedoch instabil. Wird sie nicht noch während der gleichen Meditationssitzung zu einer tieferen Versenkung gefestigt, muß sie zwischen den Meditationssitzungen geschützt werden, indem man ablenkende Handlungen oder Begegnungen meidet.

Visionen

In diesem Stadium, wenn sich bereits Verzückungsgefühle einstellen, das unstete Denken aber weiter anhält und die Konzentration auf das Meditationsobjekt noch schwach ist, kann es zu visionären Erlebnissen kommen. Hätte die Sammlung bereits ihre volle Stärke erreicht, wäre den Visionen die Grundlage entzogen, da die Aufmerksamkeit beim Gegenstand der Betrachtung bliebe. Die vorbereitenden und die tieferen Versenkungsstufen schließen daher Visionen aus. Ihre Wahrscheinlichkeit ist am größten, wenn man sich dem Stadium der vorbereitenden Bewußtseinsmomente nähert oder aus einer tieferen Versenkung zurückkehrt. Visionen können Angst machen – wenn man beispielsweise den eigenen Körper als Leiche oder als furchterregendes, bedrohliches Tier sieht – oder auch angenehm sein – erblickt man die Gestalt einer gütigen Gottheit oder eines Buddha. Visionen während der Meditation sind recht lebhaft; das Visuddhi-Magga sagt, sie seien ebenso realistisch wie Gespräche, die man mit einem Besucher führt. Und es warnt davor, ängstliche oder angespannte Menschen, die furchterregende Visionen haben, könnten dadurch in den Wahnsinn getrieben werden. Eine andere Gefahr besteht für den Meditierenden darin, sich von beglückenden Visionen gefangennehmen zu lassen und weitere Fortschritte zu blockieren, indem er sie zum Gegenstand der Meditation macht und sich nicht um eine Vertiefung der Sammlung bemüht. Das Ziel des Meditierenden geht über Visionen hinaus. Im Zen heißt es: „Triffst du Buddha unterwegs, töte Buddha."

Versenkungszustände (Jhana)

Konzentriert man sich weiter auf das primäre Meditationsobjekt, kommt ein Moment, der als deutlicher Bruch mit dem normalen Bewußtsein erfahren wird. Damit ist ein Zustand völliger Versenkung erreicht: *Jhana*. Es ist, als sinke der Geist in das Objekt hinein und verharre in ihm. Es gibt keine störenden Gedanken mehr, keine Sinneswahrnehmung, kein Körperbewußtsein; Schmerzen werden nicht mehr wahrgenommen. Neben der vorrangigen und andauernden Aufmerksamkeit auf den Gegenstand der Sammlung ist das Bewußtsein von Verzückung, Glücksgefühl und Gerichtetheit erfüllt. All dies zusammen ist Jhana.

Es gibt einen subtilen Unterschied zwischen Verzückung und Glücksgefühl. Auf der Ebene der ersten Jhana wird Verzückung mit dem unmittelbaren Vergnügen und der Erregung verglichen, die sich einstellt, wenn man einen lange erwünschten Gegenstand bekommt; Glücksgefühl dagegen ist die Freude, die man an diesem Gegenstand hat. Verzückung kann sich als ein Sträuben der Körperhaare äußern, als momentanes Glücksempfinden, das wie ein Blitz aufleuchtet und wieder verlischt, als Wellen, die den Körper durchlaufen, als Gefühl der Schwerelosigkeit oder als Versinken in einer atemberaubenden Glückseligkeit. Das Glücksgefühl ist ein gedämpfterer Zustand anhaltender Ekstase. Gerichtetheit ist die Eigenschaft des Geistes, die ihn im Jhana-Zustand fokussiert. Die erste Begegnung mit Jhana dauert nicht länger als einen Augenblick, aber durch ständiges Bemühen kann dieser Zustand immer länger aufrechterhalten werden. Eine souveräne Beherrschung ist erreicht, wenn der Meditierende Jhana herbeiführen kann, wann, wo, so schnell und so lange er es wünscht (vgl. Abb. 1).

Höhere Jhana-Versenkungszustände

Um im weiteren Meditationsverlauf eine stärkere Gerichtetheit im Denken zu erlangen, muß – nachdem die erste Stufe des Jhana gemeistert wurde – die anfängliche, wiederholte Rückkehr des Geistes zum Gegenstand der Betrachtung ausgeschaltet werden. Kehrt der Meditierende aus seinem Versenkungszustand zurück, erscheint ihm die Aufmerksamkeit auf den Meditationsgegenstand grobstofflich. Ebenso wie die Hindernisse auf dem Weg zum Vorbereitungsstadium überwunden und die Gedanken beim Erlangen des ersten Jhana-

Stadiums zum Schweigen gebracht wurden, bleibt die konstante Aufmerksamkeit auf den Gegenstand der Betrachtung an der Schwelle zum zweiten Jhana zurück. Um diese Aufmerksamkeitsarten hinter sich lassen zu können, tritt der Meditierende durch die Sammlung auf das primäre Objekt in die erste Stufe ein. Dann aber löst er den Geist von jedem Gedanken an das Objekt und richtet ihn statt dessen auf Verzückung, Glücksgefühl und Gerichtetheit. Dieser Versenkungszustand ist subtiler und stabiler als der erste. Der Geist des Meditierenden ist nun völlig frei von verbalem Denken, selbst von dem Denken an das primäre Meditationsobjekt. Als Sammlungspunkt der Gerichtetheit bleibt nur ein reflektiertes Bild des Objekts.

Um weiter zu gelangen, meistert der Meditierende das zweite Jhana wie er das erste meisterte. Kehrt er aus dem zweiten Jhana zurück, erkennt er, wie grobstofflich die Verzückung im Vergleich zu Glücksgefühl und Gerichtetheit ist. Er erreicht das dritte Versenkungsstadium, indem er erneut über das primäre Objekt meditiert und erst die Gedanken an den Gegenstand der Sammlung, dann die Verzückung aufgibt. Auf dieser dritten Jhana-Stufe begegnet er selbst der äußersten Verzückung mit Gleichmut. Diese Gelassenheit geht mit dem Verblassen der Verzückung einher. Dieses Jhana ist höchst fragil, und ohne die neu erlangte Gelassenheit kehrt der Geist des Meditierenden zur Verzückung zurück. Bleibt er im dritten Jhana-Stadium, ist der Meditierende von einem überaus süßen Glücksgefühl erfüllt, das dann auch seinen Körper durchflutet. Da auf dieser Stufe das Glücksgefühl von Gleichmut begleitet wird, bleibt der Geist des Meditierenden auf die subtilen Dimensionen gerichtet und widersteht den Versuchungen hoch

8. Jhana
Weder-Wahrnehmung-noch-Nichtwahrnehmung;
Gleichmut und Gerichtetheit

7. Jhana
Bewußtsein der Un-ding-lichkeit;
Gleichmut und Gerichtetheit

6. Jhana
Unendlichkeit des Erkennens;
Gleichmut und Gerichtetheit

5. Jhana
Bewußtsein der Unendlichkeit des Raumes;
Gleichmut und Gerichtetheit

} unkörperliche Zustände

4. Jhana
Gleichmut und Gerichtetheit, Glücksgefühl; alle Gefühle
körperlichen Wohlbefindens hören auf

3. Jhana
Glücksgefühl, Gerichtetheit und Gleichmut;
Verzückung hört auf

2. Jhana
Gefühle von Verzückung und Glück; kein Gedanke
an das primäre Meditationsobjekt

1. Jhana
Keine störenden Gedanken, keine Sinneswahrnehmungen und kein
Empfinden körperlicher Schmerzen mehr; ununterbrochen
aufrechterhaltene Aufmerksamkeit auf den primären Gegenstand
der Betrachtung; Verzückung, Glücksgefühl und Gerichtetheit

Eingangsstadium
Störende Gedanken werden weniger, andere Gedanken bleiben;
Sinneswahrnehmungen und Körperzustände sind bewußt; das primäre
Meditationsobjekt beherrscht das Denken; Verzückung,
Glücksgefühl und Gleichmut; wiederholte Gedanken an das primäre
Meditationsobjekt; Lichtblitze oder körperliche
Schwerelosigkeit

} materielle Zustände

tief

Grad der Versenkung

Abb. 1: Orientierungspunkte auf dem Weg der Sammlung

einer gröberen Verzückung. Nachdem er die dritte Stufe des Jhana ebenso gemeistert hat wie die vohergehenden, kann der Meditierende weiter gehen – sofern er erkennt, daß das Glücksgefühl störender ist als Gerichtetheit und Gleichmut.

Um zu den höheren Stadien zu gelangen, muß der Meditierende jede Art geistigen Vergnügens aufgeben. Er muß alle Geisteszustände ablegen, die einer umfassenden Stille im Wege stehen könnten, selbst Glücksgefühl und Verzückung. Wenn das Glücksgefühl völlig aufhört, erlangen Gleichmut und Gerichtetheit ihre volle Kraft. Im vierten Jhana gibt es keinerlei Empfindung körperlichen Wohlbehagens; das Schmerzempfinden hat bereits mit dem ersten Jhana aufgehört. Es bleibt nicht eine einzige Empfindung, nicht ein Gedanke. Auf dieser subtilen Stufe ruht der Geist des Meditierenden gerichtet und voll Gleichmut. Ebenso wie sein Geist mit jeder Versenkungsstufe stiller wird, geht auch seine Atmung ruhiger. Auf dieser vierten Stufe ist die Atmung des Meditierenden so ruhig, daß er nicht die geringste Bewegung verspürt; es scheint, als habe seine Atmung aufgehört.

Unkörperliche Jhanas
(Die Vier Sphärenstufen)

Der nächste Schritt der Sammlung führt zu den vier Zuständen, die als „unköperlich" bezeichnet werden. Während die ersten vier Jhanas durch die Sammlung auf eine materielle Gestalt oder eine davon abgeleitete Vorstellung erreicht werden, erlangt der Meditierende die unkörperlichen Zustände nur dann, wenn er über jede Formwahrnehmung hinausgeht. Für die ersten vier Jhanas mußte sich der Meditierende von allen geistigen Faktoren frei machen. Für jedes weitere unkörperliche Jhana muß er sich auf zunehmend subtilere Meditationsobjekte konzentrieren. Alle unkörperlichen Jhanas zeichnen sich durch die geistigen Merkmale Gerichtetheit und Gleichmut aus, die aber mit jeder Stufe feinstofflicher werden. Sammlung wird zur Unerschütterlichkeit. Der Meditierende kann nicht mehr gestört werden. Seine Rückkehr erfolgt zu einem Zeitpunkt, den er vor dem Eintauchen in diesen Versenkungszustand selbst bestimmt hat.

Der Meditierende erreicht den ersten unkörperlichen Versenkungszustand bzw. das fünfte Jhana, indem er zunächst über eine Kasina in das vierte Jhana eintritt. Wenn er die Begrenzung der Kasina im Geist bis zum äußersten Punkt erweitert, verschiebt sich seine Aufmerksamkeit vom farbigen Licht der Kasina zum unendlichen Raum, den es einnimmt. Der Geist des Meditierenden ruht nun in einer Sphäre, in der es keine Formwahrnehmung mehr gibt. Da Gleichmut und Gerichtetheit voll entwickelt sind, ist sein Geist in diesem feinstofflichen Bewußtsein so fest verankert, daß er durch nichts gestört werden kann. Allerdings bleibt auch in diesem Jhana noch ein – wenngleich kaum erkennbarer – Rest an Sinneswahrnehmung erhalten. Würde der Meditierende seine Aufmerksamkeit auf sie richten, würde dies die Versenkung unterbrechen.

Nach dem fünften Jhana kommt der Meditierende weiter, indem er sich erst der Unendlichkeit des Raumes gewahr wird und seine Aufmerksamkeit dann diesem Bewußtsein des Unendlichen zuwendet. Auf diese Weise gibt er den Gedanken an die Unendlichkeit des Raumes auf, während das objektlose unendliche Bewußtsein bleibt. Dies kennzeichnet das sechste Jhana. Das siebte Jhana erreicht der Meditierende, indem er sich in das vorangegangene Versenkungsstadium begibt und sein Bewußtsein dann auf die Nichtexistenz des unendlichen Bewußtseins richtet. Das siebte Jhana ist also ein Versenken in das Un-ding-liche, in das Nichts als Objekt. Gegenstand der Betrachtung des Meditierenden ist nunmehr das Bewußtsein der Abwesenheit eines jeglichen Gegenstandes.

Nachdem er das siebte Jhana gemeistert hat, stellt der Meditierende fest, daß jede Wahrnehmung störend und ihr Fehlen viel feinstofflicher ist. Dadurch ermuntert, tritt der Meditierende in das achte Jhana ein, in dem er seine Aufmerksamkeit von der Wahrnehmung des Nichts auf die Sphäre des Friedens lenkt. Wie zerbrechlich diese Stufe ist, zeigt sich an der Vorbedingung, daß es hier auch nicht den letzten Rest von Begehren geben darf, diesen Frieden zu erreichen oder die Wahrnehmung des Nichts zu meiden. Mit diesem Verharren im Frieden erreicht der Meditierende einen äußerst feinstofflichen Zustand, in dem es nur noch minimale Geistestätigkeit gibt. Grobstoffliche Wahrnehmungen kommen überhaupt nicht mehr vor. Dies ist die Sphäre „keine Wahrnehmung". Und doch gibt es selbst hier ultrasubtile Wahrnehmung, weshalb auch von „nicht Nicht-Wahrnehmung" gesprochen wird. Das achte Jhana wird daher als „Weder-Wahrnehmung-noch-Nichtwahrnehmung" oder auch als „Sphäre jenseits von bewußt und unbewußt" bezeichnet. Geisteszustände haben weitgehend aufgehört – Spuren von ihnen bleiben jedoch, auch wenn sie fast unkenntlich geworden sind. Dieser Zustand nähert sich den äußersten Grenzen der Wahrnehmung. Davon ist auch der Körper betroffen: In den Zuständen der unkörperlichen Jhanas wird der Stoffwechsel des Meditierenden immer ruhiger. „Das achte Jhana", heißt es in einem Kommentar, „ist ein so extrem feinstofflicher Zustand, daß nicht zu sagen ist, ob er ist oder nicht ist."

Jede Jhana-Stufe baut auf der vorhergehenden auf. Begibt sich der Meditierende in einen Jhana-Zustand, durchläuft er nacheinander sämtliche Stadien und schaltet dabei alle grobstofflichen Elemente nach und nach aus. Bei ausreichender Übung geschieht das Durchlaufen der Jhanas fast momentan; der Meditierende ist sich jeder Wegetappe nur wenige Bewußtseinsmomente lang gewahr. Mit dem Ausschalten grobstofflicher mentaler Faktoren wird die Sammlung intensiver. Die Grobstofflichkeit eines Meditationsobjektes begrenzt die möglichen Jhana-Zustände, die der Meditierende damit erreichen kann. Je einfacher das Objekt, desto tiefer der Versenkungszustand.

Der Weg der Einsicht

Für das Visuddhi-Magga ist die Beherrschung der Jhanas und die Erfahrung ihrer sublimen Glücksgefühle weniger wichtig als *Puñña,* erkennendes Wissen. Jhana ermöglicht es dem Meditierenden, seinen Geist leichter handhabbar und fügsamer zu machen und damit schneller zu Puñña zu kommen. Im Pali, der Sprache des Visuddhi-Magga, werden die höheren Jhanas gelegentlich als „Konzentrationsspielereien" und Zeitvertreib für geübte Meditierende bezeichnet. Zu Puñña gibt es nämlich einen Weg, für den keine Jhanas erforderlich sind. Dieser Weg beginnt mit Achtsamkeit (*Satipatthana),* führt über Einsicht bzw. Hellblick (*Vipassana)* und endet im Nirvana.

Achtsamkeit

In der Phase der Achtsamkeit geht es darum, stereotype Wahrnehmungsweisen zu durchbrechen. Wir haben alle die Tendenz, uns an unsere Umwelt zu gewöhnen und das Vertraute nicht mehr zu bemerken. Außerdem setzen wir abstrakte Namen oder vorgefaßte Meinungen an die Stelle unmittelbarer Sinneserfahrung. In der Achtsamkeit konfrontiert sich der Meditierende systematisch mit den reinen Fakten seines Erlebens und erfährt jedes Ereignis, als geschehe es zum ersten Mal.

Er tut dies, indem er ständig auf den allerersten Moment seines Wahrnehmens achtet, wenn der Geist noch *empfänglich* und nicht reaktiv ist. Er beschränkt seine Aufmerksamkeit auf das bloße Registrieren seiner Sinnesempfindungen und Gedanken. Er beobachtet sie, sobald sie in einem seiner fünf Sinne oder in seinem Denken auftauchen, das im Visuddhi-Magga ein sechstes Sinnesorgan ist. Sollten ihm dabei irgendwelche Kommentare, Urteile oder Überlegungen einfallen, macht er sie ihrerseits zum Gegenstand reiner Aufmerksamkeit. Sie werden weder verworfen noch weiterverfolgt, er läßt sie einfach los, nachdem er sie bemerkt hat. Das Entscheidende an der Achtsamkeit ist, um mit den Worten Nyanaponika Theras, eines buddhistischen Mönchs unserer Zeit zu sprechen, „das klare und ungeteilte Gewahrsein, was in jedem Moment der Wahrnehmung *mit* uns und *in* uns geschieht".

Die Konzentrationskraft, über die der Meditierende zu diesem Zeitpunkt bereits verfügt, wird ihm in seinem Bemühen um Achtsamkeit eine große Hilfe sein. Für diese neu zu erlernende Praxis des reinen Beobachtens ist Gerichtetheit von entscheidender Bedeutung. Um Achtsamkeit zu üben, eignet sich vor allem die unterste, vorbereitende Jhana-Stufe. Dies aus dem Grund, weil Achtsamkeit mit normalem Bewußtsein arbeitet und diese normalen Prozesse mit dem ersten Jhana aufhören. Eine Konzentrationsstärke unter der Ebene der vorbereitenden Bewußtseinsmomente hingegen kann leicht von umherschweifenden Gedanken und mangelnder Achtsamkeit überschattet sein. Auf der vorbereitenden Ebene wird ein Gleichgewichtszustand angestrebt, in dem Wahrnehmen und Denken in gewohnten Bahnen verlaufen, aber die Sammlung so stark ist, daß das Bewußtsein des Meditierenden diesen Bahnen nicht ständig folgt und dadurch abgelenkt wird. Besonders geeignet für das Üben von Achtsamkeit sind die Momente des Eintauchens in und des Auftauchens aus dem Versenkungszustand. In diesen Augenblicken ist die Funktionsweise des Geistes transparent und wird somit für den achtsamen Meditierenden leichter faßbar.

Die bevorzugte Methode, Achtsamkeit zu entwickeln, besteht darin, ihr eine Schulung der Jhanas vorangehen zu lassen. Bei der sogenannten „Hellblick"-Methode dagegen beginnt der Meditierende mit der Übung von Achtsamkeit, ohne irgendeine Erfahrung in meditativer Sammlung haben zu müssen. Die Hellblick-Meditation intensiviert die Sammlung durch das Üben von Achtsamkeit. In den Anfangsstadien des Hellblicks wird die Konzentration des Meditierenden immer wieder von umherschweifenden Gedanken unterbrochen. Manchmal bemerkt er das Abschweifen, manchmal nicht. Die Sammlung wird um so stärker, je mehr flüchtige Gedanken er bemerkt.

Abschweifende Gedanken verschwinden, sobald sie registriert werden, und der Meditierende kann sich wieder der Achtsamkeit zuwenden. Schließlich erreicht er, daß sein Denken nicht mehr durch Abschweifungen behindert wird. Wenn er jeden einzelnen Augenblick seiner Geistestätigkeit ohne Unterbrechung wahrnimmt, entspricht dies der Sammlung auf der Stufe der vorbereitenden Bewußtseinsmomente.

Arten der Achtsamkeit

Es gibt vier, in ihrer Funktion identische Achtsamkeitsarten, die sich jedoch auf Verschiedenes richten. Die Achtsamkeit kann dem Körper, den Empfindungen, dem Geist oder den Objekten des Geistes gelten. Ein jedes kann für den Bewußtseinsstrom zum Fixpunkt der reinen Aufmerksamkeit werden. Bei der Achtsamkeit auf den Körper beobachtet der Meditierende jede seiner Körperregungen, beispielsweise seine Haltung oder die Bewegung seiner Körperteile. Was immer er gerade tut, er ist sich der Bewegung und Haltung seines Körpers gewahr. Den Zielen seiner Tätigkeit wird keine Bedeutung beigemessen, die Konzentration gilt dem Körpergeschehen. In der Achtsamkeit auf die Empfindungen konzentriert er sich auf das, was er spürt, und läßt dabei außer acht, ob es angenehm oder unangenehm ist. Er registriert einfach seine Empfindungen. Dabei kann es sich um erste Reaktionen auf Botschaften der Sinnesorgane handeln, um Körpergefühle, die mit seelischem Geschehen einhergehen oder um Begleiterscheinungen biologischer Vorgänge. Was immer ihr Ursprung ist, die Empfindung wird zur Kenntnis genommen.

Bei der Achtsamkeit auf die Geistesverfassung bemerkt der Meditierende jeden Zustand im Moment seines Entstehens. Welche Stimmung, welcher Gedanke oder welche Gemütsverfassung auch auftauchen mag, er nimmt sie lediglich als solche wahr. Handelt es sich beispielsweise um Verärgerung über ein störendes Geräusch, konstatiert er in diesem Moment einfach: „Ärger". Die vierte Technik, die Achtsamkeit auf die Objekte des Geistes, unterscheidet sich von der eben beschriebenen im Grunde nur dadurch, daß das Wirken des Geistes auf einer anderen Ebene beobachtet wird. Statt beim Entstehen mentaler Zustände ihre Qualität (hier also: „Ärger") zu registrieren, wird auf das Objekt geachtet, dem die Aufmerksamkeit gilt, in unserem Beispiel also „störendes Geräusch". Taucht ein Gedanke auf, notiert der Meditierende ihn sofort im Rahmen eines differenzierten Klassifizierungsschemas mentaler Inhalte. Die erste Kategorie auf dieser Liste ordnet alle Gedanken in Hindernisse oder Hilfen auf dem Weg zur Erleuchtung.

Von diesen Meditationstechniken der Achtsamkeit wird jede die Illusion von Dauer und Vernunft durchbrechen, auf der unser geistiges Leben aufgebaut ist. Durch Achtsamkeit erkennt der Meditierende langsam, aus was für beliebigen Versatzstücken geistigen Handelns sich seine Realität zusammensetzt. Aus diesen Beobachtungen erwachsen ihm einige Erkenntnisse über die Natur des Geistes. Mit diesen Erkenntnissen reift die Achtsamkeit zum Hellblick.

Der Beginn des Hellblicks

Die Übung des Hellblicks beginnt, sobald die Achtsamkeit ununterbrochen anhält. In der Hellblick-Meditation richtet sich das Bewußtsein auf seine eigenen Inhalte, so daß der meditierende Geist und der Gegenstand seiner Betrachtung in lückenloser Folge ins Bewußtsein dringen. Dies markiert den Anfang einer Folge von Einsichten – der Geist erkennt sich selbst –, die im Nirvana gipfeln (vgl. Abb. 2).

Die erste Erkenntnis der Hellblick-Meditation ist, daß die Dinge, über die meditiert wird, vom Geist, der über hoch

Nirodha
Völlige Aufhebung des Bewußtseins

Nirvana
Das Bewußtsein hat keinen Gegenstand mehr

Müheloser Hellblick
Die Kontemplation ist schnell, mühelos, unermüdlich;
unmittelbares Erfassen von *Anatta*, *Anicca*, *Dukkha*;
Aufhören von Schmerz: allgegenwärtige Gleichmut

Erkenntnis
Erkenntnis der furchtbaren, unbefriedigenden und
mühevollen Natur materieller und geistiger Erscheinungen;
körperliche Schmerzen; wachsendes Bedürfnis, all dem zu entfliehen; Wahrnehmung
des Verschwindens der Objekte des Geistes; schnelle und fehlerfreie Wahrnehmung;
Verschwinden von Lichtern, Verzückung usw.

Scheinnirvana
Klare Wahrnehmung des Entstehens und Vergehens eines jeden
einzelnen Geistes-Augenblicks, begleitet von unterschiedlichen Phänomenen wie
strahlendem Licht, Verzückungsgefühlen, Gelassenheit, Hingabe, Kraft und Glück;
starke Achtsamkeit; Gleichmut gegenüber den Objekten der Kontemplation;
schnelle und klare Wahrnehmung und ein Verhaftetsein
mit all diesen unlängst erworbenen Zuständen

Stadium der Reflexion
Erleben von *Dukkha*, Unzufriedenheit,
von *Anicca*, Vergänglichkeit, und von *Anatta*, Nicht-Selbst.
Das Bewußtsein und seine Objekte werden in jedem Moment als einzelne,
getrennte Prozesse wahrgenommen

Achtsamkeit
Achtsamkeit auf Körperfunktionen, körperliche Empfindungen,
mentale Zustände oder Geistesobjekte

Vorbereitende Sammlung
Die vorbereitende Sammlung
wurde bereits auf dem Weg
der Sammlung erreicht

Reiner Hellblick
Die Fähigkeit, alle geistigen
Phänomene soweit zu registrieren,
daß störende Gedanken
das Meditieren nicht ernstlich
beeinträchtigen

tief

Grad des Hellblicks

Abb. 2: Orientierungspunkte auf dem Weg des Hellblicks

sie meditiert, getrennt sind, die Fähigkeit des Geistes, sein eigenes Wirken zu beobachten, etwas anderes ist als das Wirken, das er beobachtet. Der Meditierende weiß, daß das Bewußtsein etwas anderes ist als die Objekte, auf die es sich richtet, doch ist dieses Wissen von einer Art, die mit einer über die Sprache vermittelten nicht identisch ist. Der Meditierende weiß um diese und jede weitere Erkenntnis durch sein unmittelbares Erleben. Vielleicht hat er keine Worte für diese Erkenntnis; er versteht, kann dieses Verstehen aber nicht unbedingt auch ausdrücken.

Fährt er mit dieser Übung fort, kann der Meditierende, der nun die Trennung zwischen dem Bewußtsein und dessen Objekt erkannt hat, zu einem klareren Verständnis davon kommen, daß diese dualen Prozesse ohne Selbst verlaufen.

Er sieht, daß sie Folge ihrer jeweiligen Auslöser und nicht das Ergebnis der Anweisungen eines handelnden Individuums sind. Jeder Bewußtseinsmoment verläuft nach eigenen Regeln, die vom Willen unabhängig sind. Der Meditierende erkennt, daß es im Geist nichts Unvergängliches gibt.

Dies ist ein unmittelbares Erfahren der buddhistischen Lehre des *Anatta*, wörtlich Nicht-Selbst, nach der alle Phänomene keine unwandelbare Persönlichkeit haben.

Dazu gehört auch das „eigene Ich". Der Meditierende erkennt, daß seine Vergangenheit und seine Zukunft nicht mehr sind als ein konditionierter Prozeß von Ursache und Wirkung. Er fragt nicht mehr, ob dieses „Ich" wirklich existiert; er weiß, daß „ich bin" eine falsche Annahme ist. Er erkennt die Wahrheit des Buddha-Wortes im Pali-Kanon:

> Genau wie aus den Einzelteilen
> das Wort „Streitwagen" entsteht,
> entsteht auch der Begriff „Individuum",
> wenn die Einzelteile vorhanden sind.

Im weiteren Verlauf der Hellblick-Meditation bemerkt der Meditierende, daß sein beobachtender Geist und dessen Objekte in Zeitabschnitten kommen und gehen, die sich seinem Verstehen entziehen. Der gesamte Bereich seines Bewußtseins unterliegt einem beständigen Wandel. Mit dieser Erkenntnis weiß er in der Tiefe seiner Existenz um die Wahrheit der Vergänglichkeit *(Anicca)*.

Wenn er nun dessen gewahr wird, daß diese Phänomene ständig entstehen und wieder vergehen, beginnt er sie als ebenso unangenehm wie unzuverlässig anzusehen. Ernüchterung setzt ein: Was sich beständig verändert, kann nicht Grundlage anhaltender Befriedigung sein. Erkennt der Meditierende, daß seine persönliche Realität ohne Selbst und in ständigem Wandel begriffen ist, begegnet er seiner Erfahrungswelt mit Distanz. Aus dieser Perspektive des Unbeteiligtseins vermag er mit Hilfe der vergänglichen und unpersönlichen Merkmale seines Geistes zu sehen, daß er eine Quelle des Leidens ist *(Dukkha)*.

Scheinnirvana:
Die „Zehn Trübungen des Hellblicks"

Nach diesen Erkenntnissen kann der Meditierende Anfang und Ende eines jeden Bewußtseinsmoments deutlich sehen. Mit dieser Klarheit der Wahrnehmung können verschiedene Phänomene einhergehen:

- die Vision eines *strahlenden Lichtes* oder einer leuchtenden Gestalt;
- *Verzückungsgefühle*, die Gänsehaut, Gliederzittern, das Gefühl der Leviation und andere Merkmale der Verzückung auslösen;
- *Gelassenheit* in Geist und Körper, die dadurch leicht, nachgiebig und fügsam werden;
- *Anbetungsgefühle* und Vertrauen in den Meditationslehrer, in Buddha und seine Lehren, begleitet von freudigem Vertrauen in die Meditation und einem drängenden Bedürfnis, ihre Ausübung auch Freunden und Verwandten zu empfehlen;
- *Vitalität* beim Meditieren; eine anhaltende Energie, die weder zu nachlässig noch zu angespannt ist;
- ein sublimes *Glücksempfinden* durchströmt den Körper des Meditierenden, ein beispielloses Glücksgefühl, das endlos scheint und ihn veranlaßt, anderen von dieser außergewöhnlichen Erfahrung zu erzählen;
- *schnelle und präzise Wahrnehmung* eines jeden Bewußtseinsmomentes: Das Registrieren ist klar, nachhaltig und luzide, und die Merkmale der Vergänglichkeit, des Nicht-Selbst und der Unzulänglichkeit werden sofort klar verstanden;
- *ausgeprägte Achtsamkeit*, so daß der Meditierende mühelos jeden einzelnen Bewußtseinsmoment erkennt; die Achtsamkeit entwickelt eine Eigendynamik;
- *Gleichmut* gegenüber allem, was in das Bewußtsein dringt: Was immer auch im Geist auftauchen mag, der Meditierende bleibt auf unbeteiligte Weise neutral;
- ein subtiles *Verhaftetsein* mit den Lichtvisionen und den anderen hier genannten Faktoren und Vergnügen an ihrer Kontemplation.

Der Meditierende ist oftmals freudig erregt, wenn sich

diese zehn Anzeichen einstellen und spricht möglicherweise in dem Glauben über sie, er habe Erleuchtung und damit das Ziel des Meditierens erlangt. Auch wenn er sie nicht als Beweis seiner Befreiung sieht, mag er verweilen, um sie ausgiebig zu genießen. Darum trägt dieses Stadium im Visuddhi-Magga den Beinamen „Die Zehn Trübungen des Hellblicks". Es ist ein Scheinnirvana. Für den Meditierenden besteht die Gefahr, daß er „für den Weg hält, was nicht der Weg ist" und in seinem weiteren Streben nach Hellblick schwankend wird. Schließlich erkennt er jedoch, sei es von allein, sei es durch den Rat seines Lehrers, daß diese Erfahrungen nur Markierungen am Weg und nicht das Ziel sind. Nun kann er diese Phänomene und sein Verhaftetsein an sie zum Gegenstand der Hellblick-Meditation machen.

Höhere Erkenntnisse

In dem Maße, in dem dieses Scheinnirvana nachläßt, nimmt der Meditierende jeden Bewußtseinsmoment klarer wahr. Er vermag die einzelnen Momente in ihrer Folge immer genauer auszumachen. Wenn seine Wahrnehmung schneller wird, nimmt er das Ende eines jeden Bewußtseinsmomentes deutlicher wahr als dessen Entstehen. Schließlich erlebt der Meditierende jeden Moment nurmehr in seinem Vergehen. In der Meditation erlebt er den Geist und seine Inhalte als in jedem einzelnen Moment vergehend. Die reale Welt des Meditierenden befindet sich in einem ständigen Auflösungsprozeß. Dies ist eine schreckliche Erkenntnis. Der Geist wird von Furcht ergriffen. Alle Gedanken erscheinen furchterregend. Das Entstehen von Gedanken ist eine Quelle des Schreckens. Dem Meditierenden erscheint nun alles, was in sein Bewußtsein dringt – auch wenn es früher möglicherweise sehr angenehm war – als bedrückend. Er kann dieser Bedrückung nicht entgehen; sie gehört zu jedem Moment.

In diesem Stadium erkennt der Meditierende, wie unbefriedigend alle Phänomene sind. Für ihn ist nun noch der kleinste Rest von Bewußtsein ohne jede vorstellbare Befriedigung. Darin liegt nur Gefahr. Er spürt, daß es in allem Werden nichts gibt, in das er seine Hoffnung setzen oder auf das er sich stützen könnte. Sein ganzes Bewußtsein, jeder Gedanke, jedes Gefühl erscheinen ihm schal. In allem, was er wahrnimmt, sieht er nur Leid und Elend.

Er empfindet dieses Elend in allen Erscheinungen, und sie widern ihn an. Er verfolgt die Hellblick-Meditation zwar weiter, doch wird sein Geist von Gefühlen der Unzufriedenheit und der Lustlosigkeit über seine eigenen Inhalte beherrscht. Selbst die Vorstellung eines überaus glücklichen Lebens erscheint unattraktiv und langweilig. Er begegnet nun den zahllosen Geistesprodukten – jedem Werden, jedem Schicksal, jedem Bewußtseinszustand – gänzlich teilnahmslos und ablehnend.

Müheloser Hellblick

Zwischen den Momenten des Registrierens begreift der Meditierende, daß Linderung nur durch einen Stillstand jeglicher Geistestätigkeit möglich ist. Es kann sein, daß Schmerzempfindungen seinen Körper durchströmen und unter Umständen kann er nicht mehr lange in einer Haltung verharren. Ihm wird immer deutlicher, daß in den Dingen des Geistes kein Trost liegt; im tiefsten Grund seines Seins entsteht die Sehnsucht, davon befreit zu werden.

Diese starke Sehnsucht nach einem Ende der Geistestätigkeiten führt dazu, daß der Meditierende seine Bemühungen, sie zu bemerken, allein mit dem Ziel intensiviert, ihnen zu entkommen. Ihre Natur – ihre Vergänglichkeit, das Element des Leidens und die Abwesenheit des Selbst in ihnen – ist überdeutlich. Der Meditierende hat nun gelegentlich schwere, stechende Schmerzen, die an Intensität zunehmen. Körper und Geist erscheinen ihm als Anhäufung von Leid; Ruhelosigkeit kann sein Einsichtsvermögen trüben. Werden diese Schmerzen jedoch systematisch registriert, hören sie wieder auf. Die Fähigkeit des Meditierenden, einfach nur wahrzunehmen, nimmt an Stärke und Klarheit zu. Er ist sich der drei Merkmale mentaler Phänomene völlig bewußt.

Nun schreitet die Kontemplation des Meditierenden ohne besondere Anstrengung voran, wie aus eigenem inneren Antrieb. Gefühle von Angst, Verzweiflung und Leid hören auf, ebenso jeder körperliche Schmerz. Der Geist des Meditierenden hat Schrecken wie Freude überwunden; es dominieren geistige Klarheit und unerschütterlicher Gleichmut. Eine bewußte Anstrengung ist nicht mehr nötig; das Registrieren hält in einem beständigen Fließen über Stunden an, ohne daß der Meditierende ermüdet. Seine Meditation hat nun eine eigene Dynamik, seine Einsicht ist außerordentlich schnell.

Die Hellblick-Meditation nähert sich jetzt ihrem Höhepunkt; die Wahrnehmung eines jeden Bewußtseinsmomentes ist präzise, stark und klar. Der Meditierende erkennt jeden Moment sofort als vergänglich, schmerzlich und ohne Selbst, da er sein Vergehen sieht. Er nimmt alle Phänomene des Geistes als begrenzt und punktuell, keinesfalls als erstrebenswert, sondern als fremd wahr. Seine Distanz zu ihnen kann nicht mehr größer werden. Wenn er registriert, dringt er in kein Phänomen mehr ein und verharrt auch bei keinem. Es entsteht ein Bewußtsein, dessen Objekt das „Zeichenlose, Nicht-Gewordene, Nicht-Geformte" ist: *Nirvana*. Das Gewahrsein aller materiellen und geistigen Erscheinungen hört völlig auf.

Beim ersten Mal dauert dieser Moment des Nirvana nicht einmal eine Sekunde. Unmittelbar darauf folgt der Moment des „Erlangten", wenn der Geist des Meditierenden die gerade vergangene Erfahrung des Nirvana reflektiert. Es ist ein kognitives Schockerlebnis mit sehr weitreichenden seelischen Folgen. Da es einem Bereich entstammt, der über jene alltägliche Realität hinausgeht, die unsere Sprache prägt, ist Nirvana eine „überweltliche Realität", die nur als das beschrieben werden kann, was sie *nicht* ist. Nirvana hat keine Phänomenologie, keine erfahrbaren Eigenschaften. Es ist ein Zustand ohne Bedingtheit.

Nirvana: Die Veränderungen

Das Wort „Nirvana", das sich aus der negativen Vorsilbe „nir" und der Wurzel „vana", *brennen*, zusammensetzt, ist eine Metapher für das Verlöschen aller Ursachen des Werdens. Im Nirvana sind Begehren, Haften und Eigeninteresse verloschen. Dieser Bewußtseinszustand bewirkt drastische Verhaltensveränderungen, und das völlige Erleben des Nirvana führt *per se* zu einer anhaltenden Bewußtseinsveränderung beim Meditierenden. Mit dem Erlangen von Nirvana legt er Aspekte seines Ichs und seines bisherigen Bewußtseins völlig und für immer ab.

Hier unterscheidet sich der Weg des Hellblicks ganz entschieden vom Weg der Sammlung: Nirvana *vernichtet* „verunreinigende" Geisteszustände – Haß, Gier, Verblendung usw. –, wohingegen Jhana sie lediglich *unterdrückt*. Der Lohn des Nirvana ist, daß sich der Meditierende um mühelose moralische Reinheit nicht bemühen muß; Reinheit ist die einzige ihm mögliche Verhaltensweise. Jhana erstickt die Verunreinigungen des Meditierenden, die jedoch als latente Potentiale erhalten bleiben. Kehrt er aus einem jhanaischen Zustand zurück, wird unreines Handeln wieder möglich, falls eine entsprechende, auslösende Situation eintritt. Um mühelose Reinheit zu erlangen, muß das Ich des Meditierenden „sterben". Das heißt, sein Verhalten darf nicht mehr von Wünschen bestimmt werden, die im Eigeninteresse wurzeln. Dies wird durch das Erlangen des Nirvana möglich.

Nachdem der Hellblick im Nirvana seinen Höhepunkt erreicht hat, bleibt der Geist des Meditierenden von bestimmten Regungen und seelischen Zuständen für immer befreit. Seine Reinheit ist ohne Makel. Er hat jede Neigung zu unreinem Handeln verloren. Was in früheren Stadien mit Anstrengung verbunden war, ist nun ein müheloser Zustand. Reinheit ist zu einem Nebenprodukt des Verhaltens geworden, das weder der Entscheidung noch der Anstrengung bedarf.

Wie oft der Meditierende in das Nirvana eintreten

kann, sein Vermögen also, Nirvana zu erlangen, wann, wo, so schnell und so lange er dies möchte, zeigt den Grad seiner Meisterschaft an. Der Grad der Beherrschung ist jedoch nicht identisch mit den Persönlichkeitsveränderungen, die Nirvana verursacht. Ab einem bestimmten Hellblick-Stadium kann der Meditierende zahllose Male in Nirvana eintauchen, ohne daß dies sein Wesen verändert. Je weiter er aber im Hellblick fortgeschritten ist, bevor er in das Nirvana eintritt, um so größer sind die nachfolgenden Veränderungen. Nirvana ist immer gleich, unabhängig vom Grad der Meisterschaft. Es bleibt gleich, weil es das völlige Verlöschen jeglichen Bewußtseins, jenseits des Erfahrbaren ist. Allerdings gibt es Unterschiede in den Ebenen der Veränderung, die auf das Nirvana folgen. Die Unterschiede messen sich am Ich-Verlust des Meditierenden und den Veränderungen seines normalen Bewußtseins, wenn er aus dem Nirvana zurückkehrt. Der Eintritt in das Nirvana ist sein „Erwachen", die daraus resultierenden Veränderungen seine „Befreiung".

Wer die erste Befreiungsstufe erreicht hat, ist ein *Sotapanna*, ein „in den Strom Eingetretener". Der „Strom", in den man eintritt, führt zum völligen Verlust des eigensüchtigen Ichs. Dies geschieht in der Sekunde der Reflexion, die auf das erste Eintauchen in Nirvana folgt. Er bleibt ein in den Strom Eingetretener, bis sich sein Hellblick soweit vertieft hat, daß er die nächste Stufe erklimmen kann. Er muß zur endgültigen Erlösung, so heißt es, „nicht mehr siebenmal wiedergeboren werden". Der in den Strom Eingetretene verliert folgende Charakterzüge: die Gier nach Sinnesobjekten; jeden Ärger, der stark genug wäre, ihn zu erregen; die Gier nach Vorteil, Gewinn oder Anerkennung; die Unfähigkeit, mit anderen zu teilen; die Unfähigkeit zu erkennen, daß alles, was angenehm oder schön scheint, relativ und illusionär ist; den Irrtum, Vergängliches für beständig zu halten *(Anicca)*; ein Selbst in etwas zu sehen, was kein Selbst hat *(Anatta)*; das Haften an nichtigen Regeln, das zwanghafte Festhalten an Riten und dem Glauben, dieses oder jenes sei „die Wahrheit"; sowie seine Zweifel daran, daß der Weg der Hellblick-Meditation von Nutzen ist. Ein in den Strom Eingetretener kann nicht mehr lügen, stehlen, sexuell unlauter handeln, anderen körperlichen Schaden zufügen oder seinen Lebensunterhalt auf Kosten anderer bestreiten.

Wenn sich der Hellblick des Meditierenden vertieft und er von der Erkenntnis von Dukkha, Anatta oder Anicca stärker durchdrungen wird, tritt er in ein höheres Stadium ein. Sein Verlangen nach Sinnesgelüsten und seine bösen Absichten nehmen weiter ab. Der Meditierende läßt grobstoffliches Verlangen nach Sinnesobjekten und starke Ärgergefühle zurück. Nun ist er ein *Sakadagamin*, ein „Einmalwiederkehrender", der noch in diesem Leben erlöst oder „nur noch einmal wiedergeboren" werden wird. Seine Zu- und Abneigungen werden schwächer: nichts kann ihn mehr stark anziehen oder abstoßen. Der Sexualtrieb läßt nach; er kann zwar noch immer Geschlechtsverkehr haben, um sich fortzupflanzen, verspürt aber keinerlei drängende sexuelle Bedürfnisse mehr. Er reagiert auf alles und alle völlig unvoreingenommen.

Auf der nächsten Stufe der Vertiefung verliert er sowohl sein sinnliches Begehren wie alle bösen Absichten. Was mit dem Erreichen der Stufe des „Einmalwiederkehrenden" schwächer wurde, ist nun völlig ausgelöscht. Der Meditierende ist ein *„Anagamin"*, ein

„Nie-Wiederkehrender", der in diesem Leben vom Kreislauf des Werdens erlöst werden wird. Die letzten noch verbliebenen Neigungen zu Begehren und Ärger fallen nun fort. Er verspürt keinerlei Widerwillen mehr gegen weltliche Zustände wie Verlust, Entehrung, Schmerz oder Schuld. Hinterhältigkeit in Denken, Wollen oder Reden sind dem Nie-Wiederkehrenden nicht möglich. Die Kategorie „Feind" verschwindet zusammen mit der der „Abneigung" aus seinem Denken. Er überwindet das letzte sinnliche Begehren. Es ist wenig wahrscheinlich, daß sich der Nie-Wiederkehrende sexuell betätigt, weil sowohl sein Lustempfinden wie sein Wunsch nach sexuellem Genuß aufgehört haben. Er begegnet allen äußeren Objekten mit Gleichmut; sie sind für den Nie-Wiederkehrenden völlig wertneutral.

Ist der Hellblick des Meditierenden schließlich zur Gänze ausgebildet, überwindet er alle noch verbliebenen Hürden zur Erlösung. Jetzt ist er ein *Arahat*, ein „Erweckter" oder Heiliger, „einer der würdig ist", verehrt zu werden. Der Arahat ist befreit von seiner früheren Identität, die durch die Gesellschaft bestimmt war; er erkennt, daß das, was Realität genannt wird, nichts als Illusion ist. Da er kein Empfinden eines „Selbst" mehr hat, erfolgt sein Handeln nach funktionalen Gesichtspunkten: es dient dem Erhalt seines Körpers oder dem Nutzen anderer. Der Arahat verrichtet alles mit körperlicher Anmut. Nichts in seiner Vergangenheit könnte Gedanken des Begehrens, des Hasses oder dergleichen in ihm aufsteigen lassen. Er ist von seinen ehemals gesellschaftlich konditionierten Angewohnheiten frei und lebt völlig im Jetzt; alle seine Handlungen geschehen spontan. Zu den letzten Fesseln des Ichs, die der Meditierende auf dieser Stufe ablegt, gehören das Streben nach weltlichem Gewinn, Ruhm, Genuß oder Anerkennung, aber auch das Streben nach dem Glücksgefühl der materiellen oder unkörperlichen Jhanas. Einem Arahat ist die geringste Neigung zu untugendhaftem Denken oder Handeln buchstäblich nicht möglich.

Da die „unheilsamen" Handlungsmotive des Meditierenden – Begehren, Aggression und Stolz – völlig verschwunden sind, können nun grenzenlose Güte, Mitfreude, Mitgefühl und Gleichmut zur Grundlage seines Handelns werden. Ein Handeln aus unheilsamen Beweggründen gilt als „ungerichtet"; in diesem Sinne handelt der Arahat „gerichtet". Seine Beweggründe sind völlig lauter. Er träumt auch anders: Er hat keine Träume mehr, die durch Körperzustände (zum Beispiel Verfolgungsträume, Träume, in denen er schwitzt oder friert) oder durch die Eindrücke des Alltagslebens bedingt sind, doch kann er prophetische Träume haben, die zukünftige Ereignisse vorwegnehmen. Er kann zwar körperliche Schmerzen empfinden, doch erträgt er sie mit Gleichmut. Ein hervorstechendes Merkmal des Arahat ist seine Selbstlosigkeit, die im Pali-Kanon mit der Mutterliebe verglichen wird:

So wie eine Mutter über ihr Erstgeborenes wacht, so soll sein Herz von grenzenloser Liebe zu allen Wesen, großen und kleinen, erfüllt sein, so soll er der ganzen Welt, oben, unten, nach allen Seiten, ohne Ausnahme mit Wohlwollen begegnen, und so soll er selbst von bösen Absichten und von Feindseligkeit ganz und gar frei sein.

Ein derart „Erweckter" ist einer zweifachen Wahrnehmung fähig: „Er weiß, wie die Dinge sind und wie sie erscheinen." Der Arahat kann die normale Realität erkennen und im gleichen Moment um die Gültigkeit der

„edlen Wahrheiten" – Vergänglichkeit, Leiden und Selbstlosigkeit – wissen. Beide Wahrnehmungsebenen sind in jeder Sekunde deutlich. Selbst weltliche Freuden sind eine Form des Leidens. Wei Wu Wei spricht über die Bedeutung des Leidens auf der Bewußtseinsebene des Arahat:

„Als Buddha erkannte, daß er Erweckt war ... können wir annehmen, daß er erkannte, daß das, was er bislang als Glück im Gegensatz zum Leid gesehen hatte, so nicht war. Danach war sein einziger Maßstab *ananda* oder das, was wir als Seligkeit zu begreifen versuchen. Leiden erkannte er als die negative Form von Glück, Glück als positive Form von Leid, beziehungsweise als negative und positive Aspekte des Erlebens. Aber im Vergleich zu dem noumenalen Zustand, den nun nur er kannte, konnte er beide als *dukkha* (Leiden) beschreiben. *Dukkha* war das Gegenstück zu *sukha,* was ,Leichtigkeit und Wohlbehagen' implizierte ... nichts in der Welt der Erscheinungen konnte dem Buddha als *sukha* erscheinen, auch wenn es dem Anschein nach ein Gegensatz zu *dukkha* sein mochte" (Wei Wu Wei 1968, S. 61).

Die Weise, auf die der Arahat die Wahrheit des Nicht-Selbst erkennt, ist weniger kompliziert. D. T. Suzuki schreibt, daß er „in direktem Wissen erkennt, daß in einem Herzen, das von den Verunreinigungen gewöhnlicher ich-zentrierter Triebe und Begierden gereinigt wurde, nichts bleibt, was sich als Ich-Residuum behaupten könnte" (1958, S. 293). Einfacher gesagt: Nachdem der Meditierende sein eigensüchtiges Selbst aufgab, um Arahat zu werden, stellt er fest, daß er kein „Ich" mehr hat.

Völlige Aufhebung des Bewußtseins

Es gibt einen (im Westen kaum bekannten) Zustand, der dem Nirvana vergleichbar ist und der *Nirodha* (Aufhebung) genannt wird. Im Nirvana endet das Bewußtsein; im Nirodha kommen die Körperfunktionen zum Stillstand. Dieser Zustand ist überaus schwierig zu erlangen und kann nur von einem „Nie-Wiederkehrenden" oder einem Arahat erreicht werden. Weder ein in den Strom Eingetretener noch ein Einmalwiederkehrender haben ihre ich-verhafteten Bindungen in ausreichendem Maße aufgegeben, um das für Nirodha erforderliche Höchstmaß an Konzentration aufbringen zu können. Für den, der diesen Zustand völligen Nicht-Geschehens zu erlangen versucht, ist selbst das geringste sinnliche Verlangen ein Hindernis.

Auf seinem Weg zu Nirodha muß sich der Meditierende in Hellblick üben und alle acht Jhanas meistern, bis hin zu jenem letzten Stadium, „jenseits von bewußt und unbewußt". Hört dieser Zustand ultrasubtilen Bewußtseins auf, tritt er in Nirodha ein. Es heißt, das Aufhören des Nirodha sei „anders real", weil alle Eigenschaften unseres Realitätserlebens, selbst die subtilsten Zustände, fehlen.

Obwohl Nirodha – an unserer alltäglichen Zeitrechnung gemessen – bis zu sieben Tage dauern kann, kennt der Zustand selbst keine Zeitsequenz: Der unmittelbar vorausgehende und der unmittelbar folgende Augenblick geschehen getrennt. Der Grund, warum Nirodha auf sieben Tage begrenzt ist, könnte in seiner einzigartigen Physiologie zu suchen sein. Herztätigkeit und Stoffwechsel des Meditierenden hören, so heißt es, mit dem Bewußtsein auf (oder bleiben, was wahrscheinlicher ist, unter der Wahrnehmungsschwelle). Die Stoffwechselprozesse gehen auf der niedrigsten Ebene weiter, so daß der Körper des Meditierenden nicht wie bei einem Toten in Verwesung übergeht. Bevor der Meditierende sich in diesen Zustand begibt, muß er seine Verweildauer bestimmen. Bei seiner Rückkehr durchläuft er die Jhana-Stadien in umgekehrter Reihenfolge, bis er das normale Bewußtsein wiedererlangt.

An ihren äußersten Enden treffen der Weg der Sammlung durch Jhana und der Weg des Hellblicks zum Nirvana im Grunde wieder zusammen. Dennoch gibt es einige wichtige Unterschiede zwischen diesen feinstofflichen Bewußtseinszuständen. Das siebte Jhana, „Unding-lichkeit", bezeichnet das Gewahrsein des objektlosen Bewußtseins. Im achten Jhana gibt es auch keine „Un-ding-lichkeit" mehr; da diese aber als latente Funktion erhalten bleibt, kann man nicht sagen, „Un-ding-lichkeit" existiere nicht: dies ist die höchste Sphäre von „keine Wahrnehmung und keine Nicht-Wahrnehmung". Im Nirvana ist das Bewußtsein – im Gewahrsein keines wie auch immer gearteten Bewußtseins – fast erloschen. Die Aufhebung von Gewahrsein gipfelt in Nirodha, dem jedes Gewahrsein fehlt. Selbst auf der höchsten Jhana-Stufe wird die Persönlichkeit des Meditierenden nicht auf Dauer verändert, während dies eine unwiderrufliche Folge des Nirvana ist.

Diese beiden Wege bezeichnen zwei Extreme in der Erforschung und Kontrolle des Geistes. Wer in der Meditation eine so starke Gerichtetheit erreicht, daß er zur Stufe der unkörperlichen Jhanas gelangt, könnte ohne Schwierigkeiten in das Nirvana eintreten, wenn er anfinge, mit seiner starken Sammlung seinen Geist zu beobachten. Umgekehrt kann ein Meditierender, der in den Zustand des Nirvana eingetreten ist, Hindernissen und Ablenkungen gegenüber so unempfänglich sein, daß er, wenn er sich auf ein einziges Meditationsobjekt konzentrieren würde, unschwer Jhana erreichen und alle Stadien durchlaufen könnte. Wer also einen dieser fraglos verschiedenen Wege bis zu seinem Endpunkt verfolgt, dem steht im Grunde beides offen. Beherrscht man Sammlung oder Hellblick, ist das andere leicht zu erlangen. An ihren Endpunkten fließen die unterschiedlichen Meditationswege zusammen.

II
Meditationen
Ein Überblick

Erfahrung ist der Wegbereiter jeder spirituellen Lehre. Die gleiche Erfahrung kann jedoch verschieden ausgedrückt werden. Welcher Tradition wir bei der Wegbeschreibung meditativer Zustände folgen, ist bis zu einem gewissen Grade beliebig. Wenn schon das Terrain, das in der Meditation durchquert wird, als solches ungewiß ist, verwundert es nicht, daß auch die Landkarten meditativer Zustände unterschiedlich ausfallen. Lao Tse spricht im *Tao Te King* über diese Schwierigkeit:

> Der Weg (Tao), der sich ausdrücken ließe,
> ist nicht der ewige Weg (Tao),
> der Name, der sich nennen ließe,
> ist nicht der ewige Name ...

Die Wegbeschreibung, die das Visuddhi-Magga bietet, konzentriert sich auf die meditativen Techniken und Zustände und weniger auf die unterschiedlichen spirituellen Richtungen. Diese Unterschiede sind die Folge verschiedener Ideologien. Mit den „Streckenkarten" des Visuddhi-Magga verfügen wir über ein System, mit dem wir Techniken unter dem Aspekt ihres Wirkens ordnen und den begrifflichen Überbau der Religionen unberücksichtigt lassen können. Der folgende Überblick soll der grundlegenden Orientierung dienen und erhebt keinen Anspruch auf Vollständigkeit. In der Regel werden mehrere Richtungen eines spirituellen Weges am Beispiel einer Technik dargestellt. Verglichen werden Aspekte, bestimmte Praktiken und Zustände. Es handelt sich um keine systematische Auflistung spiritueller Wege.

Die folgenden Zusammenfassungen basieren größtenteils auf Veröffentlichungen und nicht auf eigenem Erleben. Daher mögen sie allen, die einen dieser Wege selbst verfolgen, lückenhaft oder ungenau erscheinen. Jeder Weg bildet ein lebendiges System, das sich jedem einzelnen entsprechend seinen Bedürfnissen und den Umständen anders darstellt.

Die hinduistische Bhakti

Shri Ramakrishna, ein bengalischer Heiliger des letzten Jahrhunderts, besuchte einmal die Aufführung eines Theaterstücks über das Leben Shri Chaitanyas, eines Bhakti-Heiligen des 16. Jahrhunderts, der aufgrund seiner Lieder und Tänze der Liebe zu Krishna berühmt wurde. Ramakrishna verfiel an einigen Stellen des Stükkes, die Bilder von Chaitanyas Krishna-Anbetung zeigten, in *Samadhi,* eine tiefe meditative Versenkung.

Ramakrishnas Samadhi kennzeichnet ihn als Bhakta *par excellence.* Bhakti, die Verehrung eines göttlichen Wesens, ist die in den modernen Weltreligionen verbreitetste Art der Anbetung. Wenn ein Christ das „Kyril" spricht, ein hassidischer Jude an der Klagemauer tanzt und singt, ein Sufi „El Allah Hu" rezitiert, ein Hindu „Hare Krishna" chantet und ein japanischer Buddhist monoton „Na-mu-a-mi-da-bu-tsu, Na-mu-a-mi-da-butsu" wiederholt, tun sie alle mehr oder weniger das gleiche, auch wenn sich ihre Gebete an verschiedene göttliche Wesen richten.

Bhakti ist die bedeutendste religiöse Praxis des Hinduismus; ihre Wurzeln reichen weit zurück. Die klassische *Srimad Bhagavatam* meint, das ständige Erinnern oder das unablässige Chanten von Krishnas Namen sei von allen Praktiken die beste. Im *Kalisantaram Upanishad* preist Brahma vor dem Dichter Narada „Hare Rama, Hare Krishna" als das höchste oder *maha-*Mantra –

Hare, Rama und Krishna sind Inkarnationen Vishnus. Im Mittelpunkt des Bhakti steht das Bestreben, das Anbetungsobjekt zum einzigen Gedanken zu machen. Der Schüler kann jede Gottheit und jedes göttliche Wesen zu seinem *Ishta*, dem Gegenstand seiner Hingabe, erwählen. Dabei kommt es vor allem darauf an, daß der Gedanke an das Ishta sein Denken ständig dominiert. Neben *Kirtan* (Rezitieren oder Singen) gibt es drei verschiedene *Japa*, die Wiederholung eines heiligen Namens: laute Wiederholung, tonlose Wiederholung mit den Lippen und Wiederholung in Gedanken. Für manche ist jedes dieser Japa „zehn Mal wirkungsvoller" als das vorhergehende (Poddar 1965).

Poddar empfiehlt dem Novizen, sein Japa mindestens sechs Stunden pro Tag zu üben. Von Anfang an soll sich der Schüler bemühen, Japa inmitten der Aktivitäten seines Alltags aufrechtzuerhalten. Ein verbreitetes technisches Hilfsmittel für Japa ist die *Mala* oder der Rosenkranz; mit jedem Zählen einer Perle rezitiert der Schüler den heiligen Namen. Weitere Hilfen sind das Rezitieren des Namens in Abstimmung mit jedem Atemzug oder Pulsschlag. Worin immer die mnemotechnischen Hilfen bestehen mögen, das Prinzip bleibt dasselbe:

Der Schüler lenkt seine Aufmerksamkeit sofort auf das Ishta zurück, wenn seine Gedanken nicht mehr anderweitig beschäftigt sind. Auf dieser Übungsstufe geht es darum, das Wiederholen zu einer Angewohnheit werden zu lassen, die stärker ist als alle anderen geistigen Gewohnheiten. Mit der Zeit wird der Geist nur noch vom Gedanken an die Gottheit erfüllt sein, während andere Gedanken an der Peripherie des Bewußtseins erscheinen und wieder verschwinden. Auf diese

Weise entsteht im Denken des Schülers ein Gerichtetsein auf sein Ishta.

Einige Ratschläge für die Schüler erinnern an das Visuddhi-Magga. Die geistige Praxis des ständigen Anbetens durch Erinnern ist anfangs sehr empfänglich für Störungen. Daher wird dem Aspiranten der *Satsang* empfohlen, das heißt die Gemeinschaft mit anderen, die sich auf dem gleichen Weg befinden. Ähnlich wie Satsang wirkt auch *Darshan*, das Aufsuchen eines Heiligen, den Verlockungen weltlicher Bindungen entgegen. Darüber hinaus soll der Schüler Gespräche über „Frauen, Reichtum, Ungläubige und Feinde" meiden. Der Erfolg des Suchenden ist abhängig von seiner Tugend: Reinheit, sagt Vivekananda, „ist zweifellos das Fundament, die Basis, auf der das gesamte Bhakti-Gebäude ruht" (1983a). In den Anweisungen, die die verstorbene indische Heilige Anandamayi Ma ihren Schülern gab, klingt das Visuddhi-Magga für buddhistische Mönche an:

„Trägheit und Begehren – dies sind die beiden größten Hindernisse auf dem Weg. ... Wähle mit Umsicht Betätigungen, die göttliche Gedanken und Gefühle erwecken und beachte sie strikt. – Gehe ihnen nach, auch wenn es dich nicht danach verlangt, so wie man eine Arznei nimmt. ... Essen, Schlafen, Ausscheidung, Kleidung usw. solltest du nur soviel Aufmerksamkeit widmen, wie zum Erhalt der Gesundheit erforderlich ist. ... Zorn, Gier und dergleichen müssen ganz und gar abgelegt werden. Auch Lob oder Ruhm sollten dich nicht schwankend machen" (1972, S. 126f.).

Der Beistand des Gurus ist für die Fortschritte des Schülers ebenso wichtig wie Reinheit. Anandamayi Ma verglich die Aufgabe des Gurus mit der eines Experten, an den man sich wenden muß, wenn man in einem Spezialgebiet Meisterschaft erlangen will. Die Funktion des Gurus geht jedoch über die eines weltlichen Experten hinaus. Er leitet seine Schüler nicht nur an, er ist auch Mittler der göttlichen Gnade, die der Schüler braucht, um mit seinen Bemühungen Erfolg zu haben. Der Schüler mag noch so eifrig sein, aber ohne die Segnungen des Gurus sind alle seine Bemühungen vergebens.

Ramana Maharshi (1962) sagt über „Gurukripa", die Unterwerfung unter einen Meister, der seine Barmherzigkeit einem Suchenden zuteil werden läßt: „Ist die Unterwerfung vollendet, schwindet jedes Gefühl eines Selbst." Unterwirft sich der Schüler dem reinen Wesen des Gurus, wird sein Geist rein. Ein gereinigter Geist wird leicht ruhig, so daß sich der Schüler in der Meditation nach innen wenden und sein Selbst finden kann. Dies ist die „Gnade" des Gurus, die an sich im Schüler selbst begründet liegt. Zwischen Gott, Guru und Selbst existiert, so Ramana Maharshi, kein Unterschied: Der äußere Guru hilft dem Schüler, in der Meditation das innere Selbst zu finden. Der äußere Führer führt den Schüler in sich zurück.

Ähnlich wie bei anderen Wegen wird Tugend – anfangs ein Willensakt – zu einer Begleiterscheinung der eigentlichen Praktik. Wenn sich der Geist des Schülers auf sein Anbetungsobjekt richtet, zieht er sich von den Dingen der Welt zurück. Die Liebe zu Gott, so Vivekananda, läßt die Vergnügen der Sinne und des Geistes schal erscheinen. Je tiefer der Gedanke an das Ishta in sein Bewußtsein dringt, desto abstoßender erscheinen dem Gläubigen die weltlichen Freuden. Hier, schreibt Poddar (1965), „sind alle Vergnügungen der Welt schal im Vergleich zu der Freude, das ‚Rama nama' (das heißt das Mantra) zu wiederholen".

Bhakti beginnt in der Dualität, der Schüler ist von seinem Ishta wie von jedem Liebesobjekt getrennt. Die *Bhakti-Sutras* kennen sogar eine Typologie der göttlichen Liebe, zu der auch gehört, das Ishta wie einen Freund, einen Ehegatten, ein eigenes Kind zu lieben. Prabhavananda und Isherwood (1969) schreiben: „Alle menschlichen Beziehungen können durch Bhakti-Yoga sublimiert werden." Diese Liebe mag zwar als interpersonelle Liebe beginnen, sie gipfelt aber im Einssein mit dem Zustand der Liebe, die das Liebesobjekt hervorruft. Hier nun, sagt Vivekananda, sind „Liebe, Liebender und das Geliebte eins". Mit dieser Vereinigung mündet Bhakti in den Jhana-Weg. Das Japa bewirkt, daß das „Geliebte Ideal" in keinem wachen Augenblick vergessen wird. Dies führt zu einem „Liebesrausch", zu Ekstase und Versenkung. Die Gefühle von Glück, Verzükkung und Freude, die mit diesem Rausch einhergehen, sind Merkmale der vorbereitenden Sammlung. Der Schüler, der vom Liebesrausch ergriffen ist, verhält sich allerdings mitunter so bizarr wie ein Verrückter. Das *Srimad Bhagavatam* beschreibt dieses Stadium folgendermaßen:

„Der Devotee verliert jeden Sinn für Anstand und wandelt ungebunden durch die Welt. . . . Sein Herz zerschmilzt in Liebe, wenn er seiner Gewohnheit entsprechend den Namen seiner geliebten Gottheit rezitiert, und gleich einem Besessenen bricht er bald unversehens in perlendes Lachen aus, bald weint er, bald schreit er, bald singt er laut, bald beginnt er zu tanzen" (1969, XI, ii).

Der verzückte Schüler befindet sich auf der Schwelle zu Samadhi oder Jhana. Konzentriert er sich intensiv genug auf sein Ishta, kann er Samadhi erlangen.

Die anfängliche Kraft von Bhakti besteht in der interpersonellen Liebe, die der Schüler für seine Gottheit empfindet. Wenn er auf seinem Weg voranschreitet, verändert sich diese interpersonelle zu einer transzendentalen oder transpersonalen Liebe. Der Schüler braucht den Gegenstand der Verehrung nicht mehr, um das Glücksgefühl zu erlangen. Er stellt vielmehr fest, daß die transzendentalen Zustände, zu denen auch das Glücksgefühl gehört, in ihm existieren. Er muß sich nicht mehr an die äußere Erscheinung seines Anbetungsobjektes klammern; die Zustände, die ehemals durch die Gestalt seines „Erwählten Ideals" ausgelöst wurden, sind zu Fixpunkten seines eigenen Bewußtseins geworden. Für Shankaracharya, Begründer des Advaita-Vedanta, endet Bhakti in der Suche nach dem Selbst – im Unterschied sowohl zum Buddhismus, der jedes Gefühl eines Selbst zu zerstören sucht als auch zu hinduistischen Wegen, deren Ziel in der Vereinigung des Suchenden mit einem „höheren" Selbst besteht. Im Bhakti dagegen führt das, was als nach außen gerichtete Anrufung der Liebe beginnt, am Schluß zu einer Versenkung nach innen.

Der Schüler erlangt Gerichtetheit, indem er ständig an das Ishta denkt und so schließlich Samadhi auf der Stufe des ersten Jhanas erreicht. Will er über diese Stufe hinausgelangen, muß er sein Anbetungsobjekt transzendieren. Jeder Gedanke an Name und Gestalt (auch der einen Gottheit) fesseln den Gläubigen an das erste Jhana. Shri Ramakrishna beispielsweise, ein glühender Verehrer der „Göttlichen Mutter", erlebte als ihr Schüler zahlreiche Visionen und Glückszustände. Später erhielt er seine Initiation durch einen nackten Asketen:

„Nachdem er mich eingeweiht hatte ... wies mich der Nackte an, meinen Geist von jeglicher Funktion zu befreien und in die Meditation des Selbst zu versinken. Als ich aber meditierend saß, gelang es mir überhaupt nicht, meinen Geist über die Grenzen von Name und Form hinausgehen zu lassen und jede Funktion aufzugeben. Der Geist zog sich von allem anderen zurück, doch war dies geschehen, tauchte die innig vertraute Gestalt der Allgegenwärtigen Mutter auf. ... Schließlich aber schnitt ich, unter Auferbieten all meiner Kräfte, die Gestalt der Mutter mit dem Schwert der Urteilskraft in Stücke. ... Keine Funktion blieb im Geist, der schnell den Bereich von Namen und Formen transzendierte, wodurch ich in Samadhi eintauchte" (Swami Saradananda 1963, S. 255).

Das Visuddhi-Magga besagt, daß der Meditierende, der das erste Mal in ein neues Stadium meditativen Bewußtseins eintritt, die Bindung an das vorherige Stadium aufgeben muß. Die Voraussetzung zum Erreichen der nächsten Ebene ist die Loslösung von den unteren, da sonst das Bewußtsein zu ihnen zurückgezogen wird. Für den Schüler bedeutet dies, daß er die Gestalt seines Ishta schließlich aufgeben muß, um selbst, in Samadhi, zu jener Inkarnation des „Reinen Wesens" zu werden, als das das Ishta verehrt wird.

Über Samadhi hinaus gibt es einen Zustand, in dem jede Handlung des Schülers von einem Samadhi-gleichen Gewahrsein durchströmt wird. Japa, bis zu diesem Punkt geübt, wiederholt sich in jedem Augenblick, Tag und Nacht, wie von allein. Dieser Bewußtseinszustand ist *Sahaja samadhi*, der Endpunkt der spirituellen Entwicklung des Gläubigen. In Sahaja Samadhi existiert keine Trennung zwischen Schüler, Welt und Ishta; seine Wahrnehmung des Selbst und der Welt verändert sich radikal.

Mit den Worten Vivekanandas: „Liebt jemand den Herrn, wird ihm das ganze Universum lieb. ... Sein Wesen ist rein und völlig verändert." (1983a, S. 90) Verzicht wird mühelos, alle Bindungen, außer die an das geliebte Ishta, sind fortgefallen.

Aus dieser intensiven und alles umfassenden Liebe entsteht Glaube und Selbstaufgabe, die Überzeugung, daß nichts, was geschieht, sich gegen einen richtet: „Nicht wie ich will, sondern wie du willst." Diese Selbstlosigkeit zeigt sich auch in den folgenden Worten von Anandamayi Ma über sich selbst: „Dieser Körper gehört wahrlich allen; daher handelt und spricht er, soweit möglich, so, daß er die Bedürfnisse der Menschen, mit denen er jeweils umgeht, erfüllt" (1972, S. 37). Wer an diesem Endpunkt des Bhakti-Weges angelangt ist, erkennt das Heilige im Profanen; alles ist heilig, weil es vom Geliebten kündet.

Der Gläubige muß bei seiner Anbetung keine besonderen Formen oder Symbole mehr beachten. Er betet in seinem Herzen, die Welt ist zu seinem Altar geworden. Kabir faßt sein eigenes Erleben dieses Zustandes wie folgt zusammen:

„O Sadhu!
Die einfache Einung ist die beste,
Seit dem Tag, da ich meinen Herrn traf,
war kein Ende des Vergnügens
unserer Liebe.
Ich schließe die Augen nicht,
ich schließe die Ohren nicht,
und kasteie meinen Körper nicht.
Ich sehe mit offenen Augen
und lächle,
ich erblicke überall
Seine Schönheit.

Ich ruf' Seinen Namen,
und was immer ich sehe,
es erinnert an Ihn,
was immer ich tue,
es wird zu Seiner Verehrung.
Erheben und Setzen sind für mich eins;
die Gegensätze sind alle gelöst.
Wo immer ich gehe,
ich beweg' mich um Ihn.
Was ich erreiche: Sein Dienst,
Wenn ich mich lege,
so lieg ich zu Seinen Füßen.
Ihn allein kann ich anbeten,
niemanden sonst.
Meine Zunge tat ab unreine Worte,
sie singt seinen Ruhm Tag und Nacht.
Wenn ich aufstehe oder mich setze,
Ihn kann ich niemals vergessen,
denn der Rhythmus Seiner Musik
trifft in mein Ohr.
Kabir sagt:
Mein Herz ist verzückt,
und was in meiner Seele verborgen,
offenbar' ich.
In jene große Gnade
bin ich versunken,
die übersteigt
alle Freuden und Pein."

(Kabir 1984, S. 53 f.)

Die jüdische Kabbala

„Jede Religion", schreibt der moderne Kabbalist Z'ev ben Shimon Halevi (1976), „hat zwei Seiten: das Sichtbare und das Verborgene." Das Sichtbare zeigt sich in den Ritualen, Schriften und Gottesdiensten; das Verborgene ist Träger des Lichts, das diese Formen erleuchten soll. Die verborgene Lehre des Judaismus ist die Kabbala. Diese Lehre, so heißt es, geht auf Engel zurück, die Gott selbst unterrichtete. Für die Kabbalisten sind die großen Männer des Alten Testamentes – Abraham, David und die Propheten – ebenso Angehörige dieser Lehre wie die Essener und andere mystische Sekten der jüdischen Geschichte. Halevi sagt, Joschua ben Miriam, der auch unter dem Namen Jesus bekannt ist, sei ein Übermittler der Kabbala gewesen. Diese verborgene jüdische Tradition tauchte in Europa erstmals im Mittelalter auf und existiert in vielen Strömungen bis zum heutigen Tag.

Die kabbalistische Kosmologie geht von einer vielschichtigen Realität aus, in der jede Schicht eine in sich abgeschlossene, vollständige Welt bildet. Diese Ebenen befinden sich in einem hierarchischen Verhältnis zueinander, wobei der obere Teil der einen dem unteren Teil der folgenden entspricht. Die höchste Sphäre ist die des Erzengels *Metatron*. Jede Ebene verkörpert einen Bewußtseinszustand, doch die meisten Menschen stehen auf den untersten Ebenen – mineralisch, pflanzlich, tierisch. Nach kabbalistischer Auffassung ist der normale, auf diese unteren Ebenen beschränkte Mensch nicht vollständig. Sein Leben verläuft mechanisch, er ist gefangen in seinen Körperrhythmen, seinen eingefahrenen Reaktionen und Wahrnehmungen; blind sucht er das Vergnügen und meidet den Schmerz. Er mag die höheren Möglichkeiten mitunter kurz erahnen, doch verspürt er kein Verlangen, seine Bewußtseinsebene zu erweitern. Die Kabbala will im Schüler das Wissen um die eigene Begrenztheit wecken und ihn darin unterweisen, einen Zustand zu erreichen, in dem er im Einklang mit einem höheren Bewußtsein und nicht länger Sklave seines Körpers und seiner Konditionierung ist. Um frei zu werden, muß sich der Novize zunächst aller Illusionen über die mechanischen Spielereien des Lebens entledigen. Damit errichtet er das Fundament zum Eintritt in ein höheres Bewußtsein, das „Innere Paradies". Dies ist nach Halevi die allegorische Bedeutung der Knechtschaft in Ägypten: die Sklaverei des begrenzten Ichs, die Reinigung des Suchenden in der Wüste und schließlich sein Eintritt in das Land, wo Milch und Honig fließen.

Um diese Aufgabe zu meistern, muß der Kabbalist beobachten, wie *Jessod*, sein gewöhnlicher Geist oder sein Ich agiert, um sich selbst mit allen Schwächen und Selbstbetrügereien durchschauen und sich der unbewußten Kräfte, die seine Gedanken und Handlungen bestimmen, bewußt werden zu können. Er strebt eine Bewußtseinsstufe *(Tifereth)* an, einen Zustand der Klarheit, in dem er zum Zeugen oder „Beobachter" von Jessod wird. Aus diesem Zustand erhöhter Selbstkenntnis entsteht etwas, das mitunter als Schutzengel bezeichnet wird, etwas, das einen mühelos und geschickt durch schwierige Situationen leitet. Tifereth geht über den normalen Geist, der sich mit Alltäglichem beschäftigt, hinaus: Das Ich ist überwunden. Dies ist der Bereich des Spirituellen, die Brücke zwischen Mensch und Göttlichem, das Tor zum Paradies. Es ist die Seele. Im Jessod-Zustand regiert also das Ich, mit Tifereth beginnt ein höherer Bewußtseinszustand, in dem man auf sich selbst hinabblickt. Ein solcher Zustand des erweckten Bewußtseins blitzt im Leben des normalen Menschen in aller Regel nur flüchtig auf. Der Kabbalist bemüht sich nicht nur um einen ständigen Zugang zu ihm, sondern auch darum, zu noch höheren Ebenen aufzusteigen.

In Einzelheiten variiert die Unterweisung eines Kabbalisten – sein Fundament für höhere Bewußtseinszustände – von Schule zu Schule, die Grundlagen bleiben jedoch an sich dieselben. Die ernsthafte Ausbildung beginnt, wenn der Schüler Verbindung zu einem *Maggid*, einem Lehrer aufnimmt. Der Maggid leitet ihn in der aufrichtigen Selbstbeobachtung an und nutzt dabei Dinge aus dem Leben des Schülers als Material für die Unterweisung. Es existieren zahlreiche Systeme, die dem Suchenden helfen sollen, sich selbst zu erkennen, beispielsweise eine komplizierte Numerologie, die hebräische Schriftzeichen und Worte in einen Zahlencode mit mystischen Deutungen verwandelt. Zu den bekanntesten Systemen der Kabbala zählt der Baum des Lebens, eine Landkarte, die die Hierarchien und Merkmale der vielen Ebenen verzeichnet, die in der Welt und im Menschen interagieren. Der Baum ist eine Art Reflexionsfläche, in der der Schüler sein eigenes Wesen beobachtet, ein Schlüssel, der die verborgenen Dimensionen öffnen kann, die sein Leben bestimmen. Ein ausschließlich intellektuelles Verständnis des Baumes aber kann jessodisch sein und im Dienst des Ichs stehen. Wie vertraut der Suchende auch mit den Verflechtungen des Baumes sein mag, seine Studien sind nichtig, wenn er seine spirituelle Entwicklung vernachlässigt. Deren Voraussetzung ist Willensbildung, die Fähigkeit zu unbeirrbarer Aufmerksamkeit. Dafür bedient sich der Kabbalist der Meditation. Halevi schreibt dazu:

„Vorbereitung bedeutet, die Fähigkeit des Gebens und Nehmens zu entwickeln ... das Maß des Nehmens bestimmt die Qualität des Wissens, das gegeben wird. Der Austausch ist präzise und wird durch das Maß gezielter Konzentration in komplexen Situationen beglichen. Wo Konzentration ist, ist Macht" (Halevi 1976, S. 126).

Die Anleitungen zur Meditation sind Teil der geheimen Lehren der Kabbalisten, die, von allgemeinen Regeln abgesehen, nicht publik gemacht werden. Jeder Schüler lernt aus dem Munde seines Maggid. Im Grunde ist die kabbalistische Meditation eine Variante des normalen Gebets gläubiger Juden. Durch die meditative Sammlung vermag der Kabbalist in die Tiefen eines bestimmten Objektes – ein Wort aus einem Gebet, ein Aspekt des Baumes – einzutauchen und auch sein Denken anzuhalten, um gerichtet bei dem Gegenstand zu verharren. Diese hohe Konzentration wird *Kawwana* genannt, das Verharren des Denkens bei einem einzigen Gegenstand. In einer Art von Kawwana richtet der Meditierende seine ganze Aufmerksamkeit auf jedes einzelne Wort eines normalen Gebetes, bis sein Geist die einfache Bedeutung der Wörter transzendiert und sie so zum Wegbereiter zu einem höheren Zustand werden. Azriel von Gerona, ein Kabbalist des Mittelalters, sagt über den Verlauf des Kawwana: „Der Gedanke weitet sich und steigt zu seinem Ursprung empor, so daß er, dort angelangt, endet und nicht weiter hinauf kann." In diesem Bewußtseinszustand verwandeln sich die Worte des Gebetes, die nun durch die Leere des Denkens vom Einströmen des Göttlichen erfüllt sind.

Nach kabbalistischer Überlieferung kann der Eintritt ins „Innere Paradies" all denen gefährlich werden, die es versäumt haben, durch Selbstreinigung eine tragfähige Grundlage zu schaffen. Der Talmud berichtet von vier Rabbis, die das Paradies betraten: einer wurde verrückt, einer starb, einer verlor seinen Glauben; nur einer, Rabbi Akiba, kehrte in Frieden zurück. Abraham Abulafias einflußreiche Schriften, die zu den detailliertesten Texten über die kabbalistische Meditation zählen, versuchen, die gefahrlose Annäherung an das „Innere Paradies" zu lehren. Abulafias Meditation verknüpft Buchstaben des hebräischen Alphabets zu einer Meditation über den heiligen Namen Gottes. Der Schüler widmet sich ihr nicht in der Synagoge, sondern in der Abgeschiedenheit, zu bestimmten Stunden und unter der Anleitung seines Maggid. Nach Halevi lenkt der Meditierende mit dem Wiederholen des Namens seine Aufmerksamkeit von Jessod, dem normalen begrenzten Denken, hinauf zu Tifereth, dem über das Ich hinausgehenden Bewußtsein. Findet sein Streben Gottes Gnade, erhebt sich das Selbst plötzlich über Tifereth in einen ekstatischen Zustand: *Daath* oder Erkenntnis. Hier fühlt er sich nicht mehr getrennt von Gott, auch wenn dies nur einen Augenblick lang andauert. Er ist von großer Freude erfüllt und befindet sich in einem Zustand höchster Verzückung. Kehrt er aus diesem Bewußtseinszustand zurück, nimmt er die innere Wiederholung des Namens wieder auf, die er für diesen einen Moment in einem Zustand, den die Theravadins Jhana nennen würden, transzendiert hatte.

Das Ziel des kabbalistischen Weges ist *Debekuth*, die Vereinigung der Seele des Suchenden mit Gott. Bleibt der Kabbalist für immer auf dieser Ebene des Bewußtseins, ist er kein gewöhnlicher Sterblicher mehr, sondern ein Übernatürlicher, ein *Zaddik*, ein Heiliger, der den Fesseln seines Ichs entronnen ist. Wer dies erreicht hat, besitzt unter anderem folgende Eigenschaften: Gleichmut, Unempfänglichkeit für Lob oder Tadel, das Gefühl, mit Gott allein zu sein sowie die Gabe der Weissagung. Das Wollen des Ichs ist im Wollen Gottes aufgegangen, so daß jede Handlung Gott und nicht dem eigenen begrenzten Selbst dient. Der Zaddik braucht nicht mehr die Torah zu lesen, denn nun *ist* er die Torah. Ein klassischer Kommentator beschreibt Debekuth als einen Geisteszustand, in dem

„du Gottes und seiner Liebe stets gewahr bist und auch deine Gedanken nicht von ihm wendest ... bis dahin, daß das Herz eines solchen Menschen, wenn er mit einem anderen spricht, nicht bei diesem, sondern immer noch bei Gott ist. Und so mag für jene, die diesen Rang erlangen, sogar gelten, daß ihrer Seele noch zu Lebzeiten das unsterbliche Leben gewährt wird, denn sie selbst sind eine Wohnstatt des Heiligen Geistes" (Scholem 1974, S. 175).

Der christliche Hesychasmus

Die ersten christlichen Mönche waren Einsiedler, die im vierten nachchristlichen Jahrhundert in den entlegensten Gebieten der ägyptischen Wüste lebten. Ein Bericht aus jener Zeit erzählt, ein Bruder habe dem heiligen Makarios Weintrauben gebracht. Er aber,

„der um der Liebe willen nicht an seine eigenen Dinge, sondern an die der anderen dachte, brachte sie einem zweiten Bruder, der schwächer schien. Und der Kranke dankte Gott für die Güte seines Bruders, aber auch er dachte mehr an seinen Nächsten als an sich und brachte sie einem dritten, der trug sie seinerseits zu einem nächsten, und so wurden diese Trauben zu allen Zellen getragen, die doch weit über die Wüste verstreut lagen, und da niemand wußte, von wem sie kamen, wurden sie schließlich dem, der sie als erster verschenkt hatte, zurückgebracht" (Waddell 1957, S. 57).

Wie heute die indischen Yogis im hohen Himalaja, suchten schon die Wüstenväter die Abgeschiedenheit der unwirtlichsten Gegenden, um frei von weltlichen Ablenkungen mit Gott kommunizieren zu können. Die Meditationspraktiken und Lebensregeln dieser allerersten christlichen Mönche weisen starke Parallelen zu ihren asketischen hinduistischen und buddhistischen Brüdern weiter im Osten auf. Jesus und seine Lehren waren zwar der Ausgangspunkt für die Wüstenväter, aber die Meditationstechniken, die sie bei der Suche nach ihrem Gott ausübten, lassen entweder auf eine

Übernahme aus dem Osten oder aber eine spontane Neuerfindung schließen. Ihre Lebensweise hat bis zum heutigen Tag Einfluß auf das christliche Mönchtum; ihre selbstlose Liebe bleibt wegweisendes Vorbild.

Die unablässige gedankliche Präsenz Gottes – im weitesten Sinne auch das, was die Bhakti und die Kabbalisten anstreben – bildete von Anfang an ein wesentliches Merkmal christlicher Anbetung. (Die heutige Verwendungsweise des Rosenkranzes stellt allerdings nur noch einen schwachen Abglanz einer vormals sehr viel tiefer empfundenen gedanklichen Präsenz dar.) Thomas Merton (1960) schreibt, daß das, was heute in den christlichen Kirchen als „Gebet" praktiziert werde, nur eine von vielen kontemplativen Übungen gewesen sei – allerdings eine, die überlebt hat. Die Wüstenväter meditierten durch lautes oder tonloses Wiederholen einer einzigen Wendung aus dem Evangelium. Die Entsprechung zum Mantra ist offenkundig. Am weitesten verbreitet war das Gebet des Publikan: „Jesus, Gottessohn, erbarme dich meiner." Zu *Kyrie eleison* verkürzt wurde es den ganzen Tag hindurch leise wiederholt, „bis es so spontan und instinktiv war wie das Atmen".

Besonderes Gewicht maßen die Wüstenväter der Reinheit bei. Das Ausmaß ihrer Askese ist legendär: Berühmt geworden ist vor allem Simeon der Stylit, der 30 Jahre auf einer Säule lebte. Ähnlich wie im Visuddhi-Magga soll auch hier Reinigung die Sammlung befördern. Einer der Väter sagte: „Eine Seele, die nicht rein ist von fremden Gedanken, kann nicht in Kontemplation zu Gott beten." Dem entspricht der Grundsatz, das Leben in der Welt sei nur insofern von Bedeutung, als es ein inneres Leben in Kontemplation widerspiegele. Abba Dorotheus, ein früher Wüstenvater, faßt den

Geist der Lehre, die sich auch in modernen Mönchsorden wie dem der Benediktinischen Trappisten findet, in seinen Anleitungen zum spirituellen Üben zusammen:

„Was immer du tun mußt, auch wenn es sehr eilig ist und große Sorgfalt erfordert, du sollst nicht streiten oder dich erregen. Denn sei versichert, alles, was du tust, ob groß oder klein, ist nur der achte Teil einer Schwierigkeit, während die anderen sieben Teile darin bestehen, in der Geistesverfassung unberührt zu bleiben, auch wenn man es deswegen versäumen sollte, die Aufgabe zu erledigen. Bist du also mit einer Aufgabe befaßt und willst sie fehlerfrei erledigen, versuche dies zu tun – was, wie ich schon sagte, nur der achte Teil einer Schwierigkeit ist – und zugleich in deiner Fassung ungerührt zu bleiben, was sieben Achtel ausmacht. Mußt du dich aber, um deine Aufgabe zu erfüllen, fortreißen lassen und dir selbst oder einem anderen schaden, weil du mit ihm streitest, dann solltest du nicht sieben Achtel um dieses einen Achtels willen verlieren" (zit. in: Kadloubovsky/Palmer 1969, S. 161).

Eine wichtige Tradition, die auf die Wüstenväter zurückgeht, ist zwar im westlichen Christentum fast völlig verlorengegangen, konnte sich aber seit dem ersten christlichen Jahrtausend in der griechisch-orthodoxen Ostkirche quasi unverändert halten: das „Jesus- oder Herzensgebet". Sein Wiederholen entspricht Paulus' Gebot, „immer zu beten". Die frühen Väter nannten es „die Kunst der Künste und die Lehre der Lehren", die den Suchenden zur höchsten menschlichen Perfektion führen sollte. Diese Tradition wird in der als *Philokalia* bekannten Sammlung früher christlicher Schriften erwähnt (vgl. Kadloubovsky/Palmer 1971). Als sie um die Jahrhundertwende vom Griechischen ins Russische übersetzt wurde, erlebte diese Gebetsübung in ganz Rußland eine Renaissance (vgl. French 1970).

Ständiges Beten stärkt die Sammlung. Wie im hinduistischen Bhakti setzt das erfolgreiche Gebet „wahre

Demut, Aufrichtigkeit, Ausdauer und Reinheit" voraus. Hesychastes von Jerusalem, der im fünften Jahrhundert das Herzensgebet (im Westen als Hesychasmus bekannt) lehrte, beschreibt es als eine spirituelle Kunst, die völlig von leidenschaftlichen Gedanken, Worten und bösen Taten zu befreien vermag und „sicheres Wissen vom Unbegreiflichen Gott" vermittelt. Das ständige Wiederholen des Gebets führt zur Reinheit des Herzens, was gleichbedeutend ist mit: „den Geist schützen, der völlig unberührt von allen Phantasien" und allen Gedanken bleibt. Reinheit läßt sich nur über die ständige Anrufung Christi erlangen, mit unbeirrter Konzentration und allen anderen Gedanken widerstehend. Hesychastes beschreibt Gedanken als „Feinde, die körperlos und unsichtbar, bösartig und darin findig, uns Schaden zuzufügen, geschickt, gewandt und erfahren in der Kriegsführung", durch die fünf Sinne eindringen. Wer in Sinneserfahrungen oder im Denken befangen bleibt, ist fern von Christus. Das Sinnenbewußtsein überwinden und die Stille des Geistes erlangen, ist bei Ihm sein.

In den „Regeln für die Hesychasten" findet sich die Anweisung, einen Lehrer zu suchen, der den Geist in sich trägt. Hat der Suchende ihn gefunden, unterwirft er sich seinem Meister und befolgt seine Anordnungen. Auch wird empfohlen, sich in eine ruhige, halbdunkle Zelle zurückzuziehen, nur so viel Nahrung zu sich zu nehmen, wie für den Erhalt des Lebens nötig ist, und sich der Stille, dem Einhalten der Kirchenrituale, dem Fasten, Nachtwachen und vor allem der Übung des Herzensgebetes zu widmen.

Das *Philokalia* zitiert den Vater Nilus: „Wer die wahre Beschaffenheit seines Geistes sehen möchte, muß sich von allen Gedanken befreien; dann wird er ihn als einen Saphir oder die Färbung des Himmels sehen." Um den Geist zur Ruhe zu bringen solle man sich, so seine Anweisung, unmittelbar nach dem Erwachen in der Einsamkeit der Zelle auf einen niedrigen Schemel setzen und eine Stunde lang (wenn möglich, länger) „den Geist von dem üblichen Kreisen und Wandern wegführen und ihn durch das Atmen still ins Herz geleiten, wobei jeder Atemzug mit dem Gebet ‚Jesus, Gottessohn, erbarme dich meiner!' verbunden ist". Wenn es, nach ausreichender Übung, gelingt, auf diese Weise völlig gerichtet zu beten, „lassen wir das Viele und Mannigfaltige hinter uns und werden eins mit dem Einen, dem Einzigen und dem Allumfassenden, in einer Einheit, die den Verstand transzendiert" – in Jhana vermutlich.

Das Gebet soll nicht auf bestimmte Gelegenheiten begrenzt bleiben, sondern bei jeder Tätigkeit geübt werden. Auf diese Weise verleiht es den weltlichen Handlungen Reinheit. Der Mönch, dem dies gelingt, steht auf der gleichen Stufe wie Christus, denn er erfreut sich der makellosen Reinheit des Herzens. Die Wüstenväter rangen um etwas, das Merton als „Aufgeben, Fallenlassen, Leerwerden von mir und meinen Meinungen" bezeichnet – ein Zustand, der unter dem Namen *Quies*, wörtlich „Ruhe", bekannt ist und in dem der Mönch jedes Interesse an seinem beschränkten Selbst verloren hat. In Verbindung mit dem asketischen Leben in der Wüste führten diese Gebetsübungen nach Merton dazu, daß „das alte, oberflächliche Selbst hinweggefegt wurde und das wahre, geheime Selbst langsam hervortreten konnte, in dem der Gläubige und Christus ‚ein Geist' waren". Vater Isaak sagt, wer diesen Zustand des ständigen, mühelosen Gebets erreicht habe, sei

„am Gipfel aller Tugenden angelangt und zur Wohnstatt des Heiligen Geistes geworden. ... Wenn der Heilige Geist zu einem Menschen kommt, dann betet er immerfort, denn der Heilige Geist betet stets in ihm. ... Ob er ißt oder trinkt, schläft oder arbeitet, noch im tiefen Schlaf entströmen seinem Herzen ganz ohne Mühe der Weihrauch und die Seufzer des Gebets" (Kadloubovsky/Palmer 1971, S. 213).

Reinigende Handlungen, tiefe Meditation und ihr Lohn in Form spontaner Reinheit und ständigem Gewahrsein Gottes finden sich nicht nur in der orthodoxen Ostkirche. Als zentrale Bestandteile einer kontemplativen Lehre der Katholiken sind sie weit verbreitet. Der Hl. Augustinus ist nur einer von vielen, die diese grundlegenden Praktiken befürworteten. In seinen *Bekenntnissen* wird deutlich, wie sehr sich der Eintritt in Jhana und die Vereinigung mit dem Einen in der christlichen Mystik ähneln. Als Vorbereitung für „ein Emporsteigen zur Kontemplation Gottes" empfahl Augustinus eine lange Zeit der Selbstaufgabe, Selbstkasteiung und Tugendhaftigkeit. Nur durch eine solche asketische Selbstdisziplinierung könnten die Persönlichkeitsveränderungen erreicht werden, die die Voraussetzung für das Vordringen in die höheren Sphären eines spirituellen Lebens bilden. Erst nachdem er derart „gereinigt und geheilt" sei, könne ein Mönch mit der „Kontemplation" beginnen. Zur Kontemplation gehören „Erinnern" und „Einkehr". Erinnern ist das Sammeln des Geistes, das Verbannen aller Bilder, Gedanken und Sinnesempfindungen. Ist der Geist von allen Ablenkungen geleert, kann die Einkehr beginnen. Einkehr richtet den Geist auf seine eigene Tiefe. Dies gilt als letzter Schritt, bevor die Seele Gott findet: „Der Geist entfernt sich von allen Körperempfindungen, die ihn mit ihrem Lärm stören und verwirren, um sich in sich zu erkennen." In diesem

Erkennen kommt die Seele „in sich und über sich selbst hinaus" zu Gott. Augustinus beschreibt die körperlichen Aspekte des Zustandes, der durch diese Erfahrung herbeigeführt wird, mit Begriffen, die dem vierten Jhana im Visuddhi-Magga gleichen:

„Ist die Aufmerksamkeit des Geistes völlig von den Sinnen abgewandt und fortgelenkt, wird dies Ekstase genannt. Welche Körper auch anwesend sein mögen, sie werden auch mit offenen Augen nicht gesehen, Stimmen werden nicht gehört. Dieser Zustand ist halb Schlaf, halb Tod: Die Seele ist so versunken, daß sie von körperlichen Empfindungen weiter entrückt ist als im Schlaf, aber nicht so weit wie im Tod" (Butler 1966, S. 50).

Die noch heute gültige „Regel für das Klosterleben" des Hl. Benedikt beschreibt dieses Fortschreiten als Grade von „Demut" oder Reinheit. Auf der zwölften und höchsten Stufe ist der Mönch nicht nur in seinem äußeren Verhalten demütig, sondern auch in seinem Herzen. Seine Demut folgt aus einem ständigen, dem *Gebet des Publikan* sehr ähnlichen Gedanken: „Herr, ich Sünder bin es nicht wert, meine Augen zum Himmel zu erheben." In diesem Stadium bedeutet die zuvor mühevolle Selbstdisziplinierung keine Anstrengung mehr:

„Hat nun der Mönch alle diese Stufen der Demut erstiegen, dann gelangt er bald zu jener Gottesliebe, die vollkommen ist und die Furcht vertreibt. In der Kraft dieser Liebe beginnt er, alle Vorschriften, die er bisher nur aus Angst beachtete, jetzt ohne Mühe, infolge der Gewöhnung wie von selbst zu erfüllen, nicht mehr aus Furcht vor der Hölle, sondern aus Liebe zu Christus, und weil das Gute ihm zur Gewohnheit, die Tugend zur Freude geworden ist. Diesen Zustand der Vollendung wird der Herr durch den Heiligen Geist huldvoll an seinem Arbeiter offenbar machen, der frei geworden ist von Fehlern und Sünden" (Steidle 1975, S. 89).

Sufismus

Für den Sufi besteht die grundlegende menschliche Schwäche darin, daß er durch sein niederes Selbst gebunden ist. Die Heiligen haben ihre niedere Natur überwunden, die Novizen suchen ihr zu entfliehen. Die Meditation ist für die Bemühungen des Novizen, sein Herz zu reinigen, von entscheidender Bedeutung. „Eine Stunde Meditation", sagt ein früher Sufi-Meister, „ist besser als ein Jahr ritueller Anbetung."

Die wichtigste Meditationsart der Sufis ist Zikr, was „Gedenken" bedeutet. Das typische Zikr lautet: *La ilaha illa'llah*, „Es gibt keinen Gott außer Gott". Bishi al-Hafi, ein früher Sufi aus Bagdad, sagte: „Sufi ist, wer sein Herz rein hält." Der Sufi strebt nach allumfassender und dauernder Reinheit. Der Weg zu dieser Reinheit ist das ständige Gedenken Gottes. Das Gedenken Gottes durch die Wiederholung seines Namens reinigt den Geist des Suchenden und öffnet sein Herz für Ihn. Zunächst ist es eine laute, später eine tonlose Wiederholung. In einer Handschrift aus dem 14. Jahrhundert heißt es dazu: „Wenn das Herz zu rezitieren beginnt, kann die Zunge schweigen." Ziel des Zikr ist, wie in allen Meditationssystemen, den Geist aus seinem natürlichen Zustand der Unachtsamkeit und Unaufmerksamkeit zu befreien. Hat der Sufi seinen Geist bezwungen, kann er geistiges Gerichtetsein auf Gott erlangen. Für die Sufis ist das normale Bewußtsein der Menschen eine Art Schlaf, „ein Alptraum unerfüllter Begierden", der mit der Transzendenz endet, die aus der geistigen Disziplin entsteht.

Die normale gedankenlose Aufmerksamkeit ist Kennzeichen des Profanen. Das Gedenken, aus den Geist des Sufis in Gott verankert, bündelt dagegen seine Aufmerksamkeit und macht es ihm möglich, sich von den Verlockungen der Welt abzuwenden. Ein ägyptischer Sufi des neunten Jahrhunderts erklärte auf die Frage, worin die besondere Anstrengung eines Suchenden bestehe: „Die Reue der Massen gilt ihren Sünden, die Reue des Erwählten der Ablenkung." Nach intensiver Meditation oder dem Rezitieren in der Gruppe kann eine flutartige Überschwemmung durch alte Denkgewohnheiten einsetzen. Das Ausmaß dieses Rückfalls ist Gradmesser für den spirituellen Fortschritt. Gewinnen die konditionierten Gewohnheiten und Reaktionen sofort wieder Oberhand, sobald die Anstrengungen des Suchenden an Intensität nachlassen, hat er noch keine Tugend erlangt.

Der Sufismus kennt eine Wechselbeziehung zwischen Bemühen und Gnade. Ein im elften Jahrhundert von al-Qushari verfaßter Leitfaden zählt die spirituellen Stadien *(Maqam)* auf, die durch eigenes Bemühen erreichbar sind. Die reinigenden Handlungen bereiten den Sufi auf *Hal* vor, auf Bewußtseinszustände, die er nicht durch eigenes Zutun erlangen kann, sondern die ein Geschenk Gottes sind. Die erste Station ist die „Umkehr", der Entschluß des Sufi, das weltliche Leben zu verlassen, um sich der spirituellen Suche zu widmen. Es folgen Bemühungen um Selbst-Reinigung, unter anderem ein regelrechter Kampf gegen die eigene fleischliche Natur, der mit einem Rückzug in die Einsamkeit einhergeht, um sich von unheilsamen Angewohnheiten zu befreien. Auf dieser Stufe zieht sich der Sufi immer mehr vom weltlichen Treiben zurück und verzichtet sogar auf heilsame Vergnügungen, die ihm an sich gestattet sind. Er entscheidet sich vielleicht, ein Bettler zu werden, der sein Elend als Prüfung seiner Reinheit hinnimmt und sich in Genügsamkeit übt. Diese letzte Station mündet in den ersten von Gott gewährten Bewußtseinszustand, den der Zufriedenheit mit den Dingen, wie Gott sie bestimmt hat.

Die diesen Entsagungen zugrundeliegende Überzeugung wird von Abu Said von Mineh folgendermaßen umrissen: „Solange dich das Selbst beschäftigt, bist du von Gott getrennt. Nur einen Schritt weit ist der Weg zu Gott: der Schritt aus dir heraus" (zit. in: Rice 1964, S. 34). Al-Ghazali, ein Rechtsgelehrter des zwölften Jahrhunderts, erläuterte den eigentlichen Kern des Sufi-Pfades mit folgenden Worten:

„Das Geschenk der Lehre liegt darin, daß man fleischliche Gelüste überwindet und von deren schlechten Neigungen und niederträchtigen Eigenschaften frei wird, so daß das Herz gereinigt ist von allem außer Gott; der Weg dieser Reinigung ist dhikr Allah, das Gedenken Gottes und die Sammlung eines jeden Gedankens auf Ihn" (in: Nicholson 1929, S. 39).

Auf seinem Weg zur Lösung vom Begehren erlebt der Sufi Zustände, die auch in anderen Meditationsarten Anzeichen für Fortschritte sind. *Qurb* ist das Gefühl der ständigen Anwesenheit Gottes, das durch Sammlung auf Ihn entsteht. In *Mahabba* verliert sich der Sufi im Bewußtsein seines „Geliebten Wesens". Zu den Folgen von Mahabba gehören Visionen und der „Zustand des Einsseins", in dem *Zikr* (Gedenken), *Zakir* (der, der gedenkt) und *Mazkur* (der, dessen gedacht wird) eins werden. Für einen Theravada-Buddhisten wäre dies gleichbedeutend mit dem Eintritt in das erste Jhana. Für die Sufis gilt diese Stufe als gemeistert, wenn die Aufmerksamkeit des Zakirs mühelos auf das Zikr gerichtet bleibt und somit alle anderen Gedanken aus seinem Geist verdrängt werden. Die Sufis nennen diesen Zustand, in dem der Zakir „in der Wahrheit versunken" ist, *Fana*. Sie betrachten ihn als reines Geschenk der Gnade. (Fana bedeutet „in Gott vergehen".) Dies ist erreicht, wenn „Selbst und Welt abgeworfen wurden" (Arberry 1972). Das Aufhören des inneren wie des äußeren Bewußtseins in der gerichteten Sammlung auf das Zikr zeigt, daß die sufistische Versenkung in Fana dem buddhistischen Jhana vergleichbar ist.

Auf dem Pfad der Sufis wird in jeder wachen Minute geübt. Dies belegt auch folgende Beschreibung der Technik eines typischen Sufi-Ordens: „Sei bei jedem Atemzug hier. Laß deine Aufmerksamkeit nicht für die Dauer eines einzigen Atemzugs umherschweifen. Erinnere dich immer und in allen Situationen deiner selbst" (Bennett 1976, S. 39). Dieses Ausweiten der Übung auf alle Lebensbereiche gipfelt in *Baqa*: Der Sufi bleibt auch bei alltäglichen Verrichtungen bis zu einem gewissen Grad im Fana-Bewußtsein. Von dem Sufi al-Junaid von Bagdad, der im zehnten Jahrhundert lebte, stammt die klassische Definition von Fana als „Sterben-für-das-Selbst", das übergeht in Baqa, „Leben-in-Ihm". Nach dieser Wandlung bleibt der Sufi zwar ein Individuum, doch vervollkommnet er sein Wesen. Der Sufi Idries Shah (1971) spricht von dieser Veränderung als einer „weiteren Dimension des Seins", die parallel zur normalen Wahrnehmung besteht. Er bezeichnet sie als „objektives Bewußtsein". Andere sprechen von einer inneren Wandlung, durch die der Sufi zu „Auffassungen gelangt, die der spirituellen Wahrheit entsprechen".

Besondere Bedeutung messen die Sufis dem Umstand bei, daß ihre Lehre nie dogmatisch festgeschrieben werden darf, sondern flexibel genug bleiben muß, um sich den Bedürfnissen bestimmter Personen, Zeiten und Orte anpassen zu können. Der Sufi Abdul-Hamid, ein Lehrer unserer Zeit, erklärt dazu: „Das *Werk* geschieht durch den Lehrer und gemäß seiner Einschätzung von der Situation, in der er sich befindet. Das heißt, es gibt kein Lehrbuch, kein System, keine Methode außer der, die zur Schule des Augenblicks gehört" (Shah 1972, S. 60). Allerdings stehen dem Sufi-Suchenden zahlreiche Wegweiser zur Verfügung, die zu unterschiedlichen Zeiten verfaßt wurden. Dazu gehört auch Abu al-Najibs (1975) *Sufi-Regel für Novizen* aus dem zwölften Jahrhundert, ein Klassiker des Sufismus. Diese Anweisungen mögen zwar nur wenige Gemeinsamkeiten mit modernen Praktiken haben, doch gewähren sie wertvolle Einblicke in Einzelheiten der Sufi-Methode und erlauben aufschlußreiche Vergleiche mit anderen spirituellen Wegen.

Ibn al-Najib (1097–1168) schrieb seine Verhaltensregeln für die Novizen des Suhrwardi-Ordens nieder, dem er selbst angehörte; sein Zweck ist dem des Visuddhi-Magga vergleichbar. Diese Regeln zielten zwar auf eine bestimmte Gruppe, die zu einer bestimmten Zeit an einem bestimmten Ort lebte, doch wurden sie in der gesamten islamischen Welt benutzt und dienten als Grundlage für spätere sufistische Lehrbücher. Vieles in ihnen erinnert an Vorschriften, wie sie auch der Buddhismus, der Hinduismus, die Kabbala und das frühe

Christentum kennen. Ähnlich wie der Bhakti angehalten wird, die Nähe der Satsangs zu suchen, rät al-Muridin, der Sufi solle „sich mit Menschen seiner Art zusammentun und mit solchen, von denen er einen Nutzen haben kann". Der Novize solle sich einem qualifizierten Lehrer *(Sheikh)* anschließen, ständig seine Anweisungen erbitten und ihm uneingeschränkt gehorchen. Er ist streng gehalten, seinem Sheikh und dessen Gefährten zu Diensten zu sein. Das Dienen wird als höchste Berufung eines Anfängers gepriesen; der Diener, so heißt es, steht in der Rangfolge unmittelbar unter dem Sheikh. Wie das Visuddhi-Magga und die Bergpredigt Christi, so besagt auch diese Novizen-Regel: „Man soll sich keine Gedanken um das Beschaffen von Nahrung machen und sich auch nicht damit befassen, sie zu suchen, zu sammeln und zu lagern." Denn auch der Prophet „hortete nichts für den morgigen Tag".

Die Sorge um Essen, Kleidung oder Obdach behindert die Reinheit des Sufis, denn Gott hat gesagt: „Herzen, die in ihrem Begehren verhaftet bleiben, gelangen nicht zu Ihm." Auch wenn von den Sufis kein zölibatäres Leben verlangt wird, raten ihm die Gebote aus dem zwölften Jahrhundert: „In unseren Zeiten ist es besser, die Ehe zu meiden und das Verlangen durch Disziplin, Hunger, Nachtwachen und Reisen zu bekämpfen." Schließlich muß der Sufi ein mustergültiger Moslem sein, der alle Gesetze buchstabengetreu befolgt, denn „je heiliger der Mensch, desto strenger wird er beurteilt".

Jeder Sufi-Meister, jeder Orden und jede Gruppe haben ihre eigenen Techniken. Die Wege sind verschieden, das Ziel ist dasselbe. Mahmud Shabastri, Sufi-

Meister und Verfasser von *The Secret Garden*, formuliert es folgendermaßen:

Der erlangt das Geheimnis der Einheit
Den die Stufen des Pfades nicht abhalten.
Dein Leben ist nichts als Dornen und Unkraut,
Wirf es fort.
Geh hin und fege die Stube deines Herzens
Bereite es vor, Wohnstatt des Geliebten zu werden.
Gehst du hinaus, tritt er ein,
Und in dir, wo du nicht bist, wird Er Seine Schönheit
Zeigen.

Nach der Lehre des Sufismus ist der Mensch durch seine Bedingtheit gefesselt. Eingefahrene Gewohnheiten des Denkens, Fühlens und Wahrnehmens diktieren seine Reaktionen auf die Welt; der Mensch ist ein Sklave dieser Gewohnheiten. Die Menschen schlafen, aber sie wissen es nicht. Um zu erwachen und ihre Lage zu erkennen, müssen sie aufgerüttelt werden. Diesen Zweck erfüllen Sufi-Lehrgeschichten. Diese Erzählungen haben verschiedene Bedeutungsebenen. Einige davon bleiben den meisten Zuhörern verborgen, andere sind offensichtlich. Nicht jeder lernt aus diesen Geschichten das gleiche, denn was der Zuhörer versteht, hängt davon ab, auf welcher Stufe des Sufi-Pfades er sich befindet. Ein guter Lehrer versteht es, die richtige Geschichte im rechten Moment zu erzählen, um eine Einsicht zu übermitteln, für die der Schüler empfänglich ist.

Derartige Lektionen bieten dem Sufi-Anfänger Hilfen auf dem Weg zur inneren Reinigung. Die sufistische Psychologie sieht unsere gewohnheitsmäßigen Regungen als Teil der niederen Seele *(Nafs)* an, die diszipliniert und ständig bewacht werden müssen, damit sie den Suchenden nicht zum Bösen und von Gott fort führen. Al-Muridin rät, ihren Einfluß dadurch zu überwinden, indem man ihr Wirken distanziert beobachtet. Durch ein distanziertes Erforschen seiner niederen Regungen, Triebe und Begierden vermag der Sufi die Gewalt zu brechen, die sie über seinen Geist haben und so seine negativen Eigenschaften durch tugendhafte zu ersetzen.

Al-Muridin merkt in seinen Regeln an: „Der vollendete Sufi befindet sich in einem Zustand der Stabilität, er ist gegen die Auswirkungen wechselhafter Stimmungen oder widriger Umstände immun." Dieser Gleichmut erlaubt es dem vollendeten Sufi, *in* dieser Welt, aber nicht *von* dieser Welt zu sein. Das ruhige Äußere aber verrät nichts über die innere Ekstase der engen Verbindung mit Gott. Ein moderner Sheikh beschreibt den höchsten Bewußtseinszustand des Sufis als „im Inneren trunken, nach außen nüchtern".

Ein alter Meister, der die Eigenschaften eines vollendeten Sufis aufzählt, nennt unter anderem: das Gefühl, nur dem Willen Gottes und nicht dem eigenen Willen zu gehorchen; das Begehren, kein eigenes Begehren zu haben; „Gnade", das heißt ein fehlerfreies Handeln im Dienste Gottes; Wahrhaftigkeit in Denken und Handeln; die Interessen anderer über die eigenen zu stellen; das Dienen mit völliger Selbstaufgabe; ein ständiges Gedenken Gottes; Großzügigkeit, Furchtlosigkeit und die Fähigkeit, in Würde zu sterben. Sufis scheuen jedoch in der Regel davor zurück, bei der Benennung spiritueller Fortschritte solch präzise Formulierungen zu verwenden, da dies auf ein Messen und Abschätzen anderer hinausliefe. Wer andere beurteilen will, sollte sich folgende Sufi-Geschichte zu Herzen nehmen, die Idries Shah erzählt:

„Yaqub, Sohn des Richters, erzählte, daß er eines Tages Bahaudin Naqshband folgende Frage stellte: ‚Der Murshid von Täbris gab seiner Begleitung stets durch ein bestimmtes Zeichen zu verstehen, daß er nicht angesprochen werden wollte, wenn er sich im Zustand besonderer Versenkung befand. Aber Ihr seid immer für uns ansprechbar. Habe ich recht, wenn ich daraus schließe, daß dieser Unterschied auf Eurer zweifellos größeren Fähigkeit zur Loslösung beruht, einer Fähigkeit, die Euch nicht nur vorübergehend zu Gebote steht?'

Bahaudin antwortete ihm: ‚Nein, du suchst immer nach Vergleichen zwischen Menschen und Zuständen, nach Beweisen und Unterschieden, und wenn nicht das, so bist du auf der Suche nach Ähnlichkeiten. Es gibt aber auch Dinge, die außerhalb solcher Maßstäbe sind. Unterschiedliches Verhalten weiser Männer beruht auf Unterschieden ihrer Individualität, nicht ihrer Qualität'" (Shah 1983a, S. 51f.).

Transzendentale Meditation

Die Transzendentale Meditation (TM) ist die im Westen bekannteste Meditationstechnik und ihr Begründer Maharishi Mahesh Yogi der berühmteste Yogi. TM ist eine klassische hinduistische Mantra-Meditation in modernem westlichen Gewand. Maharishi verstand es, Sanskrit-Begriffe zu meiden und wissenschaftliche Ergebnisse zu verwenden, um einer skeptischen Gesellschaft Meditation auf eine Art zu präsentieren, die es auch Amerikanern und Europäern erlaubte, sich etwas anzueignen, das in Indien von Hindus für Hindus entwickelt worden war. Des weiteren schwächt er die Orthodoxie seiner Glaubenssätze ab. Die Theorie der TM – der „Wissenschaft von der Schöpferischen Intelligenz" – bildet eine modernisierte Variante der Lehren der Advait-Vedanta Schule, die im achten Jahrhundert von Sankaracharya begründet wurde.

Sankaracharya lebte zu einer Zeit, als der Buddhismus die herrschende Religion Indiens war. Er führte einen überaus erfolgreichen Kreuzzug zur Erneuerung des Hinduismus und verhieß dem Suchenden als höchstes Ziel an Stelle des Nirvana die Nicht-Zweiheit. Advait strebt die Einheit des Geistes und des Suchenden mit dem unkörperlichem Brahma oder dem unendlichen Bewußtsein an und geht damit einen Schritt weiter als der Bhakti, dessen Ziel die Einheit mit einer Form der Gottheit ist. Erreicht wird diese unkörperliche

Einheit in Samadhi. Das strebt auch die TM an, selbst wenn Maharishi es nicht mehr mit diesen Worten beschreibt. Die TM wurzelt in Sankaracharya, hat aber die Gedanken des Advait für abendländische Ohren in andere Begriffe gekleidet.

Maharishis TM-Technik entspricht den gängigen Jhana-Übungen, auch wenn er sie oft als völlig einzigartig hingestellt hat. Wie alle Advait-Yogis sieht Maharishi „Zweiheit als Quelle allen Leidens". Seine Technik zur Überwindung dieser Dualität beginnt mit dem Wiederholen eines Mantras – einem Sanskrit-Wort oder einem Laut. Ebenso wie das Visuddhi-Magga Menschen unterschiedlichen Temperaments verschiedene Meditationsobjekte zuteilt, so behauptet auch Maharishi, die Wahl eines auf jeden einzelnen abgestimmten Mantras sei von entscheidender Bedeutung. Und wie das Visuddhi-Magga die höheren Stadien des Gerichtetseins als immer glückseliger und feinstofflicher darstellt, so beschreibt Maharishi eine zunehmende „Bezauberung", wenn sich der Geist, seiner natürlichen Neigung folgend, zu einem „Bereich größeren Glücklichseins" hingezogen fühlt, indem er in die subtileren Zustände eines Gedankens eintritt – das Mantra.

Die Besonderheit des Mantras eines jeden einzelnen ist von einem Mythos umgeben, und Lehrer ermahnen Neulinge, das ihre niemandem zu verraten, ja es nicht einmal laut auszusprechen. Aber wie die Meditierenden gelegentlich zu ihrem Kummer erfahren müssen, erhalten alle, die in eine gemeinsame Kategorie wie Alter, Ausbildung und ähnliches passen, das gleiche Mantra. Die jeweiligen Mantras sind keineswegs der TM allein vorbehalten, sondern stammen aus den gängigen Sanskrit-Texten, die heute von vielen Hindus benutzt werden. Wie Millionen von Bhaktis in Indien, so intoniert auch der TM-Meditierende hier bei uns tonlos „Shyam" (einer der Namen von Gott Krishna) oder „Aing" (ein der Göttlichen Mutter heiliger Laut).

Der Glaube, daß bestimmte Mantra-Laute bestimmte Kräfte verleihen oder für bestimmte Persönlichkeitstypen besonders geeignet sind, ist im Hinduismus weit verbreitet. In den uralten *Saiva Upanischaden* beispielsweise wird jeder der 50 Buchstaben des Sanskrit-Alphabets als eigenständiges Mantra mit speziellen Vorzügen beschrieben: der Buchstabe *umkara* (U) verleiht Kraft, *kumkara* (ka) wirkt gegen Gifte, *ghamkara* (gha) verleiht Wohlstand, *phamkara* (pha) Seelenstärke usw.

In der TM lernt der Meditierende, bemühtes Konzentrieren zu meiden. Er wird angehalten, seinen Geist, sollte er abschweifen, sanft zum Mantra zurückzuführen. Dieser Prozeß zielt im Grunde auf Gerichtetsein ab, auch wenn die Sammlung nicht forciert wird, sondern eher passiv ist. Die nachfolgende, häufig zitierte Erklärung des Maharishi über das Wesen der TM ist eine gute Beschreibung der zunehmenden, gerichteten Eingrenzung der Aufmerksamkeit auf einen Gegenstand der Betrachtung und das Transzendieren dieses Gegenstandes beim Fortschreiten von der vorbereitenden Sammlung zum zweiten Jhana. Es gehöre, so sagt er, zur Transzendentalen Meditation, „die Aufmerksamkeit nach innen auf die subtileren Ebenen eines Gedankens zu richten, bis der Geist das Erleben der allersubtilsten Denkzustände transzendiert und zum Ursprung des Denkens gelangt" (Maharishi 1969, S. 470).

Wie bei den Jhanas entsteht Glücksgefühl aus der Stille des Geistes. Mit dem Erreichen des „transzendentalen Bewußtseins" ist der Geist „bei der unmittelbaren Erfahrung von Glück angelangt, er verliert jede Verbindung zur Außenwelt und verharrt voll Zufriedenheit im Seligkeitsbewußtsein der Transzendenz". In der Sprache des Visuddhi-Magga ist dies die vorbereitende Sammlung oder Jhana. Das nächste Stadium in Maharishis System besteht darin, durch ein Alternieren von normalen Aktivitäten und Perioden der Meditation das transzendentale Bewußtsein (oder Jhana) in die Bewußtseinszustände des Wachens, Träumens und Schlafens zu überführen. Den so erlangten Zustand nennt er „kosmisches Bewußtsein": Es gibt „keine Tätigkeit, wie entschieden sie auch verfolgt wird, durch die man aus dem Sein genommen werden kann": Maharishi bestreitet die Notwendigkeit von Entsagungen. Reinheit gehört für ihn zum kosmischen Bewußtsein und ist nicht Voraussetzung, sondern Folge der Transzendenz. Wie Maharishi sagt: „Selbstverständlichkeit in den Tugenden ist nur durch ein wiederholtes Erleben von Samadhi erreichbar."

Bevor der Meditierende das kosmische Bewußtsein erlangt, läßt die Wirkung seiner täglichen Meditation zwischen den Sitzphasen langsam nach; im kosmischen Bewußtsein ist diese Wirkung dagegen von Dauer. Maharishi erklärt den Übergang vom transzendentalen zum kosmischen Bewußtsein wie folgt:

„Von diesem Zustand reinen Seins kehrt der Geist zur Gedanken-Erfahrung in der relativen Welt zurück. ... Mit zunehmender Übung wächst die Fähigkeit des Geistes, seine innerste Natur auch dann zu bewahren, wenn er sich mit gegenständlichen Sinneserfahrungen befaßt. Wenn dies geschieht, werden der Geist und seine innerste Natur – der Zustand transzendentalen Seins – zu einer Einheit, und der

Geist ist dann fähig, seine innerste Natur – das Sein – beizubehalten, während er sich mit Denken, Sprechen oder Handeln befaßt" (Maharishi 1979, S. 66).

Für ihn ist das kosmische Bewußtsein ein Zustand, in dem zwei verschiedene Organisationsebenen des Nervensystems zugleich agieren. In der Regel blockieren diese Ebenen einander, hier aber agieren sie Seite an Seite, ohne ihre spezifischen Merkmale zu verlieren: so existieren beispielsweise transzendentales Bewußtsein und Wachzustand nebeneinander. „Stille", sagt Maharishi, „wird mit Aktivität erfahren und ist doch von ihr verschieden." Der Meditierende im kosmischen Bewußtsein erlebt, daß dieser innere Friede unter allen Umständen als „reines Bewußtsein" zusammen mit Aktivität erhalten bleibt. Das kosmische Bewußtsein, wurde es einmal erlangt, ist von Dauer. Der Meditierende hat in der Transzendenz einen jhanischen Versenkungszustand erlebt, in dem die Sinneswahrnehmung aufhört. Im Wachen bleibt er gegenüber der Sinneswahrnehmung relativ distanziert, auch wenn er für seine eigenen Denkprozesse und für äußere Geschehnisse empfänglicher ist.

Wenn sich das kosmische Bewußtsein vertieft, erlebt der Meditierende das Glücksempfinden des transzendentalen Bewußtseins auch in anderen Bewußtseinszuständen. Dringt dieses Seligkeitsbewußtsein in andere Bereiche seines Lebens ein, erscheinen ihm im Vergleich dazu sinnliche Genüsse weniger begehrenswert als früher. Er hat zwar noch Begierden, doch wird sein Handeln nicht mehr von ihnen bestimmt. Er hat einen Zustand des Gleichmuts erreicht: Die Turbulenzen und Aufregungen, die mit starken Gefühlen wie Furcht, Trauer, Wut, Niedergeschlagenheit oder heftigem Begehren einhergehen, werden durch einen andauernden Zustand „ruhiger Wachsamkeit" gedämpft, bis sie schließlich ganz verschwinden. Gleichmut zeigt sich auch darin, daß der Meditierende den wechselnden Belastungen im Alltag besser begegnen kann. In Situationen, in denen er zuvor geschwankt hätte, bemerkt er eine neue innere Standhaftigkeit. Seine Ausgeglichenheit macht sich auch insofern bemerkbar, als er alle Menschen, ohne ungerechtfertigte Bevorzugung einzelner, auf gleiche Weise lieben kann; seine Verhaftungen lockern sich. Darüber hinaus ist er generell zufriedener und von seinen Zu- und Abneigungen weniger abhängig. Laut Maharishi kennt das Leben im kosmischen Visuddhi-Magga keine Anspannung mehr:

„Der Erleuchtete lebt ein erfülltes Leben. Seine Handlungen, frei von Begehren, gehorchen nur der Notwendigkeit des Augenblicks. Er hat keinen persönlichen Vorteil zu gewinnen. Er widmet sich der Erfüllung des kosmischen Willens und sein Tun ist daher von der Natur gelenkt. Darum braucht er sich um seine Bedürfnisse nicht zu kümmern. Seine Bedürfnisse sind die Bedürfnisse der Natur, und sie sorgt sich um ihre Erfüllung, denn er ist das Werkzeug des Göttlichen" (Maharishi 1969, S. 287).

Das nächste Stadium, das der Meditierende erreicht, ist das Gottesbewußtsein. Im „Gottesbewußtsein" nimmt der Meditierende alles als heilig wahr; „alles wird ganz natürlich in dem Gewahrsein Gottes erlebt". Zunächst, sagt Maharishi, kann diese Erfahrung der Einheit in der Vielfalt überwältigend sein und den Meditierenden dazu verleiten, sich völlig darin zu verlieren. Schrittweise aber verbinden sich das Gottesbewußtsein und die anderen Tätigkeiten, so wie sich auf einer früheren Stufe transzendentales Bewußtsein und normale Bewußtseinszustände verbanden und zum kosmischen Bewußtsein führten.

Im Gottesbewußtsein gibt der Meditierende seine Individualität auf. Dies ist der „höchste Zustand der Reinheit", in dem der Meditierende auch die geringste Unreinheit im Denken oder Handeln überwunden hat; nun befindet er sich in völliger Harmonie mit der Natur und dem Göttlichen. Mit dem Gottesbewußtsein ist nach Maharishi eine Transformation erreicht, durch die Gott in jedem Aspekt der Schöpfung offenbar wird. Über das Gottesbewußtsein hinaus kann der TM-Schüler nur noch den Zustand des „Einheitsbewußtseins" erlangen, in dem sein Bewußtsein so feinstofflich ist, daß er alles ohne jede begriffliche Illusion wahrnimmt.

Patanjalis Ashtanga Yoga

Die Meditationsanleitung des Hinduismus, die am ehesten mit dem Visuddhi-Magga vergleichbar ist, sind die *Yoga-Sutren* des Patanjali, die bis zum heutigen Tage kompetenteste Schrift über Yoga (Patanjali 1983; Prabhavananda und Isherwood 1962; Vivekananda 1983b). Fast alle modernen Yoga-Systeme, einschließlich der Transzendentalen Meditation, beziehen sich auf die Yoga-Sutren. Es gibt zahlreiche spirituelle Yoga-Schulen: Bhakti-Yoga ist der Weg der Liebe und der Hingabe, Karma-Yoga wählt das selbstlose Tun, und Jnana-Yoga bedient sich der intellektuellen Analyse. Sie alle folgen dem Weg, der in den Yoga-Sutren skizziert wird.

Mögen sich die Yoga-Wege auch in ihren Techniken unterscheiden, ihr Ziel besteht immer in der Erfahrung der Einheit, die durch ein Transzendieren der Dualität erreicht wird. Der Ursprung der Dualität ist im Geist zu suchen, das heißt in der Trennung zwischen den Mechanismen des Bewußtseins und seinem Gegenstand. Um diese Dualität zu transzendieren, muß der Suchende in einen Bewußtseinszustand gelangen, der diese Kluft überbrückt und in dem Erlebender und Objekt eins werden. Dieser Zustand ist Samadhi.

Die Aphorismensammlung der Yoga-Sutren enthält eine grobe Skizze des Weges, der dorthin führt. Der Geist, so heißt es, ist voller Gedankenwogen, die die Kluft erzeugen, die Yoga zu überbrücken sucht. Wenn er seine Gedankenwogen glättet und seinen Geist beruhigt, wird der Yogi zur Einheit gelangen. Die Gedankenwogen verursachen heftige Gefühle und blinde Angewohnheiten, die den Menschen an ein falsches Selbst binden. Wird sein Geist klar und still, kann der Mensch sich sehen, wie er wirklich ist. In dieser Stille vermag er Gott zu erkennen. Auf dem Weg dorthin überwindet er die irrige Sicht von sich selbst als eigenständigem, einzigartigem Individuum, das von Gott getrennt ist. Je mehr sich die Wogen beruhigen, desto blasser wird das Ich des Yogi. Als befreiter Mensch gelingt es ihm schließlich, sein Ich wie ein Kleidungsstück an- und abzulegen. Legt er das Ich an, handelt er in der Welt, legt er es durch Stillwerden des Geistes ab, vereint er sich mit Gott.

Zunächst aber muß er eine anstrengende Disziplinierung von Geist und Körper durchlaufen. Am Anfang der Wandlung steht Sammlung, die seinem Geist Gerichtetheit gibt. Für Patanjali ist Gerichtetheit die wichtigste Methode, an der sich alle anderen orientieren. Es wird angenommen, daß die Aphorismen vor mehr als 1500 Jahren entstanden, etwa zur selben Zeit wie das Visuddhi-Magga. Der einzige Unterschied zwischen diesen beiden – ansonsten weitgehend identischen – Meditationsanleitungen besteht darin, daß für Pantanjali Samadhi und nicht Nirvana der Weg zur Befreiung ist.

Der von Patanjali beschriebene königliche oder Raja-Yoga besteht aus *Ashtangas:* acht Grundpraktiken oder Gliedern. Bei den ersten beiden, *Yama* und *Niyama*, handelt es sich um ethische und moralische Übungen der Reinheit. Die nächsten beiden sind *Asana*, das Ausbilden einer aufrechten, sitzenden Körperhaltung sowie

Pranayama, Übungen zur Kontrolle und Besänftigung des Atems. Die letzten beiden Übungen wurden auf vielfältige Weise weiterentwickelt; für zahlreiche Yogi-Schulen zählen sie heute zu den wichtigsten Methoden – die meisten Europäer und Amerikaner verbinden dementsprechend mit „Yoga" ausschließlich diese beiden Übungen.

Fast alle Schriften über *Hatha* und *Pranayama* erwähnen, daß diese nicht Selbstzweck, sondern Vorbereitungen zum Erlangen von Samadhi sind. Einige aber befassen sich ausschließlich mit strenger Körperreinigung als einem Mittel der Bewußtseinsveränderung. Vyas Dev (1970) beispielsweise beschreibt 250 Asanas, 50 verschiedene Pranayama-Übungen sowie 25 *Shatkarmas* und *Mudras* – Methoden zur Reinigung der inneren Organe. Vyas Dev rät dem Yogi, er solle, bevor er längere Zeit in tiefer Meditation sitzt, seinen Darm völlig entleeren, indem er Wasser durch den Anus einführt und wieder ausscheidet, seine Blase entleeren, indem er Wasser mittels eines Katheders einführt und wieder ausscheidet, und seinen Verdauungstrakt reinigen, indem er eine etwa zwanzig Meter lange Schnur aus feinem Garn verschluckt und wieder herauszieht. Des weiteren sollte er ein bis anderthalb Liter lauwarmes Salzwasser trinken, um zu erbrechen und abschließend einen Stoffstreifen von einem Zentimeter Breite und etwa sieben Meter Länge schlucken und wieder herausziehen. Erst dann sei er bereit für ernsthafte Meditation.

Patanjalis Anweisung zu den ersten vier Gliedern lautet allerdings, der Yogi solle sie nur so lange betreiben, bis sein Körper und sein Geist ruhig geworden seien. Sie sind nichts als Vorbereitungen zum Sitzen in

Meditation, Hilfen, um Hindernisse bei der Sammlung wie Zweifel, Trägheit, Verzweiflung und die Gier nach sinnlichen Freuden zu überwinden. Die wirkliche Meditation beginnt mit der zweiten Gruppe von vier Gliedern, die zur Gerichtetheit hinführen. Auf der fünften Stufe, *Pratyahara*, lenkt der Yogi seinen Geist von den Sinnesobjekten fort und richtet seine Aufmerksamkeit auf das Meditationsobjekt. Auf der sechsten Stufe, *Dharana*, läßt er seinen Geist beim Objekt verweilen. Zur siebten Stufe, *Dhyana*, gehört „der ununterbrochene Gedankenstrom auf das Objekt der Sammlung". Die beiden letzten Glieder entsprechen dem vorbereitenden und andauernden Gerichtetsein der Aufmerksamkeit im Visuddhi-Magga. Die letzte Stufe schließlich bildet Samadhi.

Die Verbindung aus Dharana, Dhyana und Samadhi wird *Samyama* genannt. In diesem Zustand höchster Konzentration liegt der Schlüssel zu okkulten Fähigkeiten wie Hellsehen und Telepathie. Die Sutren setzen sich ausführlich damit auseinander, wie Samyama angewandt werden muß, um verschiedene Fähigkeiten zu erlangen. Richtet der Yogi Samyama auf sein Erinnern, kann er dadurch Wissen über seine früheren Leben erlangen; Samyama auf die Körpermale eines anderen Menschen gerichtet, enthüllt dessen Geisteszustand; richtet der Yogi Samyama auf seinen eigenen Hals, vermag er dadurch Hunger und Durst zu stillen. Wie das Visuddhi-Magga, warnen auch die Sutren vor diesen Kräften als subtilen Fallen. Dem Yogi wird geraten, diese Verlockungen als letzte Versuchungen seines Ichs zu meiden.

Wird Samyama auf „einzelne Augenblicke und ihre Folge" gerichtet, führt dies zu intuitiver Weisheit oder

Prajna, das „von den Fesseln der Unwissenheit" befreit. Allerdings scheinen die meisten modernen Patanjali-Kommentare diesen Vorstoß auf den Pfad des Hellblicks zu unterschlagen. Gewöhnlich wird gelehrt, das Kernstück des Yoga sei Samadhi: „Samadhi ist Yoga; dies ist der höchste Weg" (Vivekananda 1983b). Patanjali nennt verschiedene Objekte, die sich für die Meditation eignen: die Silbe *Om* oder ein anderes Mantra, das Herz, eine Gottheit oder „Erleuchtete Seele", ein göttliches Symbol. Wenn das Denken des Yogi mit seinem Meditationsobjekt eins wird, erreicht er zunächst *Savicara-Samadhi* – die vorbereitende Sammlung. Danach kommt *Nirvicara Samadhi* – das erste Jhana: Einheit ohne andere Wahrnehmungen. Hat er das Stadium des Nirvicara erreicht, verlöscht im Yogi auch der Gedanke an das Meditationsobjekt, und er tritt in *Nirvikalpa-Samadhi* ein, in dem es keine Dualität mehr gibt.

Nirvikalpa ist der höchste Samadhi-Zustand. Hier ist der Geist völlig still. Die Yoga-Lehre besagt, daß jemand, der diesen Zustand erreicht hat, bis zu drei Monate in tiefer Meditation verharren könne. Während dieser Zeit würden seine Atmung und alle anderen Stoffwechselfunktionen aufhören. In diesem Samadhi, so ein Kommentar, „werden alle relativen Schmerz- und Schuldgefühle von einer Lawine unbeschreiblichen Glücksgefühls fortgerissen. ... Alle Zweifel und Befürchtungen verstummen für immer; das Umherschweifen des Geistes hört auf; vergangene Handlungen haben keine Wirkung mehr". Voraussetzung des Nirvikalpa-Samadhi ist allerdings, daß sich der Yogi seiner nur erfreuen kann, solange er vollkommen still, in tiefe Meditation versunken bleibt.

Die letzte Stufe des Ashtanga-Yoga besteht darin, die

tiefe Ruhe des Samadhi in den Wachzustand des Yogi zu überführen. Bleibt Samadhi in allen anderen Bewußtseinszuständen erhalten, dann ist der Yogi ein *Jivanmukta*, ein Befreiter. In seiner Einführung zu Shri Ramakrishnas Biographie beschreibt der anonyme Chronist M. den Zustand des Heiligen, als dieser aus dem Nirvikalpa-Samadhi auftaucht:

„Er hat keinerlei Vorstellung von ‚ich' und ‚mein', er erachtet den Körper als reinen Schatten, ein äußerer Schild, der die Seele umschließt. Er verharrt nicht bei der Vergangenheit, richtet keinen Gedanken auf die Zukunft, betrachtet die Gegenwart unbeteiligt. Alles auf dieser Welt überblickt er mit dem Auge der Unparteilichkeit; die unendliche Vielfalt der Erscheinungen berührt ihn nicht mehr, auf Freude und auf Schmerz reagiert er nicht mehr. Er bleibt unberührt, wenn er – das heißt sein Körper – von den Tugendhaften angebetet und den Verworfenen gepeinigt wird, denn er erkennt, daß sich Brahman der Eine in allem offenbart" (M. 1952, S. 57).

Der indische Heilige Ramana Maharishi (1962) nennt ein einfaches Unterscheidungskriterium zwischen Nirvikalpa-Samadhi und Sahaja-Samadhi: Sind Samadhi und Wachzustand verschieden, handelt es sich um Nirvikalpa-Samadhi; sind sie es nicht, hat der Yogi das Stadium des Sahaja-Samadhi erreicht.

Der Yogi in Sahaja befindet sich partiell immer in Samadhi und identifiziert sich nicht mehr mit seinen Gedanken oder Empfindungen. Sein Sein gründet in einem Bewußtsein, das die Sinnenwelt transzendiert hat; er ist dieser Welt entrückt, während er zugleich in ihr handelt. Dieses „höchste Ideal des Yoga, ein Leben als Jivanmukta", ist ein Leben in „ewiger Gegenwart": Der Mensch hat „kein persönliches Bewußtsein mehr – das heißt ein Bewußtsein, das sich aus seiner Geschichte speist –, sondern ein distanziertes Bewußtsein, das nur Klarheit und Spontaneität ist" (Eliade 1977).

Im Sahaja-Samadhi ist Meditation zu einer völlig autarken, spontanen Tatsache im Leben des Yogi geworden. Die Stille seines Geistes zeigt sich in seinen Taten. Er ist von allen Ich-Bindungen und Interessen befreit; sein Handeln wird nicht mehr durch die Lasten früherer Taten bestimmt. Meher Baba (1967) nennt dies „einen Zustand äußerster Wachheit, in dem es keine Ebbe und keine Flut gibt, kein Wachsen und kein Vergehen, sondern nur das Gleichmaß der wahren Perzeption". Der Jivanmukta hat mit dem begrifflichen Universum zugleich auch sein Körperbewußtsein transzendiert; er empfindet die Welt nicht mehr als von sich getrennt. Wer im Zustand des Sahaja lebt, kennt kein „Ich" und keinen „anderen".

Indisches Tantra und Kundalini-Yoga

Die tantrische Tradition Indiens ist vermutlich auf eine Verfeinerung alter schamanischer Praktiken zurückzuführen, die ihren Weg in hinduistische und buddhistische Meditationssysteme gefunden haben (Eliade 1977). Das indische Tantra verändert das Bewußtsein, indem es Energien weckt, die normalerweise latent sind. Einige Meditationstechniken, die im Westen eingeführt wurden, wurzeln in der tantrischen Lehre des „Kundalini"-Yoga. Kundalini, so die tantrische Physiologie, ist eine immense spirituelle Energie, die sich am unteren Ende der Wirbelsäule befindet. Wird sie erregt, wandert Kundalini die Wirbelsäule über sechs Zentren oder *Chakras* hinauf zum siebten, das sich über dem Scheitelpunkt des Kopfes befindet. Die anatomischen Vorstellungen des Westens haben für Kundalini keinerlei Entsprechung. Die Chakras beziehen sich auf eine Verteilung von Energien in bestimmten, nicht-körperlichen Zentren.

Erwacht die Kundalini in einem Chakra, aktiviert sie die für dieses Chakra typischen Energien. Zu jedem Chakra gehören typische Verhaltensweisen, Motive und Geisteszustände, die das Denken eines Menschen beherrschen, wenn es von der Kundalini gezündet wird. Das erste Chakra, zwischen Anus und den Genitalien gelegen, betrifft den Überlebenskampf. Territorial- und Besitzdenken, rohe Gewalt, eine übermäßige

Beschäftigung mit Körper und Gesundheit sowie Angst um die eigene Sicherheit charakterisieren den mit diesem Chakra verbundenen geistigen Zustand. Das zweite Chakra steht für Sexualität und Sinnlichkeit; es liegt an der Wurzel der Genitalien. Wird dieses Chakra aktiviert, empfindet der Betreffende sexuelle Lust, Gier und ein Verlangen nach sinnlichen Vergnügungen. Das Bedürfnis nach Macht und Beeinflussung anderer verbindet sich mit dem dritten Chakra, das in der Nähe des Bauchnabels liegt. Typische Verhaltensweisen sind hier Überreden oder Manipulieren anderer aus niederen Beweggründen.

Die meisten Menschen handeln fast immer in Geisteszuständen, die mit der Aktivierung dieser ersten drei Chakras einhergehen. Kundalini-Yoga versucht, diese Energie in höhere Chakras zu leiten, ähnlich wie Kabbala darauf abzielt, das Bewußtsein auf eine höhere Ebene zu heben. Das vierte Chakra liegt in der Herzgegend und steht für selbstlose Liebe und Sorge um andere. Die reine Liebe einer Mutter für ihr Kind ist hier angesiedelt. Die Liebe des vierten Chakras ist jedoch keine romantische Liebe, sie verbindet sich vielmehr mit unbeteiligtem Erkennen zu Mitgefühl. Aktiviert Kundalini schließlich die oberen drei Chakras, erlebt der Yogi transzendentale Zustände. Das fünfte Chakra befindet sich am unteren Ende des Halses, das sechste zwischen den Augenbrauen und das siebte über dem Scheitel. Der Meditierende versucht, die Kundalini aus seinen unteren Chakras, wo sie in der Regel gefangen ist, zu befreien und in die höheren Chakras zu lenken. Wenn sie ein siebtes Chakra erreicht und dort bleibt, erlebt er einen Zustand intensiver Ekstase und die Vereinigung mit Gott. Er gilt als befreit – befreit von den

Fesseln all jener Angewohnheiten und Handlungen der niederen Chakras, denen die meisten Menschen verhaftet sind.

Im Kern zielen die tantrischen Praktiken darauf ab, Samadhi das Sinnenbewußtsein zu transzendieren. Natürlich bedienen sich alle Techniken, die Gerichtetheit anstreben, der Sinne als Weg zur Transzendenz, doch ist der Tantrismus, was die Vielfalt seiner Techniken zur Überwindung des Sinnenbewußtseins anbelangt, einzigartig.

Der kontrollierte rituelle Geschlechtsverkehr, *Maithuna*, ist die tantrische Technik, von der die Menschen der westlichen Welt am nachhaltigsten fasziniert sind und die sie häufig irrtümlich als Eintauchen in sexuelle Lust und nicht als einen Weg verstehen, ihrer Herr zu werden. Der rituelle Geschlechtsverkehr bietet die Möglichkeit, Kundalini-Energie zu wecken, die der selbstdisziplinierte Yogi dann in seine höheren Chakras lenken kann. Maithuna ist eine von fünf Handlungen, die den hinduistischen Yogis in der Regel verboten sind, die aber von der tantrischen Schule des Bon Marg bzw. des „Linke-Hand-Wegs" benutzt werden. Die ersten drei betreffen den Verzehr von Fisch, Fleisch, berauschenden Getränken sowie die Ausübung bestimmter Mudras. All dies wird vom Tantriker auf streng festgelegte Weise praktiziert, und zwar als Vorbereitung auf Maithuna. Während des gesamten Rituals rezitiert der Yogi in Gedanken das Mantra, das sein Guru für ihn ausgesucht hat. Zum Maithuna gehören genau vorgeschriebene rituelle Handlungen, die dem Yogi auch präzise Anweisungen geben, wo und wie er den Körper der Partnerin zu berühren hat.

Bei Maithuna ist der Mann passiv, die Frau aktiv; da

das Ziel die Erregung der Energie, nicht aber der Höhepunkt ist, gibt es kaum Bewegung. Während des Geschlechtsverkehrs rezitiert der Tantra-Yogi im Geiste Mantras wie „Om, Du Göttin ... im Feuer des Selbst, mit der Seele als geheiligte Schöpfkelle .. opfere ich beständig (das Opfer), indem ich die Sinnesorgane dazu nutzbar mache". Im Augenblick der Ejakulation wiederholt er ein Mantra, das sein Sperma als Opfer weiht (Bharati 1977). Der Schlüssel zu Maithuna, wie auch zu allen anderen tantrischen Ritualen, ist das von Samadhi getragene Unbeteiligtsein, durch die sich die Energie des sinnlichen Begehrens in höhere Formen verwandelt.

Die tantrische Sprache ist verschlüsselt und läßt sich daher auf vielfältige Weise auslegen. Handlungen, die äußerlich betrachtet unrein wirken mögen, haben im Rahmen von Tantra häufig eine besondere, tiefere Bedeutung. Als Beispiel soll hier nur auf die tibetische *Kapala* verwiesen werden, eine aus einem Menschenschädel gefertigte Schale auf einem silbernen Fuß. Ein Museumstext führt dazu folgendes aus:

„Das Gefäß enthält den Amrita*, der esoterischen Ritualen dient. Wer in dualistischen Begriffen wie Rein und Unrein denkt, kann sich nicht vorstellen, einen Menschenschädel zu benutzen. Die Tantriker aber, die Transzendentale Weisheit erlangt haben, kennen keinen Aberglauben, für sie gibt es keinen Unterschied zwischen einem Goldgefäß und einem Menschenschädel. Die Schädel symbolisieren diese Geisteshaltung."

Eine moderne Variante des Kundalini-Yoga ist *Siddha*-Yoga, das der verstorbene Swami Muktananda lehrte

---

* *Amrita* (Sanskrit): „Wein der Unsterblichkeit", Wasser des Lebens.

(Amma 1969; Muktananda 1986a). Siddha-Yoga beginnt mit traditionellen Praktiken wie Asana, Pranayam, Rezitieren und Japa. Der Anfänger soll mit dem Mantra „Guru Om", oder mit jedem Atemzug „so'ham" meditieren. Muktananda betont besonders das Guru-Schüler-Verhältnis. Kernstück des Siddha-Yoga ist die Überzeugung, daß ein Guru einem Anfänger eine unmittelbare, momentane, transzendentale Erfahrung ermöglichen kann. Diese *Shaktipat-Diksha* genannte Praxis beruht auf Initiation durch einen Blick, eine Berührung oder ein Wort. Durch diese Übertragung erwacht in einem Schüler, der dem Guru in Liebe, Demut und Glauben zugetan ist, Shakti – die Kundalini-Energie.

Wenn dies geschieht, werden alle weiteren Übungen überflüssig. Das innere Wirken der Kundalini erzeugt spontan Meditation, Pranayam, Asanas und Mudras, ohne daß der Schüler diese zuvor geübt oder angestrebt hätte. Dieser Reinigungsprozeß durch Shaktipat soll drei bis zwölf Jahre dauern. In diesem Zeitraum verändert sich die Persönlichkeit des Schülers völlig, weil er sein „begrenztes Ich" aufgibt. Er empfindet dann „Einheit mit dem allgegenwärtigen kosmischen Intellekt". Um dieses Geschehen zu beschreiben, benutzt Muktananda die Bilder und Begriffe der Kundalini:

„Die Kundalini, die im *muladhara* (erstes Chakra) ruht, steigt langsam empor und durchbohrt auf diesem Weg die Chakren, bis sie *sahasrara* (das siebte Chakra) erreicht, die tausendblättrige Lotusblüte auf dem Scheitelpunkt des Kopfes ... und das spirituelle Streben des Aspiranten erfüllt sich" (Muktananda 1970, S. 54).

Im Verlauf von Shaktipat erlebt der Meditierende unter Umständen eine breite Palette ungewollter Reaktionen. Dazu gehören Gefühle großer Freude, Trägheit oder

Zorn; eigenartige Körperhaltungen, Gesten, Zuckungen oder tänzerische Figuren; Staunen oder Furcht; Schmerzen im ganzen Körper; vielfältige innere Empfindungen, Muskelzittern oder Erschaudern; spontan einsetzende tiefe Meditation; Visionen von Licht, Gottheiten oder himmlischen Orten, die mit großer Freude und Glücksgefühl einhergehen und schließlich ein „göttliches Licht von unbeschreibbarem Glanz" oder ein feiner innerer Klang beim Meditieren (Muktananda 1970).

Diese Phänomene dienen der Reinigung des Meditierenden, damit er in dem – dem Jhana verwandten – Zustand des *Turiya* verbleiben kann, während er sich in den drei normalen Bewußtseinszuständen des Wachens, Träumens und Schlafens befindet. *Turiyatita*, den Zustand, der auf Turiya folgt, erlangt er in der Vereinigung seiner Kundalini mit *Sahasrara*, dem höchsten Chakra. Ein Mensch in diesem hohen Bewußtseinszustand hat das Körperbewußtsein vergessen, empfindet außergewöhnliche Glücksgefühle und tiefe Ruhe, er hat die „Frucht des Yoga" erlangt und bleibt, was er auch tun mag, „auf immer im Höchsten Zustand versunken". Er tut alles in Frieden und Gleichmut. Ein Schüler Muktanandas sagt über einen Menschen in diesem Zustand: „Er muß nichts tun, er muß nichts erreichen; er erledigt die Dinge des weltlichen Lebens und bleibt dabei Betrachter" (Amma 1969, S. 11). Ein Yogi in Turiyatita verfügt angeblich über übernatürliche psychische Kräfte (*Siddhi*). Dazu gehört auch die Fähigkeit, die Kundalini in anderen zu wecken.

Tantra-Yoga zählt zu den wenigen traditionellen Meditationssystemen, die den Endpunkt des Pfades als erreicht ansehen, wenn der Yogi die Siddhi oder übernatürliche Kräfte beherrscht. Einzelne tantrische Praktiken zielen auf die Entwicklung bestimmter Siddhi wie Gedankenlesen ab. Wenn manche Menschen Siddhi mit Erlösung gleichsetzen, mag das unter anderem daran liegen, daß solche Kräfte auf hohe Bewußtseinszustände schließen lassen. Aber für alle tantrischen Praktiken ist die Meditation unabdingbar; ihre Methode ist das Erwecken der Kundalini, ihr Ziel Samadhi.

Der tibetische Buddhismus

Die Techniken des tibetischen Mahayana gründen in den klassischen buddhistischen Lehren. Hinzu kommen tibetische Elemente und der Tantrismus. In einer Schrift des Dalai Lama (1965) zur Theorie und Praxis der Meditation wird die Theorie im wesentlichen als die des theravadischen Visuddhi-Magga bzw. der „Hinayana"-Tradition dargestellt. In Abweichung von den Hauptströmungen des Buddhismus gelobt der Mahayana-Bodhisattva, die Erleuchtung nicht nur zu seiner eigenen Erlösung, sondern zu der aller Wesen zu erlangen. Für ihn bildet das Nirvana des Hinayana eine Vorstufe zum höchsten Ziel des Mahayana-Buddhismus, der Existenz als Bodhisattva. Dennoch stimmt seine Vorstellung vom Nirvana mit dem des Visuddhi-Magga überein: Auch für ihn ist es „Befreiung von der Fessel" des *Samsara* durch ein Stillstehen, in dem die „Wurzeln der Verblendung restlos vernichtet" und das Ego oder „Ich-Denken" zerrissen wurden. Für die Mahayanisten aber liegt das Ziel über Nirvana hinaus in der Rückkehr in die Welt, um anderen Wesen auf dem Pfad der Erlösung beizustehen.

Der Mahayana-Pfad geht von drei „moralischen Verpflichtungen" aus, Wegen für den Meditierenden, die „Dreifache Zuflucht" (Buddha, Dharma und Sangha) als seine inneren Wahrheiten zu erkennen. Im tibetischen Buddhismus besteht die erste Anweisung für den

Meditierenden in *Sila*, dem Gebot sittlichen Benehmens. Daran schließt sich *Samadhi* (Tibetisch: *Shiney*) an, das Sammeln des Geistes auf ein Objekt, um Gerichtetheit auszubilden. Ähnlich wie im Visuddhi-Magga wird dem Meditierenden hier empfohlen, in Klausur zu gehen und seine Bindungen an die Dinge der Welt abzubrechen. Zu den früheren Meditationsobjekten gehören die im Visuddhi-Magga genannten, wie beispielsweise die Konzentration auf die Atmung. Andere, besonders in den späteren Stadien, erinnern an tantrische Gottheiten Indiens. Diese fortgeschritteneren Meditationsobjekte sind Gegenstand von Visualisierungen. Sie verkörpern unterschiedliche Aspekte des Geistes. Wenn der Meditierende die Gestalt visualisiert, identifiziert er sich mit deren mentalen Zuständen oder Eigenschaften. Chögyam Trungpa beschreibt eine solche Gestalt:

„Auf die Scheibe des Herbstmondes, klar und rein, legst du den Samen einer Silbe. Die kühlen blauen Strahlen dieses Silbensamens verströmen ein über alle Maßen kühlendes Erbarmen, das über die Begrenzungen von Himmel und Raum hinaus strahlt. Er erfüllt die Bedürfnisse und Wünsche aller fühlenden Wesenheiten und verbreitet eine fundamentale Wärme, die Verwirrungen zu klären vermag. Aus dem Silbensamen schaffst du einen Mahavairochana Buddha, seine Farbe ist weiß, die Züge aristokratisch – ein achtjähriges Kind mit einem schönen, unschuldigen, reinen, bezwingenden, königlichen Blick. Bekleidet ist er mit dem Gewand der mittelalterlichen Könige Indiens. Er trägt eine strahlende Goldkrone, die mit magischen Edelsteinen besetzt ist. Sein langes schwarzes Haar fließt über Schulter und Rücken herab; ein Teil ist auf dem Kopf zum Knoten gebunden, auf ihm ein glitzernd-blauer Diamant. Er sitzt mit gekreuzten Beinen auf der Mondscheibe, die Hände in der *mudra* der Meditation, und hält einen Vajra aus reinem weißen Kristall" (Chögyam Trungpa 1975, S. 47).

Der Dalai Lama nennt vier Schritte auf dem Weg zu Samadhi. Anfangs richtet sich der Geist des Meditierenden auf das Meditationsobjekt, wobei er versucht, die Spanne seiner Sammlung zu verlängern. Auf der nächsten Stufe ist seine Sammlung instabil. Ablenkungen wechseln mit Konzentration auf das Objekt. In diesem Stadium kann er Freude und Ekstase empfinden, die aus der Gerichtetheit entstehen; diese Gefühle werden seine Bemühungen um Sammlung verstärken. Wie das vorbereitende Jhana, gipfelt auch diese Stufe darin, daß sein Geist schließlich alle Störungen überwindet und er sich ohne Unterbrechung mit dem perfekten Gerichtetsein der Jhanas in das Objekt versenken kann. Die höchste Stufe ist die „Stille des Geistes", auf der er mit geringer Anstrengung völlige Sammlung erlangen kann – das heißt, er meistert Jhana. Der Meditierende kann sich jetzt mühelos auf jedes beliebige Objekt konzentrieren.

Die Beherrschung der Jhanas im Mahayana-Buddhismus ist nicht wegen der damit einhergehenden übernatürlichen Kräfte von Bedeutung, sondern weil sie dem Meditierenden hilft, *Shunyata* zu erkennen, die grundsätzliche Leere aller Dinge, auch des Geistes des Meditierenden. Der Meditierende erreicht diesen Zustand mit Hilfe von Vipassana (tibetisch: *thag-thong*). Er nutzt die Kräfte des Samadhi als Ausgangspunkt für eine Meditation über Shunyata. Der Dalai Lama (1965) erläutert die Vipassana-Techniken in der tibetischen Praxis nicht näher. Er erwähnt allerdings, daß der undisziplinierte Gedankenstrom des Meditierenden angehalten und „der wandernde oder projizierende Geist durch Sammlung auf die physischen Gegebenheiten des eigenen Körpers und die psychischen Gegebenheiten des eigenen Geistes zur Ruhe gebracht werden kann". Der Meditierende legt nun seinen Ich-Glauben ab und erreicht schließlich „das Ziel, das die Zerstörung aller sittlichen und geistigen Befleckung zur Folge hat".

Dies ist im tibetischen Buddhismus jedoch noch nicht der Endpunkt der spirituellen Entwicklung des Meditierenden. Die Kontrolle der Geistesprozesse, die er durch Sammlung und Hellblick erlangt hat, dient als Vorbereitung für das Erlernen weiterer Techniken wie Visualisieren oder die Pflege von Eigenschaften wie Erbarmen. Die verschiedenen Schulen des tibetischen Buddhismus setzen in der Ausbildung des fortgeschrittenen Meditierenden unterschiedliche Schwerpunkte und verfolgen jeweils eigene Wege. Ihnen allen ist jedoch gemeinsam, daß sie die beiden meditativen Grundtechniken Sammlung und Hellblick als Voraussetzung für komplexere, fortgeschrittenere Bemühungen um die Formung des Geistes des Meditierenden ansehen.

Chögyam Trungpa (1978) rät dem Meditierenden, er müsse, bevor er mit den fortgeschritteneren tibetischen Techniken beginne, „eine transzendentale Einsichtsfähigkeit entwickeln, also die Dinge sehen, wie sie sind". Daher ist die Vipassana-Meditation die Grundlage des Meditierenden. Wenn er die Dinge klar erkennt, lockert er in alltäglichen Situationen sein Abwehrverhalten. Dies öffnet ihn für *Shunyata*, „unmittelbares Erleben ohne jede Stütze", was ihn wiederum inspiriert, das Bodhisattva-Ideal anzustreben. Aber das ist noch nicht das Ende des Weges: Auf den Bodhisattva folgt der „Yogi", auf den Yogi der „Siddha", auf den Siddha der „Buddha". Der Suchende hat auf jeder dieser Ebenen ein ganz spezielles Empfinden von sich und der Welt.

Auf einer noch höheren Ebene liegt die psychische Sphäre des *Mahamudra*. Hier „gibt es keine Symbole mehr; das Gefühl des Erfahrens hat aufgehört zu existieren. In direktem Bezug zu den wechselnden Situationen erwächst die Energie durch eine Spontaneität, die niemals leichtfertig wird" (Guenther/Chögyam 1975, S. 36). Dies führt dazu, daß man „zerstört, was zerstört werden muß, und pflegt, was gepflegt werden muß" (ebd). Ist Mahamudra erreicht, haben die Mühen des Weges ein Ende gefunden.

Wer die Übungen eines spirituellen Weges nicht selbst macht, vermag dessen eigentlichen Kern kaum richtig einzuschätzen. Dies trifft erst recht auf Systeme wie den tibetischen Buddhismus zu, die im Grunde esoterisch sind. Viele tibetische Methoden hüten ihr Geheimnis; erst wer sie ausübt und selbst erlebt, kann sie wirklich verstehen. Übersetzungen wie die von Evans-Wentz (1957, 1972, 1980a) vermitteln dem Leser immerhin einen lebhaften Eindruck von den tibetischen Lehren. Aber um diesen gewundenen Pfad zu gehen, muß der Anfänger einen Lama finden, der sein Guru wird, da auch heute noch bestimmte Methoden des tibetischen Buddhismus nur vom Lehrer an seine Schüler weitergereicht werden.

Zen

Das Wort „Zen" ist mit dem Pali-Wort *Jhana* verwandt, die Wurzel beider liegt im Sanskrit-Wort *Dhyana* (Meditation). Der japanische Zen ist über die chinesische Ch'an-Meditationsschule mit den Lehren des Visuddhi-Magga verknüpft. Die Veränderungen, die im Verlauf dieser Reise durch Zeit und Raum vom Indien des fünften Jahrhunderts bis zum Japan unserer Tage eingetreten sind, machen sich eher in der Lehre als in den praktischen Details bemerkbar. Einige Spielarten des *Zazen*, sind mit den Achtsamkeits- und Hellblick-Meditationen identisch. Im Falle von Achtsamkeit, weiten alle Zazen-Richtungen sie von der Meditation im Sitzen auf das gesamte Leben des Meditierenden aus.

Im Zen zählt das praktische Zazen, von eingehenden theoretischen Studien der Lehre wird abgeraten. Dazu der frühe Soto-Meister Dogen:

„Egal, wie gut du ... die esoterischen und exoterischen Lehren zu kennen glaubst, solange du einen Geist hast, der am Körper haftet, zählst du vergebens die Schätze der anderen, ohne auch nur einen halben Pfennig für dich zu gewinnen" (Dogen 1971, S. 62).

Ähnlich wie Vipassana beginnt Zen mit der festen Verankerung in der Sammlung. Samadhi oder Jhana werden in der Zen-Terminologie „Großer Zweifel" bzw. „Zustand der Einheit" genannt: Die Unterschiede zwischen den Dingen verschwinden und der Meditierende erkennt sie als gleich. Dies ist ein Zwischenschritt auf dem Weg zur letzten Realisierung des Zen. Dazu Suzuki: „Würde man diesen Zustand des Großen Zweifels als endgültig ansehen, so hinderte man sich nur an dem letzten Schritt, dem Durchbruch zu Satori, der Einsicht in die wahre Wirklichkeit, dem Durchtrennen der Fessel von Geburt-und-Tod" (Suzuki 1988, S. 138). Tiefe Versenkung genügt nicht. Sie ist für die Erleuchtung notwendig, nicht aber hinreichend. Die Weisheit des Erkennens folgt aus Samadhi.

Zu den Zen-Techniken zählen einige einzigartige Methoden, um Jhana zu erreichen. Zu ihnen gehört das Koan, ein paradoxes Rätsel, das mit dem Verstand nicht zu lösen ist. Seine „Lösung" ergibt sich, wenn der Meditierende das Denken transzendiert, indem er es von den Fußangeln der Sprache befreit (Miura/Sasaki 1965). Der Schüler, der ein Koan wie „Zeige mir dein ursprüngliches Gesicht, bevor du geboren wurdest" oder „Was ist Mu?" erhalten hat, behält dieses Koan ständig im Kopf. Wenn andere Gedanken auftauchen, läßt er sie augenblicklich wieder los und kehrt zu seinem Koan zurück. Wenn er schließlich erkennt, daß sein Intellekt das Unlösbare nicht zu lösen vermag, erreicht er einen Grad fiebriger Sammlung, der extreme Frustration auslöst. Wenn dies geschieht, schrumpft das zunächst vollständig formulierte Koan auf ein Symbolfragment, auf „Mu" beispielsweise. Wenn sich die diskursiven Fähigkeiten des Meditierenden schließlich erschöpft haben, kommt der Augenblick des „Erkennens". Sein Denken hört auf und er tritt in den Zustand des *Daigi*, des „Zweifels" ein. Wenn er Samadhi erlangt, „gibt das Koan all seine Geheimnisse preis" (Suzuki 1958).

Yasutani, ein Roshi unseres Jahrhunderts, der in die

Vereinigten Staaten ging, um dort zu lehren, wandte das Koan bei fortgeschritteneren Schülern an. Anfänger hielt er an, sich auf den Atem zu konzentrieren. Als Ziel des Zazen sah er nicht das Untätigwerden des Geistes in Jhana, sondern, „mitten im Handeln ruhig und gesammelt zu bleiben". Daher übten seine Schüler so lange Konzentrationstechniken, bis sie ein zumindest bescheidenes Maß an *Joriki* entwickelt hatten, geistige Stärke, die aus gerichtetem Denken entsteht. Joriki führt zu Gleichmut, Bestimmtheit und der potentiellen Bereitschaft des Schülers für *Kensho-godo*, das *Satori*-Erwachen der „Selbst-Wesensschau". Meditiert der Schüler beispielsweise mit dem Koan „Was ist Mu?", entsteht Samadhi an dem Punkt „absoluter Einheit mit Mu, gedankenfreier Versenkung in Mu – dies ist Reife". Hier „verschmelzen Innen und Außen zu einer Einheit". Mit dieser Erfahrung von Samadhi wird Kensho-godo möglich: Der Meditierende sieht „jedes Ding, wie es wirklich ist".

Joriki stärkt das Satori des Meditierenden. Dies erleichtert es ihm, sein Erwachen über die eigentliche Praxis des Zazen hinaus zu verlängern. Das in Zazen entwickelte Joriki bewahrt die Satori-Wirkung, bis schließlich sein ganzes übriges Alltagsleben davon geprägt ist. Hat der Schüler durch Konzentrationsübungen wie das Zählen der Atemzüge einige Kontrolle über seinen Geist erlangt oder seine Rationalität mit einem Koan erschöpft, stellt Yasutani-roshi ihm häufig die darauf aufbauende Aufgabe des *Shikantaza*, „nichts als sitzen". Bei dieser Variante der Zen-Meditation erlangt der Schüler ohne stützende Hilfsmittel einen erhöhten Zustand konzentrierten Bewußtseins. Er sitzt einfach nur, wobei er sich all dessen, was in ihm und um ihn geschieht, auf das äußerste bewußt ist. Er sitzt hellwach und achtsam, frei von Anschauungen oder Gedanken, und beobachtet nur. Diese Technik hat eine starke Ähnlichkeit mit Vipassana. Eine verwandte Übung bildet das „bewegliche Zazen", bei dem der Meditierende sich allem, was er tut, mit ungeteilter Aufmerksamkeit und klarem Bewußtsein widmet. Die Entsprechung zur „reinen Hellblickmethode", wie sie im Visuddhi-Magga beschrieben wird, ist offenkundig. Kapleau erwähnt diese enge Parallele und zitiert eine wichtige Pali-Sutra über Achtsamkeit als „Rezept" für Zazen:

„Bei dem, was gesehen wird, darf es nur das Gesehene geben; bei dem, was gehört wird, darf es nur das Gehörte geben; bei dem, was empfunden wird (wie bei Geruch, Geschmack, Berührung), darf es nur das Empfundene geben; bei dem, was gedacht wird, darf es nur das Gedachte geben" (Kapleau 1969, S. 36).

Die Zazen-Praxis kennt viele Arten von „Satori", einige mögen Jhana-Erfahrungen sein, andere Stufen auf dem Weg des Hellblicks. So ermahnt Yasutani seine Schüler, *Makyo*, das heißt Visionen und intensive Empfindungen, nicht zu beachten. Dazu kann es kommen, wenn die Konzentrationsfähigkeit des Schülers so weit entwickelt ist, daß Kensho in Reichweite rückt, wie ja auch derartige Phänomene entstehen können, wenn sich der Meditierende dem vorbereitenden Stadium der Sammlung nähert. Kapleau spricht von einem „falschen Satori", manchmal auch „Höhle des Satans" genannt, in dem der Meditierende überströmende Heiterkeit empfindet und sein höchstes Ziel erreicht zu haben glaubt. Wie beim Scheinnirvana des Vipassana-Pfades, muß auch dieses Stadium der Scheinerweckung überwunden werden. Die letzten Schritte zur Erleuchtung sind in Kapleaus Beschreibung mit den Stufen identisch, die im Vipassana-Pfad dem Nirvana unmittelbar vorausgehen: „Einerseits erhält der Drang nach Erleuchtung durch das qualvolle Gefühl innerer Knechtschaft seinen Antrieb – das Gefühl, mit dem Leben zerfallen zu sein, die Furcht vor dem Tode oder auch durch beides – und andererseits durch die Überzeugung, daß man durch Satori Befreiung finden wird" (Kapleau 1969, S. 40). Yasutani bemerkt, Satori folge in der Regel auf eine Zeit des Samadhi. In einem Aufsatz über seinen eigenen Zen-Weg berichtet D.T. Suzuki von seinem ersten Samadhi, das er mit dem Koan „Mu" erlangte:

„Aber dieses Samadhi genügt nicht. Man muß diesen Zustand verlassen, aus ihm erweckt werden und dieses Erwachen ist Prajna. Der Augenblick des Auftauchens aus Samadhi und es als das sehen, was es ist – das ist Satori" (Suzuki 1970, S. 10).

Zen-Meister betonen, wie wichtig es ist, eine erste Satori-Erfahrung durch weitere Meditation zu vertiefen, bis sie schließlich in alle Lebensbereiche des Meditierenden eindringt. Diese hohe Reife bezeichnet einen Bewußtseinszustand, in dem der Geist so still geworden ist, daß es keiner weiteren Übung mehr bedarf. Suzuki (1973) beschreibt diesen höchsten Geisteszustand damit, daß die Geschehnisse des alltäglichen Lebens hingenommen werden, wie sie kommen; der Meditierende nimmt alles wahr, doch es löst bei ihm keine Reaktion aus. Diese mangelnde Reaktion, schreibt Blofeld (1962) „ist keine tranceartige Trägheit, sondern ein kristallklarer Geisteszustand, bei dem die Details einer jeden Erscheinung wahrgenommen werden, ohne sie zu werten oder an ihnen zu haften". Hui Hai, ein alter Zen-Meister, sagt: „Wenn die Dinge geschehen, reagiere nicht: Lasse deinen Geist bei nichts verweilen." Diese Haltung völliger Neutralität ist in Zen gleichermaßen Mittel wie Ziel und sollte vom Meditierenden nicht nur beim Sitzen in Versenkung, sondern den ganzen Tag über eingenommen werden. Ruth Sasaki führt dazu aus:

„Der geübte Zazen-Meditierende ist nicht davon abhängig, still auf seinem Kissen zu sitzen. Sammlungszustände, die anfangs nur in der Meditationshalle gelangen, halten an, ganz gleich, welchen anderen Beschäftigungen er gerade nachgeht" (in: Miura/Sasaki 1965, S. XI).

Hat man die höchste Stufe im Zen, das „Nicht-Bewußtsein" erreicht, ist die Klarheit von Satori in allem, was man tut, deutlich erkennbar. Hier sind Mittel und Ziel eins geworden, Achtsamkeit ist im Bewußtsein des Meditierenden fest verankert, und zwar als unumschränktes Gewahrsein ohne ein Bewußtsein von Selbst. Er hat die Vergänglichkeit aller Dinge erkannt, er weiß, daß „Leben Schmerz ist, alle Formen *ku*, Leere oder Nichts". Er klammert sich nicht mehr an die Welt der Erscheinungen, handelt aber weiterhin.

Angesichts einer derart tiefgreifenden Persönlichkeitsveränderung mißt Zen den Geboten sittlichen Handelns kaum Bedeutung bei. Statt bloß von außen auferlegte Richtlinie zu sein, entsteht es von innen, als Begleiterscheinung der Bewußtseinsveränderung durch Zazen.

Gurdjieffs Vierter Weg

Nach ausgedehnten Reisen durch Asien, wo er „bemerkenswerte Menschen" traf, kam Georg I. Gurdjieff (1872–1948) mit einer spirituellen Lehre in den Westen zurück, die, so sein Schüler Orage, die religiösen Unterweisungen des Ostens „in eine Terminologie kleidete, die das nüchterne abendländische Denken nicht erschreckt". Ouspensky (1983), auch er ein Schüler Gurdjieffs, bezeichnete dessen System dagegen als „esoterische Schule". Gurdjieff selbst sprach von einem „Vierten Weg": Es ist nicht der traditionelle Weg der Fakire, der Mönche oder der Yogis, sondern der Weg des „schlauen Menschen", der sich nicht in einsamer Meditation aus der Welt zurückzieht, sondern an seinem Bewußtsein arbeitet, indem er seine Beziehungen zu Menschen, Tieren, Besitz und Gedanken als Spiegel benutzt. Fortgeschrittene Gurdjieff-Schüler müssen, um voranzukommen, ihr erworbenes Wissen an andere weitergeben. Auf diese Weise sind zahlreiche Gurdjieff-Gruppen der zweiten, dritten und vierten Generation entstanden, die ihren eigenen Stil und eigene Schwerpunkte entwickelt haben. Die hier genannten Methoden stammen vorwiegend von Ouspensky.

Gurdjieff sagt, die meisten Menschen würden „schlafen". Ihr Leben bestünde aus automatischem Reagieren auf Reize. „Der moderne Mensch", schreibt Gurdjieff (1971), „hat sich nach und nach von dem natürlichen

Typus entfernt, den er repräsentieren sollte ... die Wahrnehmungen und Äußerungen des heutigen Menschen ... sind nur das Ergebnis automatischer Reflexe einzelner Teile seiner allgemeinen Ganzheit." Wie für Buddha, ist auch für Gurdjieff der Normalzustand des Menschen ein Zustand des Leidens. Da wir nicht imstande sind, die Dinge zu sehen, wie sie wirklich sind, werden wir von Egoismus, animalischen Trieben sowie dem Streben nach Genuß beherrscht. Das Leiden kann in uns jedoch eine tiefe Sehnsucht nach Freiheit wecken. Der Weg zur Befreiung führt nicht über traditionelle Vorstellungen einer tugendhaften Lebensführung, sondern über ein gezieltes Programm der Selbstveränderung. Gurdjieffs Heilmethode beginnt mit Selbstbeobachtung. Kenneth Walker, ein Schüler Ouspenskys und Gurdjieffs, formuliert dies so:

„Wir sind in unserem Denken gefangen, und wie sehr wir dessen Mauern erweitern und ausschmücken mögen, so bleiben wir doch immer von ihnen eingeschlossen. Wenn wir jemals aus unserem Gefängnis entkommen wollen, dann muß der erste Schritt darin bestehen, unsere wahre Lage zu erkennen und zugleich uns selbst zu sehen, wie wir wirklich sind und nicht, wie wir zu sein glauben. Dies können wir erreichen, indem wir einen Zustand passiver Aufmerksamkeit aufrechterhalten..." (Walker 1969, S. 206).

Walker beschreibt das „Selbst-Erinnern", eine Technik der bewußten Spaltung der Aufmerksamkeit, um einen Teil auf die eigene Person zu lenken. Unter den zahlreichen, instabilen „Ichs", die man hat, etabliert man eine Wahrnehmungsinstanz, deren Aufgabe nur darin besteht, alle übrigen zu beobachten: das „beobachtende Ich" oder der „Zeuge". Anfangs fällt es sehr schwer, ein stabiles beobachtendes Ich zu bekommen. Der Anfänger vergißt ständig, sich an sich selbst zu erinnern, und die Selbst-Beobachtung versinkt in dem üblichen völligen Identifizieren mit dem jeweiligen „Ich", das gerade seinen Geist beherrscht. Durch beharrliches Üben wird das Selbst-Erinnern des Anfängers stärker, denn, so Ouspensky, „je genauer wir erkennen, daß wir uns jetzt in einem Zustand des Schlafes befinden, desto eher erkennen wir die dringende Notwendigkeit, dies zu verändern". Selbst-Erinnern gleicht der Achtsamkeit. Die psychische Haltung der Methode ist ein unbeteiligtes Beobachten der eigenen Person, als handele es sich bei den eigenen Gedanken und Handlungen um die eines anderen Menschen, den man nur flüchtig kennt. Eine diesbezügliche Anleitung von Ouspensky lautet:

„Beobachte dich sehr genau, und du wirst sehen, daß nicht *du* sprichst, sondern daß *es in dir* spricht, sich bewegt, fühlt, lacht und weint, geradeso wie *es* außerhalb von dir regnet, aufklart und wieder regnet. Alles in dir geschieht, und deine erste Aufgabe ist, dieses Geschehen zu beobachten und ihm zuzusehen" (in: Walker 1969, S. 40).

Auch wenn die verschiedenen Gurdjieff-Zirkel unterschiedliche Techniken benutzen, wird dem Selbst-Erinnern meist die größte Bedeutung eingeräumt. Dadurch soll die Fähigkeit gesteigert werden, die Aufmerksamkeit auf die Selbst-Beobachtung zu richten. Ähnlich wie in der Hellblick-Meditation, soll auch das Selbst-Erinnern dazu führen, „die verzerrende Brille der Persönlichkeit" (Ouspensky 1983) abzulegen und sich selbst klar zu erkennen. Im Selbst-Erinnern nimmt man sich als Ganzheit hin, und ohne zu benennen, was man sieht.

Eine andere Gurdjieff-Übung zur Selbst-Erinnerung besteht darin, sich auf einen Aspekt des alltäglichen Verhaltens – wie etwa Handbewegungen oder Mimik – zu konzentrieren und dies den ganzen Tag über zu beobachten. Eine dritte Anweisung lautet: „Wo immer ich bin, was immer ich tue, ich erinnere mich immer meiner Präsenz und achte immer darauf, was ich tue." Dies entspricht der Meditation der Achtsamkeit. Die Ähnlichkeiten zwischen diesen Systemen dürften kaum zufällig sein. Sowohl Gurdjieff als auch Ouspensky haben schließlich die Länder bereist, in denen Vipassana und ähnliche Techniken gelehrt werden, und sich dort mit diesen Methoden auseinandergesetzt.

Im Verlauf des Selbst-Erinnerns erkennt der Schüler, daß sich seine inneren Bewußtseinszustände im ständigen Fluß befinden und nichts in ihnen als unveränderliches „Ich" gelten kann. Statt dessen beobachtet er eine innere Parade von Figuren oder „Hauptdarstellern". Nacheinander beherrscht jeder von ihnen eine Zeitlang die Bühne und fügt seine Eigenheiten der Gesamtpersönlichkeit hinzu. Durch die Selbstbeobachtung wird zunächst die Vielzal dieser „Ichs" erkannt. Die „Ichs" verlieren dann jedoch ihre Macht, indem der Schüler sie beobachtet und aufhört, sich mit ihnen zu identifizieren. Wenn der Schüler sein beobachtendes Ich stärkt und dabei in Distanz zu allen anderen „Ichs" bleibt, wird er „erwachen". Im Erwachen gibt er sein alltägliches Selbst auf. Walker beschreibt diesen erweckten Zustand als „das Gefühl, präsent zu sein, da zu sein, mit einem gewissen Maß an Kontrolle und nicht nur automatisch zu denken, wahrzunehmen, zu fühlen und sich zu bewegen". In diesem Zustand wird „der Zeuge" zur ständigen geistigen Funktion. Der Schüler kann sich völlig objektiv betrachten.

Dieses Maß an Selbst-Kenntnis geht dem höchsten Zustand, dem „objektiven Bewußtsein" voraus. Dies ist erreicht, wenn der Schüler nicht nur sich, sondern *alles* objektiv sieht. Das objektive Bewußtsein ist der Kulminationspunkt des Selbst-Erinnerns. Das normale Bewußtsein ist nicht außer Kraft gesetzt, die absolute Objektivität verbindet sich vielmehr mit ihm. Dies führt zu einer „inneren Stille" und dem befreienden Gefühl der Distanz vom ständigen Getöse der Gedanken. Walker beschreibt diesen äußersten Zustand der Gurdjieff-Ausbildung folgendermaßen:

„Das kleine, begrenzende ‚Ich' des Alltagslebens, das Ich, das auf seine persönlichen Rechte und sein Getrenntsein pocht, existiert nicht mehr und kann daher den Menschen nicht mehr von allem anderen trennen; mit seiner Abwesenheit erhält man Zugang zu einer sehr viel weiteren Existenzweise ... wenn der Lärm des inneren Denkens zur inneren Stille abschwillt, greift ein überwältigendes Gefühl von ‚Sein' Raum. ... Begrenzende Vorstellungen wie ‚dein' und ‚mein', ‚sein' oder ‚ihres' werden bedeutungslos, ... selbst die alte Zeitaufteilung in ‚vorher' und ‚nachher' ist in den unergründlichen Tiefen eines umfassenden ‚Jetzt' untergegangen. Auch die Trennung zwischen Subjekt und Objekt, zwischen dem Wissenden und dem Gewußten ist auf diese Weise verschwunden" (Walker 1969, S. 47f.).

Bennett (1976) zählt in Gurdjieffs System insgesamt sieben Stadien, von denen die letzten drei Abstufungen des objektiven Bewußtseins bilden. Der Schritt zum objektiven Bewußtsein bringt eine Befreiung von willkürlichen, irrationalen Einflüssen aus inneren bzw. äußeren Quellen mit sich. Auf der sechsten Stufe ist der Befreite „wahrscheinlich das gleiche wie der Boddhisattva des Mahayana-Buddhismus oder die großen Heiligen und *Wadis* des Christentums und des Islams. Er ist nicht mehr mit seinem eigenen persönlichen Wohlergehen beschäftigt, sondern hat sich zur Erlösung aller Geschöpfe verpflichtet" (Bennett 1976, S. 258f.).

Krishnamurtis reine Wahrnehmung

Jiddu Krishnamurti, in den 90er Jahren des vergangenen Jahrhunderts in Südindien geboren, wurde in England von der Theosophin Anne Besant ausgebildet. Krishnamurti sieht die mißliche Lage des Menschen ähnlich wie der Buddhismus. Geist und Welt, sagt Krishnamurti, sind in ständigem Fluß: „Es gibt nur eine Wahrheit, und das ist die Vergänglichkeit." Der menschliche Geist klammert sich angesichts der Ungewißheit dieses Fließens an ein „Ich". Dieses „Ich" existiert jedoch nur durch Identifizierung mit etwas, was es gewesen zu sein glaubt und was es sein möchte. Das „Ich" besteht aus „einer Unmenge von Widersprüchen, Wünschen, Handlungen, Erfüllungen und Versagungen, wobei die Sorge die Freude überwiegt". Ein Grund für diese Sorge ist der ständige geistige Konflikt zwischen „dem, was ist" und „dem, was sein sollte". Der konditionierte Geist, so Krishnamurti, entflieht der Realität seiner Vergänglichkeit, seiner Leere und seines Kummers. Er baut Mauern aus Gewohnheit und Wiederholung, hängt Zukunftsträumen nach oder klammert sich an das Vergangene. Diese Abwehrstrategien lähmen uns. Sie hindern uns daran, im Jetzt zu leben.

Krishnamurti lehnt Meditationsmethoden grundsätzlich ab. Indem der Geist versucht, durch Meditation seiner Konditionierung zu entkommen, schafft er sich dadurch nur ein neues Gefängnis aus Methoden, die befolgt und Zielen, die erreicht werden müssen. Krishnamurti spricht sich gegen Techniken jeder Art aus. Seiner Meinung nach ist es notwendig, jede Autorität und jede Doktrin hinter sich zu lassen: Sie bringen nur mehr Wissen, wo Verstehen vonnöten wäre. Laut Krishnamurti kann keine Technik den Geist befreien, da alle Bemühungen, die der Geist unternimmt, nur ein weiteres Netz spinnen. Methoden der Sammlung beispielsweise lehnt er strikt ab:

„Durch das endlose Wiederholen von Amen oder Om oder Coca-Cola werden Sie selbstredend bestimmte Erfahrungen machen, weil der Geist durch die Wiederholung ruhig wird. ... Es gehört zu den beliebtesten Marotten einiger Meditationslehrer, darauf zu beharren, daß ihre Schüler Sammlung lernen sollen, das heißt, den Geist auf einen Gedanken zu fixieren und alle anderen Gedanken davonzujagen. Das ist überaus töricht und häßlich und jeder Schuljunge kann es, wenn er dazu gezwungen wird" (zit. in: Goleman 1971, S. 114).

Die „Meditation", die Krishnamurti empfiehlt, hat kein System, sie kennt kein „Wiederholen und Imitieren". Mittel wie Ziel ist für ihn „das reine Wahrnehmen, das, was ist, ohne Benennen erleben". Dieser Zustand liegt jenseits des Denkens; Denken, sagt er, ist immer auf die Vergangenheit gerichtet, und Meditation ist immer im Jetzt. Um in der Gegenwart zu sein, muß der Geist alle Angewohnheiten aufgeben, die er aufgrund des drängenden Wunsches nach Sicherheit erworben hat; „seine Götter und seine Werte müssen der Gesellschaft zurückgegeben werden, die sie hervorbrachte". Man muß jedes Denken und jede Vorstellung loslassen.

„Der Geist soll leer sein, nicht angefüllt mit den Dingen des Geistes. Dann ist das nur Meditation, und nicht ein Meditierender, der meditiert ... der in Phantasien verstrickte Geist kann nur Verblendung hervorbringen. Der Geist muß klar sein, ohne Bewegung, und im Lichte dieser Klarheit enthüllt sich das Zeitlose" (Krishnamurti 1962, S. 8–10).

Krishnamurti scheint nur von diesem Endzustand zu sprechen. Bei genauerer Betrachtung verrät er jedoch allen, die es verstehen wollen, das „Wie", auch wenn er zugleich darauf besteht, es gebe „kein Wie, keine Methode". Er lehrt, „all dessen nur gewahr zu sein: deiner Angewohnheiten, deiner Reaktionen". Seine Methode besteht in der ständigen Beobachtung des eigenen Bewußtseins. Krishnamurtis „Nichttechnik" wird in den Anleitungen klarer, die er einer Gruppe indischer Schulkinder gab. Er sagte ihnen, sie sollten mit geschlossenen Augen ruhig sitzen und dann den Gang ihrer Gedanken beobachten. Er legte ihnen nachdrücklich ans Herz, diese Übung auch bei anderen Gelegenheiten fortzuführen, beispielsweise beim Gehen oder abends im Bett:

„Ihr müßt beobachten, wie ihr eine Echse beobachtet, die vorbeigeht, die die Wand entlang läuft, ihr seht die vier Beine, wie sie an der Wand haften, ihr müßt sie beobachten, und wenn ihr sie beobachtet, könnt ihr ihre Bewegungen sehen, die Zartheit dieser Bewegungen. Und so beobachtet euer Denken, korrigiert es nicht, unterdrückt es nicht – sagt nicht, es sei zu schwierig – beobachtet es einfach, jetzt, gleich heute morgen."

Diese sorgfältige Wahrnehmung nennt er „Selbsterkenntnis". Ihr Kernstück ist, „die Wege des eigenen Denkens wahrzunehmen", damit der Geist „frei wird, still zu sein". Ist der Geist still, dann versteht man. Der Schlüssel zum Verstehen ist „Wahrnehmung ohne Wort, ohne Namen". Er lehrt: „Schaue und sei einfach".

Wo Wahrnehmung ohne reagierendes Denken ist, ist Realität.

Das von Krishnamurti empfohlene Verfahren zur Erlangung von Selbsterkenntnis entspricht der Übung der Achtsamkeit. Krishnamurti hätte diesen Vergleich wohl kaum gutgeheißen, weil in ihm die Gefahr steckt, ein Ziel über eine Technik erreichen zu wollen. Sein Weg, um den Geist zum Schweigen zu bringen, entsteht unmittelbar aus dem Erkennen der Mißlichkeit der eigenen Lage, denn zu wissen, „daß man geschlafen hat, ist bereits ein erweckter Bewußtseinszustand". Diese Wahrheit, meint er, wirkt auf den Geist und befreit ihn.

„Sobald der Geist das ganze Ausmaß seiner Konditionierung erfaßt ... hören all seine Bewegungen auf: Er ist völlig still, ohne Begehren, ohne Zwang, ohne Motiv" (Krishnamurti 1962, S. 60).

Dieses Erwachen geschieht für Krishnamurti automatisch. Der Geist entdeckt die Antwort – oder besser gesagt, er verfängt sich in ihr – „eben durch die Intensität der Frage". Dieses Erkennen kann man nicht suchen: „Es kommt ungebeten." Erlebt man das Erkennen, entsteht ein neuer Bewußtseinszustand: Man ist von den konditionierten Denk- und Wahrnehmungsgewohnheiten befreit, ist ohne Selbst. Dieser Zustand, sagt Krishnamurti, bedeutet lieben: „Wo Ich ist, ist keine Liebe." Er bedeutet ein „Alleinsein jenseits von Einsamkeit", in dem es keinerlei Geistesbewegungen mehr gibt, nur reines Erleben, „Wahrnehmen ohne Motiv".

Man ist ohne Neid, Ehrgeiz und Machtgelüste und liebt voller Mitgefühl. Hier, in einem Zustand ungeteilter Aufmerksamkeit, ist Fühlen Wissen. Wenn man in der ewigen Gegenwart lebt, häuft man keine Eindrücke oder Erfahrungen mehr an; die Vergangenheit stirbt mit jedem Augenblick. In dieser reinen Wahrnehmung hat man die Freiheit, nur zu sein:

„Weit fort sein, weit fort von der Welt des Chaos und des Elends, in ihr leben, unberührt. ... Der meditative Geist hat keine Verbindung zu Vergangenheit und Zukunft und vermag doch in Klarheit und Verstand gesund zu leben" (Krishnamurti, zit. in: Goleman 1971, S. 95).

III
Wege der Meditation

Sieht man von den spezifischen Techniken, Schwerpunkten oder Glaubensrichtungen ab, bilden alle Meditationssysteme Variationen ein und desselben Prozesses der Bewußtseinsveränderung.

Dies verbindet die verschiedenen Meditationsschulen über alle Differenzen hinweg, mit denen wir uns im folgenden beschäftigen werden.

Das Eine im Vielen

Das Umfeld der Meditation

In der Frage, welche Vorbereitungen der Meditierende absolvieren muß, unterscheiden sich die Meditationssysteme am meisten. Die Bandbreite der Meinungen reicht von ausdrücklichen Geboten zur Reinigung als Präludium der Meditation, wie sie zum Beispiel die Bhakti, die Kabbalisten, die frühen Christen und die Sufis vertreten, bis zu den Ansichten Gurdjieffs und Krishnamurtis, dergleichen sei sinnlos, wenn dadurch das normale Leben gemieden werde. Einige Schulen, wie die TM und Zen, sind der Meinung, wahre Reinheit entstehe spontan, als Begleiterscheinung der Meditation. Die Tantriker des Bon Marg vertreten in der Frage der Reinheit eine extreme Position, insofern sie Verletzungen sexueller und anderer Schicklichkeitsregeln als Bestandteil spiritueller Praktiken befürworten.

Auch die Vorstellungen über die ideale Umgebung zum Meditieren unterscheiden sich stark. Die Wüstenväter zogen sich in die ägyptische Wildnis zurück; ihrer strengen Selbstdisziplin entsprach die Abgeschiedenheit des Eremiten. Moderne indische Yogis wählen aus den gleichen Gründen die Einsamkeit abgelegener Berg- und Urwaldregionen. An den Westen angepaßte Varianten des indischen Yogas wie TM hingegen lehnen jede erzwungene Veränderung in der Lebensweise des

Meditierenden ab; die Meditation wird einfach in den normalen Tagesablauf integriert. Eine intensive Zen-Unterweisung sollte im Idealfall in klösterlicher Umgebung stattfinden, kann aber, wie die TM, auch Teil des normalen Tagesablaufs eines Meditierenden sein.

Sowohl Gurdjieff als auch Krishnamurti legen größten Wert auf die Feststellung, daß Familie, Arbeit und der Trubel der Welt das Rohmaterial für die Meditation und dementsprechend ein geeigneter Kontext für innere Disziplin seien.

Die traditionellen Meditationssysteme sehen dagegen das Kloster oder den Ashram als optimale Umgebung zum Meditieren an und empfinden Mönche oder Yogis als ideale Weggefährten, das asketische Leben als höchste Berufung sowie die Heiligen Schriften als empfehlenswerteste Lektüre.

Moderne Systeme wie die TM binden den Schüler in ein Organisationsnetz und dessen Aktivitäten ein, während er zugleich sein normales Leben ohne nennenswerte Veränderungen weiterführt.

Krishnamurti ist der einzige Vertreter einer spirituellen Richtung, der dem Anfänger nicht rät, die Gesellschaft derer zu suchen, die sich auf demselben Weg befinden, wie er auch dagegen ist, daß der Anfänger sich um Anleitungen eines Lehrers oder Meisters bemüht – wesentliche Elemente aller anderen Systeme.

Krishnamurti ist auch deswegen einzigartig, weil nur er keine explizite Lehre verkündet. Manche Schulen wie Zen legen zwar sehr wenig Wert auf intellektuelle Studien, doch verfügen alle über formale wie informelle Lehren, die sich die Schüler aneignen.

Aufmerksamkeit

Weitestgehend einig sind sich die Meditationsschulen darin, wie wichtig anhaltende Aufmerksamkeit ist. In der Regel folgen die Systeme einem der beiden im Visuddhi-Magga beschriebenen Pfade zur Aufmerksamkeit: Sammlung oder Achtsamkeit. Mit Hilfe der Wegbeschreibung des Visuddhi-Magga als Richtlinie lassen sich Gemeinsamkeiten in den Techniken erkennen, die unter Schichten von Spezialbegriffen und Ideologien verborgen liegen.

Die Bezeichnungen der Meditationssysteme für denselben Weg und dasselbe Ziel sind ohne Zahl. Mitunter benutzen auch verschiedene Schulen den gleichen Begriff in einem völlig anderen Sinn. Was in manchen Übersetzungen „Leere" heißt, verwenden beispielsweise die indischen Yogis für Jhana-Zustände, die Mayahana-Buddhisten dagegen für die Erkenntnis der grundsätzlichen Illusion aller Erscheinungen. Ersteres bezeichnet einen Geisteszustand ohne jeden Inhalt (das heißt unkörperliche Jhanas), letzteres bezieht sich auf die Leere der Erscheinungen. Ein anderes Beispiel: Phillip Kapleau (1967) unterscheidet zwischen Zazen und Meditation und ermahnt, sie nicht zu verwechseln. Krishnamurti dagegen erklärt, nur „reines Wahrnehmen" sei wahre Meditation. Wenn man aber weiß, daß sowohl Zazen als auch das „reine Wahrnehmen" Hellblick-Techniken sind, kann man sagen, daß es bei diesen scheinbar nicht zusammenhängenden Bemerkungen im Grunde um die gleiche Unterscheidung geht: um die zwischen Sammlung und Hellblick. Mit „Meditation" meint Kapleau Sammlung, während Krishnamurti bestreitet, daß Sammlungsübungen überhaupt in den Bereich der Meditation gehören.

Wir können die Techniken der Meditationssysteme nach der Typologie des Visuddhi-Magga ordnen. Ordnungskriterium ist die Art ihrer Techniken: (a) *Sammlung*, wenn der Geist auf einen festen Gegenstand der Betrachtung gerichtet ist; (b) *Achtsamkeit*, wenn der Geist sich selbst beobachtet und (c) eine *Verknüpfung* beider Techniken.

Ein zweites Kriterium für die Zuordnung liefert die innere Stimmigkeit der Beschreibungen. Handelt es sich um eine Sammlungstechnik, finden sich auch andere Merkmale des Jhana-Pfades – wie etwa ein zunehmend feinstofflicheres Glücksgefühl, das mit höherer Sammlung oder dem Verlust des Sinnenbewußtseins einhergeht. Ist es eine Hellblick-Technik, müssen weitere Merkmale der Hellblick-Praxis wie das Erkennen der Unpersönlichkeit mentaler Vorgänge vorhanden sein. Handelt es sich um eine kombinierte Technik, müssen Sammlungs- und Hellblicktechniken miteinander verknüpft und verschmolzen sein, wie etwa beim Theravada-Vipassana.

Bei der Sammlung schult der Meditierende seine Aufmerksamkeit, indem er sich auf nur eine Wahrnehmung konzentriert und seine abschweifenden Gedanken ständig zu diesem Objekt zurückführt. Einige Anleitungen heben hervor, der Meditierende müsse aktiv bemüht sein, bei dem Gegenstand der Beobachtung zu verharren und jedem Abschweifen zu widerstehen. Andere empfehlen lediglich, einfach zum Gegenstand der Sammlung zurückzukehren, sollte er im Bewußtseinsstrom verlorengegangen sein. Ein uralter Theravada-Text ermahnt den Meditierenden, er solle in dem

Kampf, seinen Geist bei der Atembewegung zu halten, mit den Zähnen knirschen, die Fäuste ballen und in Schweiß geraten; ein TM-Meditierender hingegen soll „einfach das Mantra beginnen", wenn er bemerkt, daß seine Gedanken abgeschweift sind. Diese beiden Ratschläge sind zwar an den entgegengesetzten Enden einer Skala von aktiv und passiv angesiedelt, doch stellen sie gleichwertige Methoden dar, um sich immer wieder auf einen *einzigen Gegenstand* zu konzentrieren und damit Gerichtetheit auszubilden. Bei den Achtsamkeitstechniken – sei es Gurdjieffs „Selbst-Erinnern", Krishnamurtis „Selbsterkenntnis" oder das Shikantaza des Zen – sind die Grundmerkmale der Aufmerksamkeit identisch: Allen geht es um andauernde, uneingeschränkte Wachsamkeit in jedem einzelnen Augenblick, um ein allgemeines Überwachen der Bewußtseinskette des Meditierenden.

Unter den Meditationsschulen dürfte es wenige ganz reine Varianten geben, wenn man einmal von denen absieht, die sich nur einer einzigen zentralen Technik bedienen, was bei der TM oder auch bei Krishnamurti der Fall ist. Die meisten Schulen verwenden Techniken beider Ansätze. Sie berücksichtigen individuelle Bedürfnisse, indem sie die Techniken dem Entwicklungsstand des Schülers anpassen. Die Sufis zum Beispiel benutzen hauptsächlich Zikr, eine Sammlungsübung, kennen aber auch Hellblick-Techniken wie *Muragaba*, bei denen die Aufmerksamkeit dem eigenen Bewußtseinsstrom gilt. (Zugunsten einer übersichtlicheren Darstellung wurde in dem vorangegangenen Kapitel jeweils nur eine Technik vorgestellt, in der Regel die wichtigste.)

Die Meditationssysteme können völlig konträrer Meinung darüber sein, ob für das Meditieren besondere Vorkehrungen – sei es ein besonderer Ort, die Notwendigkeit eines Lehrers oder ein Vorwissen, was von der Meditation zu erwarten ist – nötig sind. Aber daß der Meditierende sich – ob durch Sammlung oder durch Achtsamkeit – gezielt darum bemühen muß, seine Aufmerksamkeit zu schulen, in diesem einen Punkt sind sich alle Anleitungen zur Veränderung des Bewußtseins einig.

Du siehst, was du glaubst

Das Glaubenssystem des Meditierenden bestimmt, wie er seine Meditationserfahrungen interpretiert und benennt. Tritt ein Sufi in einen Zustand ein, in dem er sich seiner Sinne nicht mehr bewußt ist und sein einziger Gedanke Allah gilt, erkennt er dies als Fana; ist ein Yogi sich seiner Sinne nicht mehr gewahr und sein Geist völlig auf seine Gottheit gerichtet, wird er sagen, er habe Samadhi erreicht. Es gibt viele verschiedene Namen für ein und dieselbe Erfahrung: Jhana, Samyana oder Samadhi, Fana, Daath, Turiya, der große Zweifel und transzendentales Bewußtsein. Sie alle meinen offenbar einen bestimmten Bewußtseinszustand mit identischen Merkmalen. Die genannten Bezeichnungen für diesen einen Zustand stammen aus dem Theravada-Buddhismus, dem Raja Yoga, dem Sufismus, der Kabbala, dem Kundalini-Yoga, dem Zen sowie der TM.

Die Religionsgeschichte kennt zahllose Beispiele, wie transzendentale Erfahrungen in Begriffe gekleidet wurden, die für die jeweilige Zeit, den Ort und die Weltanschauung typisch waren. Der indische Heilige Ramana

Maharshi erlebte seine Erleuchtungszustände im Rahmen der Advait-Philosophie. Er vertritt die Meinung, daß Saulus, als er nach seinem großen Erlebnis auf der Straße nach Damaskus sein normales Bewußtsein wiedererlangte, das Geschehene in dem Bezugsrahmen Christus und Christengemeinde interpretierte, weil er sich damals gerade eingehend damit befaßte (Chadwick 1966). Die Bezugsgruppe eines Menschen verleiht seiner inneren Realität eine bestimmte Prägung; Berger und Luckmann schreiben:

„Saulus mag in der Einsamkeit seiner religiösen Ekstase Paulus geworden sein. Paulus bleiben aber konnte er nur im Kreise der christlichen Gemeinde, die ihn als Paulus anerkannte und sein ‚neues Sein', von dem er nun seine Identität herleitete, bestätigte" (Berger/Luckmann 1977, S. 169).

Diese Interaktion zwischen der Weltanschauung des Meditierenden, seiner inneren Befindlichkeit und seiner Selbstdefinition läßt sich an einem Beispiel aus neuerer Zeit verdeutlichen, das aus dem Kundalini-Yoga stammt. In dieser Schule ist der Guru für den Meditierenden von entscheidender Bedeutung, zum einen, um ihm zu helfen, die angestrebten Meditationszustände zu erlangen, zum anderen, um die gemachten Erfahrungen zu deuten und zu bestätigen.

Swami Rudrananda, ein Lehrer des Kundalini-Yoga, beschreibt ein Ereignis, aufgrund dessen er den Rang eines Swami erhielt. Er meditierte gerade, als ihn sein Meister an der Schulter berührte:

„Sofort fühlte ich eine große spirituelle Kraft in mir aufbrausen, die mich gegen die Steinmauern preßte und als gewaltiger elektrischer Schock in anfallsartigen Konvulsionen durch meinen Körper lief. Etwa eine Stunde lang war mein Körper von Bewegungen geschüttelt, die denen eines Epileptikers glichen. Ich hatte viele merkwürdige Visionen, und ich fühlte, wie sich Dinge in mir öffneten, die niemals zuvor geöffnet worden waren" (zit. in: Rudi 1973, S. 85).

Rudrananda deutete diese Erfahrung als Bestätigung, daß er würdig sei, den Ehrentitel „Swami" zu tragen. Ein System von Annahmen über veränderte Bewußtseinszustände in der Meditation mag als Bestätigung dienen, doch braucht der Meditierende kein spezielles Vorwissen zu haben, um diese Zustände zu erleben. So erzählt Swami Muktananda in seiner Autobiographie (1986b), sein Guru habe ihm eine Meditationsübung aufgetragen, aber über die knappsten Anweisungen hinaus nie auch nur eine Andeutung gemacht, was ihn erwartete. Als er dann außergewöhnliche Zustände erlebte, war er völlig ahnungslos. Erst später stieß er auf Bücher, die ihm halfen, das Erlebte zu interpretieren. Sri Aurobindos Biograph Satprem beschreibt die außergewöhnlichen Zustände, die Aurobindo im Verlauf seiner spirituellen Entwicklung erlebte, und merkt dazu an:

„Man darf annehmen, daß Sri Aurobindo tatsächlich der erste war, der durch seine eigenen Erfahrungen stutzig wurde, und daß er einige Jahre brauchte, bis er genau verstand, was sich mit ihm ereignet hatte. Wir haben die ... Erfahrung ... beschrieben, als ob deren einzelne Abschnitte sich schön der Reihe nach ereignet hätten, jeder mit einem Anhängeschild, auf dem die Erklärung stand; aber die Erklärungen kamen erst viel später, im Augenblick hatte er keine Anhaltspunkte" (Satprem 1973, S. 221).

Veränderte Bewußtseinszustände in der Meditation

In der Meditation bestimmt die Wahl der Methode das Ziel: Die Merkmale des Zustandes, den der Meditierende schließlich erreichen wird, hängen davon ab, wie er dorthin gelangte. Der Sammlungspfad läßt den Meditierenden in Jhana mit dem Meditationsobjekt verschmelzen und es dann transzendieren. Erreicht er höhere Zustände, wird das Glücksgefühl stärker, aber auch subtiler. Beim Pfad der Achtsamkeit beobachtet der Geist des Meditierenden sein eigenes Wirken, wobei er immer kleinere Partikel seines Gedankenflusses zu erkennen vermag. In dem Maße, in dem sich seine Wahrnehmung schärft, entsteht eine größere Distanz zum Beobachteten, bis er sich schließlich, im Zustand des Nirvana, von jedem Bewußtsein abwendet. Im Nirvana gibt es keine Erfahrung mehr.

Jedes System, das mit Sammlung arbeitet, beschreibt die gleiche Reise in die Jhana-Zustände, auch wenn unterschiedliche Schulen diesen Vorgang unterschiedlich benennen. Die wesentlichen Merkmale dieses Zustandes sind immer die gleichen: Verlust des Sinnenbewußtseins, gerichtete Aufmerksamkeit auf einen Gegenstand der Betrachtung unter Ausschluß aller anderen Gedanken sowie subtile Verzückungsgefühle. Systeme, die mit Achtsamkeit arbeiten, beschreiben den Pfad der Einsicht dagegen in dieser Form: der Meditierende nimmt seinen Geist immer minutiöser wahr, er begegnet seinen Inhalten distanziert und konzentriert sich ausschließlich auf den gegenwärtigen Augenblick. Der Zustand des Nirvana bildet nicht zwingend den Endpunkt dieser Entwicklung.

Diese beiden veränderten Bewußtseinszustände sind die für die Meditation typischen. Damit sind allerdings nicht alle durch Meditation möglichen Bewußtseinsveränderungen erschöpft. Aufmerksamkeit kann das Bewußtsein auf zahlreiche Arten verändern. Begleitende Praktiken wie kontrolliertes Atmen, Fasten, Visualisieren oder die Übernahme strikter Weltanschauungen tragen, neben den Auswirkungen der gewählten Aufmerksamkeitsübung, zu der letztendlichen Folge des veränderten Bewußtseinszustandes bei.

Aufmerksamkeit ist der Schlüssel zu meditativ veränderten Zuständen, je mehr andere Praktiken jedoch hinzukommen, desto schwieriger wird es, die daraus sich ergebenden Bewußtseinsveränderungen abzuschätzen. Ein solcher, vielschichtig veränderter Zustand entsteht beispielsweise durch *Shaktipat-Diksha*, die Technik des Kundalini-Yoga, einen meditativ veränderten Zustand durch einen Blick oder eine Berührung direkt vom Lehrer auf den Schüler zu übertragen. Daß das Verhalten in einem solchen Zustand unter Umständen einem Anfallsleiden ähnelt, kann sowohl Folge von Übungen zur Atemkontrolle wie auch von Erwartungen sein, die in einer intensiven Guru-Schüler-Beziehung entstehen. Je mehr Hilfsmittel zur Bewußtseinsveränderung eingesetzt werden, desto komplexer wird der schließlich erreichte Zustand.

Jedes Meditationssystem beschreibt einen veränderten Zustand. Jhana kann insofern als Musterbeispiel angesehen werden, als der veränderte Zustand eine klar erkennbare, von anderen Zuständen getrennte Enklave des Bewußtseins bildet. Jhanische Versenkungszustände sind mit den normalen Zuständen des Wachens, Schlafens und Träumens unvereinbar. Ein anderer Typus des veränderten Bewußtseins existiert gleichzeitig mit diesen Grundzuständen. Dadurch verändert sich deren Charakter. Dies entspricht den von Tart (1971) aufgestellten Kriterien für „höhere Bewußtseinszustände": (1) alle Funktionen der „niederen" Zustände, also Wachen, Schlafen und Träumen, bleiben verfügbar; (2) einige neue Aspekte kommen als Folge eines veränderten Zustands hinzu. Diese Umwandlung bedeutet eine veränderte *Art* von Bewußtsein, eine dauerhafte Wandlung, die jede Sekunde im Leben des Meditierenden transformiert. Der „erweckte" Zustand ist der Idealtypus veränderter Bewußtseinsarten. Man kann sagen, daß der erweckte Zustand für jedes Meditationsobjekt das höchste Ziel darstellt.

So ist in der TM das „transzendentale Bewußtsein" der veränderte Zustand, der die normalen Zustände durchdringt. Bei weiterem Üben folgen auf das „transzendentale Bewußtsein" das „kosmische Bewußtsein", das „Gottesbewußtsein" und schließlich die „Einheit". Jede Stufe bedeutet ein tieferes Eindringen des Meditationsbewußtseins in die normalen Zustände. Fast alle Systeme stimmen darin überein, daß derartige Veränderungen schrittweise und in unterschiedlichem Maße vor sich gehen. Im Visuddhi-Magga beispielsweise spiegelt sich dies in den vier Stadien der Reinheit wider, die aus einer immer tieferen Versenkung in das Nirvana entstehen.

Ziel aller Meditationswege, unabhängig von Ideologie, Ursprung oder Methode, ist Bewußtseinsveränderung. Dabei stirbt das alte Ich des Meditierenden und er wird auf einer neuen Erfahrungsebene wiedergeboren. Ob auf dem Weg der Sammlung in Jhana oder dem des Hellblicks in Nirvana: die veränderten Bewußtseinszustände unterscheiden sich von den normalen Zuständen auf drastische Weise.

Jeder Weg bezeichnet den Endzustand anders. Aber wie verschieden die Namen auch sein mögen, in der Alchimie des Selbst folgen alle Pfade der gleichen Grundformel: Die Auswirkungen der Meditation sollen sich mit dem Wachen, Schlafen und Träumen des Meditierenden vermischen. Anfänglich muß er sich darum bemühen, doch mit zunehmender Übung fällt es ihm leichter, auch bei alltäglichen Verrichtungen eine meditative Grundhaltung zu bewahren. Je mehr die Zustände aus der Meditation Eingang in sein waches Handeln finden, desto näher ist er dem Erweckungszustand. Diese Erweckung verändert sein Bewußtsein auf Dauer.

Hier treffen alle Wege zusammen. Hier ist jener Punkt erreicht, an dem die Gemeinsamkeiten die Unterschiede bei weitem überwiegen. Ein Erweckter transzendiert seine eigene Herkunft: Menschen jeder Glaubensrichtung werden ihn als außergewöhnlich oder „perfekt" ansehen oder ihn – falls dies ihrem Naturell entspricht – als Heiligen verehren.

IV
Die Psychologie der Meditation

Die östlichen Meditationssysteme sind praktisch angewandte, spirituelle Psychologien. Sie enthalten ein reiches Potential für einen fruchtbaren Austausch mit der Psychologie des Abendlandes – die Erforschung dieses Potentials steckt jedoch noch in den Anfängen.

Abhidhamma:
Eine Psychologie des Ostens

Die Versuche, die Persönlichkeit und die geistige Gesundheit des Menschen systematisch zu erfassen, begannen nicht erst mit der modernen abendländischen Psychologie. Unsere Psychologie, als Disziplin etwa hundert Jahre alt, ist lediglich eine neue Spielart eines Unterfangens, das vielleicht so alt ist wie die Zivilisation selbst. Die abendländischen Vorstellungen von Gesundheit und Normalität sind ein Produkt der Gesellschaften Europas und Nordamerikas und als solche nur eine mögliche Kombination der unzähligen Ideale und Normen, die Menschen zu vielen Zeiten und an vielen Orten formuliert haben.

Die östlichen Religionen, die in dieser Hinsicht zu den reichhaltigsten Quellen zählen, verfügen über psychologische Kenntnisse, von denen die Masse der Gläubigen kaum weiß, die aber den jeweiligen „Professionellen", seien es Yogis, Mönche oder Priester, durchaus vertraut sind. Gemeint ist die praktische Psychologie, mit der Menschen ihren Geist und ihr Herz disziplinieren, um einen vollkommeneren Seinszustand zu erreichen.

Wie es im Westen eine Vielzahl von Persönlichkeitstheorien gibt, so gibt es auch in Asien mehr als nur eine Psychologie. Während jedoch die Religionen, zu denen diese östlichen Psychologien gehören, im Hinblick auf Glauben und Weltanschauung große Unterschiede aufweisen, trifft dies auf ihre Psychologien weniger zu. Ihnen ist gemeinsam, daß ihnen der Mensch so, wie er ist, fehlerhaft erscheint; demgegenüber entwerfen sie ein Ideal, das jeder, der es ausdauernd verfolgt, erreichen kann. Der Weg dorthin führt immer über eine tiefgreifende Veränderung, durch die die idealen Eigenschaften zu dauerhaften Persönlichkeitsmerkmalen werden. In allen östlichen Psychologien ist die Meditation das wichtigste Hilfsmittel bei der Wandlung des Selbst.

Eine der systematischsten und detailliertesten Psychologien des Ostens ist die des klassischen Buddhismus. Sie heißt, im Pali der Zeit Buddhas, *Abhidhamma* (im Sanskrit: *Abhidharma*), was wörtlich übersetzt „Letzte Lehre" bedeutet, und legt Gautama Buddhas Erkenntnisse über die menschliche Natur dar. Da der Abhidhamma direkt auf die Lehren Buddhas zurückgeht, gilt er als Kern aller Strömungen des Buddhismus. Er wurde im Verlauf des ersten Jahrtausends nach Buddhas Tod ausgearbeitet und im Grunde unverändert von den Theravadins als Teil ihrer Lehrschriften, dem Pali-Kanon, bis heute bewahrt.

Obwohl der Abhidhamma vor mehr als 1500 Jahren in Indien entstand, dient er heute noch den Buddhisten als Leitfaden zu den Arbeitsweisen des Geistes. Die Einsichten des Buddha Gautama im fünften Jahrhundert vor Christus – und die Psychologie, die aus diesen Einsichten folgt – wurden in verschiedenen Richtungen, Lehren und Schulen des Buddhismus weiterentwickelt.*

---

* Vgl. auch die detaillierteren Darstellungen des Abhidhamma in Guenther (1976), Narada (1968) und Nyanaponika (1971). Eine aus-

Die Grundsätze des Abhidhamma beschränken sich nicht auf den Buddhismus, sondern sind zu einem Bestandteil der psychologischen Lehren aller östlichen Glaubenssysteme geworden. Als Musterbeispiel asiatischer Psychologie bietet er uns daher ein Begriffssystem, mit dessen Hilfe wir Geistestätigkeiten sowie ein Ideal geistiger Gesundheit verstehen können, das sich von den Vorstellungen der westlichen Psychologie deutlich unterscheidet. Wie andere östliche Psychologien, hat auch der Abhidhamma eine Idealvorstellung vom vollkommenen Menschen, an der sich seine Analyse des Wirkens des Geistes orientiert. Mit den Worten Nyanaponika Theras, eines buddhistischen Mönchs und Gelehrten unserer Tage: „In der buddhistischen Lehre ist der Geist der Ausgangspunkt, der Brennpunkt und – im befreiten und geläuterten Geist des Heiligen – auch Kulminationspunkt" (1962, S. 12).

Die Persönlichkeit in der buddhistischen Psychologie

Folgende Legende zeigt die überaus analytische Auffassung des Abhidhamma vom Menschen. Eine schöne junge Frau hatte Streit mit ihrem Ehemann und läuft nach Hause zu ihrer Familie. Dabei kommt sie an einem Mönch vorbei, der sich auf seinem täglichen Almosengang befindet. Er meditiert zu diesem Zeitpunkt über

---

gezeichnete deutschsprachige Darstellung und Erläuterung des Abhidhamma bietet Lama Anagarika Govinda. *Die psychologische Haltung der frühbuddhistischen Philosophie und ihre systematische Darstellung nach der Tradition des Abhidhamma,* Wien ²1982, Anm. d. Übers.

die Natur des menschlichen Skeletts, sieht auf und bemerkt ihre Zähne. Kurz darauf kommt der Ehemann vorbei, der seine Frau sucht. Er fragt: „Ehrwürdiger, habt Ihr vielleicht eine Frau gesehen?" Und der Mönch antwortet: „Nicht weiß ich, was den Weg entlang lief, / Ob weiblich' ob männlich' Wesen / Doch das weiß ich: ein Knochenbündel / Bewegt sich auf der Straße fort" (Nyanatiloka Mahathera 1952, S. 26).

Da der Mönch in dieser Geschichte über einen der 32 Bestandteile des Körpers meditierte – das Skelett –, war dies der Aspekt an der schönen Frau, der ihm am meisten auffiel. Durch scharfes Beobachten in der Meditation konnte der Mönch eine so große Distanz zu den Bestandteilen des Körpers und des Geistes erlangen, daß für ihn keiner einen größeren Wert hatte als ein anderer. Aus dieser Perspektive sind die Knochen eines Menschen ebenso bemerkenswert wie seine Gedanken. Dieses Maß an äußerstem Gleichmut spiegelt die Haltung, mit der der Abhidhamma die Persönlichkeit betrachtet und seziert.

Was wir mit dem Wort „Persönlichkeit" benennen, entspricht im Abhidhamma am ehesten der Vorstellung von *Atta* (im Sanskrit: *Atman*) oder Selbst. Eine der zentralen Annahmen des Abhidhamma lautet jedoch, daß es kein wirkliches, unvergängliches Selbst gibt, sondern nur ein unpersönliches Konglomerat von Prozessen, die kommen und gehen. Der äußere Anschein einer Person entsteht aus der Vermischung dieser unpersönlichen Prozesse. Was das „Selbst" zu sein scheint, ist die Summe aller Körperteile, Gedanken, Empfindungen, Wünsche, Erinnerungen usw. Durch den Geist zieht sich nur ein kontinuierlicher Faden: *Bhava*, die zeitliche Kontinuität des Bewußtseins. Jeder einzelne Moment unseres Gewahrseins wird vom vorhergehenden Augenblick bestimmt, der seinerseits den nachfolgenden bestimmen wird. Bhava verbindet den einen Bewußtseinsmoment mit dem folgenden. Wir mögen das „Selbst" mit psychischen Aktivitäten wie Gedanken, Erinnerungen oder Wahrnehmungen gleichsetzen, doch sind diese Erscheinungen nur Teil eines ständigen Fließens. Die Persönlichkeit des Menschen, sagt der Abhidhamma, gleicht einem Fluß, der immer die gleiche Form, eine einzige Identität beizubehalten scheint, während doch nicht ein einziger Tropfen derselbe ist wie noch einen Moment zuvor. Nach dieser Ansicht „gibt es keinen Handelnden getrennt von der Handlung, keinen Wahrnehmenden getrennt von der Wahrnehmung, kein bewußtes Subjekt hinter dem Bewußtsein" (Van Aung 1972, S. 7). In den Worten Buddhas: „Wenn alle Teile zusammengesetzt sind, entsteht das Wort ‚Wagen'. Gerade so entsteht die Vorstellung eines Wesens, wenn die Bestandteile vorhanden sind" (in: Samyutta-Nikaya 1972, I, S. 35).

Die buddhistische Persönlichkeitstheorie befaßt sich nicht mit einem Komplex postulierter Entitäten wie „Ich" oder „Unbewußtes", sondern mit der Abfolge von Ereignissen. Im Mittelpunkt steht dabei die Beziehung zwischen mentalen Zuständen und Sinnesobjekten – beispielsweise ein Gefühl des Begehrens (ein mentaler Zustand), das einer schönen Frau (das Sinnesobjekt) gilt. Die mentalen Zustände eines Menschen wechseln ständig; die Geschwindigkeit ihrer Veränderung berechnet sich in Bruchteilen von Sekunden. Die wichtigste Methode zum Studium dieser Veränderungen des Geistes ist die Introspektion, die genaue und systematische Beobachtung des eigenen Erlebens.

Ohne sorgfältige Introspektion könnte man glauben, daß ein Zustand wie Begehren ohne Unterbrechung längere Zeit anhält; der Abhidhamma erklärt jedoch, daß dem nicht so ist. Selbst beim leidenschaftlichsten Geschlechtsakt, wenn das Begehren stärker zu sein scheint als alles andere, wird man bei genauer Beobachtung der mentalen Zustände feststellen, daß dieses Begehren in Wahrheit mit unzähligen anderen Gefühlen vermischt ist, daß Denken und Sinne zusätzlich von einer Vielzahl anderer Dinge beansprucht werden.

Mentale Faktoren

Im Abhidhamma gelten die Gedanken bzw. der denkende Geist als „sechster" Sinn. Daher kann ein Gedanke, genau wie ein Geräusch oder ein Anblick, ebenfalls Gegenstand eines Geisteszustandes sein – der Gedanke „Ich sollte den Abfall runtertragen" könnte beispielsweise Gegenstand eines geistigen Zustands des Widerwillens sein. Jeder Geisteszustand besteht aus Bewußtseinsfaktoren, die seine Besonderheit ausmachen und den jeweiligen Zustand definieren.

Der Abhidhamma zählt 53 Kategorien von Bewußtseinsfaktoren; andere Richtungen des Buddhismus kennen bis zu 175. Jeder mentale Zustand setzt sich aus nur wenigen dieser Faktoren zusammen. Die spezifische Qualität des jeweiligen Zustandes wird durch die Faktoren bestimmt, aus denen er besteht. Der Widerwille hinsichtlich des hinunterzutragenden Abfalls beispielsweise ist in seiner Zusammensetzung komplexer als bloße Abneigung – es kommen ein Dutzend oder mehr mentale Faktoren hinzu, etwa eine irrige Auffassung davon, was Abfall hinuntertragen wirklich bedeutet. Mentale Zustände kommen und gehen auf geordnete Weise. Ähnlich wie die westliche Psychologie, glauben auch die Anhänger des Abhidhamma, daß jeder mentale Zustand – neben der Übertragung aus dem vorhergehenden psychologischen Moment – auch auf biologischen und situativen Einflüssen beruht. Jeder Zustand bestimmt seinerseits die Faktorenkombination des Momentes, der auf ihn folgt.

Bewußtseinszustände sind der Schlüssel zu dem, was wir im Westen als *„Karma"* kennen und was auf Pali *Kamma* heißt. Im Abhidhamma bezeichnet *Kamma* das Prinzip, nach dem jede Handlung als Folge der ihr zugrundeliegenden mentalen Faktoren zu verstehen ist. Im Abhidhamma, wie in vielen anderen östlichen Psychologien, gilt jede Handlung als ethisch neutral. Ihr moralischer Stellenwert läßt sich nur bestimmen, wenn man die Motive in Betracht zieht, die einen Menschen geleitet haben. Handelt ein Mensch aus einer negativen Mischung mentaler Faktoren – beispielsweise aus Hinterhältigkeit oder Habgier – ist die Handlung selbst dann verwerflich, wenn sie einem Betrachter weder gut noch schlecht erscheint. Der *Dhammapada,* eine Sammlung von Versen des Buddha Gautama, beginnt mit einer Darlegung der Karma-Lehre des Abhidhamma:

„Alles was wir sind, ist die Folge dessen, was wir gedacht haben: es ist in unseren Gedanken begründet, es besteht aus unseren Gedanken. Wenn ein Mann mit bösen Gedanken spricht oder handelt, dann folgt ihm Schmerz, wie das Rad dem Fuß des Ochsen folgt, der den Wagen zieht. . . . Wenn ein Mann mit reinem Sinn spricht oder handelt, folgt ihm die Freude wie der Schatten, der ihn nie verläßt" (Babbitt 1965, S. 3).

Der Abhidhamma unterscheidet zwischen Bewußtseinsfaktoren, die *kusula* – rein, heilsam oder gesund – und solchen, die *akusula* – unrein, unheilsam oder ungesund – sind. Die meisten wahrnehmenden, kognitiven und affektiven mentalen Faktoren sind entweder das eine oder das andere. Die Aufteilung in „heilsam" und „unheilsam" geschah empirisch, auf Grundlage der kollektiven Erfahrung vieler Meditierender in der Frühzeit des Buddhismus. Ihr Kriterium war, ob ein mentaler Faktor ihre Bemühungen, den Geist in der Meditation zu beruhigen, erleichterte oder erschwerte. Die störenden Faktoren wurden als „unheilsam", die hilfreichen als „heilsam" bezeichnet.

Neben den heilsamen oder unheilsamen Faktoren gibt es sieben neutrale Eigenschaften, die in jedem Bewußtseinszustand vorhanden sind. Sinneseindruck *(Phassa)* ist reines Gewahrwerden; Wahrnehmung *(Sanna)* das erste Erkennen, um welches Sinnesorgan es sich handelt; Wollen *(Cetana)* der konditionierte Reflex, der das erste Erfassen eines Gegenstandes begleitet; Empfinden *(Vedana)* das von dem Gegenstand ausgelöste Gefühl; Gerichtetheit *(Ekaggata)* das Bündeln der Gewahrsamkeit; spontane Aufmerksamkeit *(Manasikara)* das nicht dem Willen unterliegende Richten der Aufmerksamkeit aufgrund der Anziehung des Objektes; sowie die psychische Energie *(Jivitindriya),* die den anderen sechs Faktoren Vitalität verleiht und sie verbindet.

Diese Faktoren bilden eine Art Bewußtseinsraster, in das die heilsamen und unheilsamen Faktoren eingepaßt sind. Die Faktorenkombination, die jeweils in dieses Gerüst eingebettet ist, variiert von einem Augenblick zum nächsten.

Unheilsame Bewußtseinsfaktoren

Der wichtigste unheilsame Faktor ist Verblendung. Verblendung *(Moha)* gilt als eine Verdunklung des Geistes, die zu Fehlwahrnehmungen führt. Der Abhidhamma betrachtet sie als fundamentales Unwissen und wesentliche Quelle menschlichen Leidens. Diese Fehlwahrnehmung der wahren Natur der Dinge – die schlichte Unfähigkeit, klar, ohne Vorlieben und ohne vorgefaßte Urteile zu sehen – ist die Wurzel aller unheilsamen Bewußtseinszustände. Verblendung zieht „irrtümliche Ansichten" oder Mißverständnisse *(Ditthi)* nach sich. Dazu gehört, etwas einer falschen Kategorie zuzuordnen. Die Auswirkungen dieser Faktoren werden besonders bei Paranoikern deutlich, die fälschlicherweise jemand als bedrohlich empfinden, der ihnen gar nicht schaden möchte. Unter den von Buddha ausdrücklich kritisierten unheilsamen Fehlannahmen findet sich eine, die zu den fundamentalen Annahmen vieler westlicher Persönlichkeitstheorien gehört, nämlich, daß es ein unveränderliches „Selbst" oder „Ich" gibt. Im Abhidhamma existiert kein Selbst, sondern ein „sich verzehrender Prozeß körperlicher und geistiger Phänomene, die ständig auftauchen und sofort wieder verschwinden" (Nyanatiloka 1972, S. 25).

Verwirrtheit *(Vicikiccha)* bezeichnet die Unfähigkeit, eine Entscheidung oder ein richtiges Urteil zu fällen. Herrscht dieser Faktor in einem Menschen vor, ist er von Zweifeln geplagt und im Extremfall völlig erstarrt. Andere unheilsame kognitive Faktoren sind Schamlosigkeit *(Ahirika)* und Skrupellosigkeit *(Anottappa)*, die es jemandem ermöglichen, die Meinung anderer Menschen sowie die eigenen internalisierten Normen zu übergehen. Überwiegen diese Faktoren bei einem Menschen, verursacht ihm verwerfliches Handeln keine Bedenken; infolgedessen neigt er zu Fehlverhalten. Ein weiterer unheilsamer Faktor, der zu falschem Handeln führen kann, ist Egoismus *(Mana)*. Diese eigensüchtige Haltung veranlaßt manche Menschen, Objekte ausschließlich unter dem Aspekt der Erfüllung ihrer Wünsche oder Bedürfnisse zu sehen. Zweifellos ist die Verbindung dieser drei Faktoren – Schamlosigkeit, Skrupellosigkeit und Eigensucht – der Auslöser vieler böser Taten.

Die übrigen unheilsamen Faktoren sind affektiver Natur. Unruhe *(Uddhacca)* und Sorge *(Kukkacca)* sind Zustände der Zerstreutheit, der Reue und des Grübelns. Diese Faktoren erzeugen ängstliches Angespanntsein, ein zentrales Merkmal der meisten Geistesstörungen. Eine weitere Gruppe unheilsamer Faktoren betrifft das Verhaftetsein: Begierde *(Lobha)*, Selbstsucht *(Macchariya)* und Neid *(Issa)* bezeichnen verschiedene Arten habgierigen Haftens an einem Objekt, während Haß *(Dosa)* nur die Umkehrung von Haften ist. Begierde und Widerwille gehören zu allen negativen Bewußtseinszuständen und gehen immer mit Verblendung einher. Zwei letzte unheilsame Zustände sind Trägheit *(Thina)* und Müdigkeit *(Middha)*, durch die mentale Zustände starr und unflexibel werden. Wenn diese negativen Faktoren vorherrschen, neigt ein Mensch geistig wie körperlich zur Langsamkeit.

Heilsame mentale Faktoren

Jedem unheilsamen Faktor steht ein heilsamer gegenüber – ein Faktor ist heilsam oder unheilsam, dazwischen gibt es nichts. Ein heilsamer Zustand läßt sich erreichen, indem die unheilsamen Faktoren durch ihren heilsamen Gegenpol ersetzt werden. Das hierzu angewandte Prinzip ähnelt der „wechselseitigen Ausschließlichkeit" einer systematischen Desensibilisierung, bei der durch Entspannung das physiologische Gegenteil, Anspannung, blockiert wird. Jedem negativen Bewußtseinsfaktor entspricht ein positiver Faktor, der ihn aufhebt.

Heilsame und unheilsame Bewußtseinsfaktoren

Unheilsame Faktoren	*Heilsame Faktoren*
Perzeptuell/Kognitiv:	
Verblendung	Verstehen, Erkennen
Irrtümliche Ansichten	Aufmerksamkeit
Schamlosigkeit	Gewissenhaftigkeit
Skrupellosigkeit	Feinfühligkeit
Egoismus	Vertrauen
Affektiv:	
Aufgebrachtsein	
Begierde	Gierlosigkeit
Haß	Haßlosigkeit
Neid	Gleichmut
Selbstsucht	Gelassenheit
Sorge	abgeklärte Ruhe
Rückzug	Anpassungsfähigkeit
Trägheit	Leistungsfähigkeit
Verwirrung	Gradheit

Der zentrale heilsame Faktor ist *Paññā* – Verstehen, Erkennen, Wissen. Erkennen, verstanden als „klare Wahrnehmung der Dinge, wie sie wirklich sind", unterdrückt Verblendung, den wichtigsten unheilsamen Faktor. In einem Bewußtseinszustand kann nur einer dieser beiden Faktoren sein: Wo Klarheit ist, kann keine Verblendung sein und wo auch nur ein geringes Maß an Verblendung ist, kann keine Klarheit sein. Aufmerksamkeit *(Sati)* ist das andauernde klare Verstehen eines Gegenstandes; dieser unabdingbare Begleiter des Erkennens festigt die Klarheit und verankert sie auf Dauer im Geist eines Menschen. Erkennen und Aufmerksamkeit sind die wichtigsten heilsamen Faktoren; ihr Vorhandensein reicht aus, um *alle* anderen unheilsamen Faktoren zu unterdrücken.

Einige heilsame Faktoren bedürfen zu ihrem Entstehen besonderer Umstände. Die zusammengehörenden Faktoren Gewissenhaftigkeit *(Hiri),* die Schamlosigkeit verhindert, und Feinfühligkeit *(Ottappa)* als Gegenteil von Skrupellosigkeit tauchen nur auf, wenn der Gedanke an eine verwerfliche Tat entsteht. Gewissenhaftigkeit und Feinfühligkeit gehen immer einher mit Gradheit *(Cittujjukata),* der Haltung des rechten Urteils. Ein weiterer heilsamer Faktor ist Vertrauen *(Saddha),* eine Sicherheit, die auf richtiger Wahrnehmung beruht. Diese Gruppe mentaler Faktoren – Gewissenhaftigkeit, Feinfühligkeit, Gradheit und Vertrauen – führt zu einem Verhalten, das nach persönlichen wie gesellschaftlichen Maßstäben als tugendhaft gilt.

Der Verbindung der unheilsamen Faktoren Begierde, Selbstsucht, Neid und Haß stehen die heilsamen Faktoren Gierlosigkeit *(Alobha),* Haßlosigkeit *(Adosa),* Gleichmut *(Tatramajjhata)* und abgeklärte Ruhe *(Passad-*

hi) gegenüber. Sie spiegeln die körperliche und geistige Gelassenheit wider, die aus einem Abnehmen des Verhaftetseins entsteht.

Die unheilsamen Faktoren Begierde, Selbstsucht, Neid und Haß können jemanden dazu bringen, sich nach einer Position mit mehr Einfluß, Geld und Prestige zu verzehren, jemanden zu beneiden, der eine solche Stelle hat oder auf jemanden herabzusehen, der eine geringere Stellung als er selbst hat. Die entgegengesetzten heilsamen Faktoren Gierlosigkeit, Haßlosigkeit, Gleichmut und abgeklärte Ruhe veranlassen diesen Menschen, die Vorteile von mehr Geld und höherem Ansehen gegen die Nachteile von mehr Druck und größerer Belastung abzuwägen. Er vermag die Stärken, die einem Menschen zu einer solchen Stelle verholfen haben, ebenso fair einzuschätzen wie die Schwächen, aufgrund derer dessen Leistungen nicht so sind, wie sie sein sollten. Diese vier heilsamen Faktoren werden schließlich auch zu Überlegungen darüber führen, welche Vorteile die jetzige Stelle hat, in welcher Hinsicht sie unpassend sein könnte, über welche wirklichen Talente man verfügt und wie sie genutzt werden könnten, um eine bessere Position zu bekommen, die den eigenen Fähigkeiten eher entsprechen würde. Noch wichtiger ist, daß man durch Gleichmut die ganze Situation emotionslos betrachtet und weder unglücklich darüber ist, keine bessere Stelle zu haben, noch resigniert und sich mit einer ungeeigneten Arbeit abfindet. Durch diese heilsamen Bewußtseinsfaktoren kann man die Dinge sehen, wie sie sind, zugleich aber auch alle erforderlichen Veränderungen in Angriff nehmen.

Der Abhidhamma sieht Körper und Geist als miteinander verbunden an. Auch wenn jeder Faktor sowohl auf den Körper wie auf den Geist wirkt, wird nur von den letzten vier heilsamen Faktoren explizit gesagt, daß sie körperliche *und* seelische Auswirkungen haben. Gemeint sind Spannkraft *(Lahuta),* Schmiegsamkeit *(Muduta),* Aktivität *(Kammannata)* und Tauglichkeit *(Pagunnata).* Diese Faktoren verleihen dem Denken und Handeln Gewandtheit. Sie unterdrücken unheilsame Faktoren wie Trägheit und Müdigkeit, von denen der Geist zum Beispiel in depressiven Zuständen beherrscht wird. Durch sie ist man imstande, sich körperlich und geistig an veränderte Situationen anzupassen und sich jeder Anforderung zu stellen.

In der Psychodynamik des Abhidhamma schließen sich heilsame und unheilsame Faktoren gegenseitig aus; die Anwesenheit des einen neutralisiert sein Gegenteil. Dabei gibt es nicht immer eine perfekte Entsprechung zwischen zwei einander zugeordneten Faktoren. Ein heilsamer Faktor kann mitunter eine ganze Gruppe unheilsamer Faktoren blockieren – Gierlosigkeit wiegt z. B. allein mehr als Begierde, Selbstsucht, Neid und Haß zusammen. Bestimmte Schlüsselfaktoren können die entgegengesetzten Kategorien ganz aufheben: Neben Verblendung kann kein einziger positiver Faktor bestehen. Das Kamma eines Menschen bestimmt, ob er vorwiegend heilsame oder unheilsame Zustände erleben wird. Die genaue Faktorenkombination ist sowohl Ergebnis biologischer und situativer Einflüsse als auch ein Übertrag früherer Geisteszustände. Die Faktoren entstehen in der Regel als – positive oder negative – Bündel. In jedem Bewußtseinszustand sind die Faktoren, die ihn bilden, unterschiedlich stark; der in einem Moment jeweils stärkste Faktor bestimmt das Empfinden und Handeln eines Menschen.

Selbst wenn alle negativen Faktoren vorhanden wären, würde der Betreffende einen solchen Zustand unterschiedlich erleben, je nachdem, ob Gier oder Trägheit den Geist beherrschen. Das heißt, das Kräfteverhältnis der Faktoren untereinander bestimmt, ob ein Zustand negativ oder positiv sein wird. Kommt ein bestimmter Faktor oder ein Faktorenbündel in den Geisteszuständen eines Menschen häufig vor, wird dies zu einem Charakterzug. Die Summe aller Bewußtseinsfaktoren, die einem Menschen zur Gewohnheit geworden sind, bestimmen seine Persönlichkeit.

Persönlichkeitstypen

Die Abhidhamma-Lehre von den Persönlichkeitstypen geht davon aus, daß mentale Faktoren unterschiedlich stark sind. Wird ein Mensch gewohnheitsmäßig von einem Faktor oder Faktorenbündel beherrscht, bestimmt dies seine Persönlichkeit, seine Handlungsmotive und sein Verhalten. Die Zusammensetzung der geistigen Faktoren eines jeden Menschen ist einzigartig. Dadurch entstehen individuelle Persönlichkeitsunterschiede, die über die allgemeinen Kategorien der Grundtypen hinausgehen.

Der Abhidhamma erklärt die Beweggründe menschlichen Tuns aus den mentalen Faktoren und deren Einfluß auf das Verhalten. Ein Mensch wird von seinen Bewußtseinszuständen getrieben, sich eine Sache zu wünschen und eine andere zu meiden. Wird die Begierde zu einem dominierenden Handlungsmotiv, verhält er sich entsprechend und versucht, den Gegenstand seines Begehrens zu erlangen. Ist der wesentliche Faktor Selbstsucht, wird er sich selbst erhöhen wollen. In diesem Sinne ist jeder Persönlichkeitstyp auch ein Motivationstyp.

Das Visuddhi-Magga widmet der Beschreibung der wichtigsten Persönlichkeitstypen ein eigenes Kapitel, denn jeder Mensch muß auf eine Weise behandelt werden, die seinen Anlagen entspricht. Um einen Persönlichkeitstyp zu bestimmen, empfiehlt es sich, sorgfältig zu beobachten, wie jemand beispielsweise geht. Der lustvolle oder sinnliche Mensch bewegt sich anmutig; der Haßerfüllte schlurft beim Gehen; der Verblendete trippelt eilig. Eine typische Daumenregel lautet: „Der Gierbehaftete hält hoch gewölbt den Fuß, Der Zornige gräbt mit dem Fuß den Boden auf; Gewaltsam aber scheint gehemmt des Toren Fuß" (Nyanatiloka 1952, S. 126).

Des weiteren wird vermerkt, Buddha hinterlasse einen makellos ebenmäßigen Fußabdruck, da sein Geist ruhig und sein Körper in der Balance sei.

Der Verfasser des Visuddhi-Magga wußte, daß jede Einzelheit einen Hinweis auf den Charakter geben kann: Diese Schrift aus dem fünften Jahrhundert enthält eine bemerkenswert umfassende Beschreibung der verschiedenen Persönlichkeitstypen. Der sinnliche Mensch, heißt es da, sei charmant, höflich und beantworte Fragen zuvorkommend. Wenn diese Menschen schlafen gehen, machen sie sorgfältig ihr Bett zurecht, legen sich langsam nieder und bewegen sich im Schlaf wenig. Ihre Aufgaben erledigen sie künstlerisch: sie fegen mit weichem und gleichmäßigem Besenschwung und erledigen ihre Angelegenheiten gründlich. Sie sind geschickte, tadellose, ordentliche und umsichtige Arbeiter. Sie kleiden sich adrett und geschmackvoll. Als

Nahrung bevorzugen sie milde, süße Lebensmittel, die sorgfältig zubereitet und auf üppige Weise serviert werden; sie essen langsam, nehmen kleine Bissen und genießen den Geschmack. Wenn sie einen schönen Gegenstand sehen, halten sie ein, um ihn zu bewundern; sie werden von seinen Vorzügen angezogen, bemerken jedoch nicht seine Mängel. Ihre Schattenseite ist, daß sie oft anmaßend, falsch, eitel, habsüchtig und unbescheiden, putzsüchtig, lasziv und frivol sind.

Haßerfüllte Menschen hingegen sind steif. Sie machen ihr Bett hastig und ohne Sorgfalt, schlafen mit starrem Körper und reagieren ärgerlich, wenn man sie weckt. Sie arbeiten nachlässig und kehren unter hartem, scharrendem Geräusch. Ihre Kleidung sitzt ihnen zu eng. Sie bevorzugen scharfe, sauer schmeckende Gerichte und essen eilig. Sie haben kein Interesse an schönen Dingen und übersehen Vorzüge, bemerken jedoch selbst den geringfügigsten Defekt. Sie sind häufig zornig, hinterhältig, undankbar, neidisch und gemein.

Der Verblendete schließlich bewegt sich nachlässig. Er macht sein Bett unordentlich, wälzt sich im Schlaf hin und her, steht träge und schlechtgelaunt auf. Als Arbeiter ist er ungeschickt und unordentlich, er fegt ungelenk, willkürlich und läßt Kehricht liegen. Seine Kleidung sitzt schlecht. Er ißt schlampig, stopft sich große Bissen in den Mund und beschmiert sich dabei. Er hat keinerlei Vorstellung, ob ein Gegenstand schön ist oder nicht; er hört auf die Meinung anderer und lobt oder tadelt dementsprechend. Menschen dieses Typs sind oft faul und stumpf, leicht ablenkbar, neigen zu Gewissensbissen und Ratlosigkeit, können aber auch eigensinnig und hartnäckig sein.

Das Visuddhi-Magga beschreibt sodann die optimalen Meditationsbedingungen für die verschiedenen Typen. Das erste Ziel der Schulung besteht darin, ihren dominierenden Charaktereigenschaften entgegenzuwirken, um ihren Geist auf diese Weise in ein Gleichgewicht zu bringen. Die für die verschiedenen Typen ausgewählten Bedingungen sind deshalb nicht die, die sie selbst wählen würden. Das Haus beispielsweise, das dem Sinnlichen zugewiesen wird, ist eine schmutzige Grashütte, „staubbedeckt, von Fledermäusen heimgesucht, morsch und zerfallen, zu hoch oder zu niedrig, mitten in dürrer Einöde, voller Gefahren, eine Wohnung, zu der ein unebener Weg führt und in welcher Bett und Stuhl voller Wanzen sind, häßlich und unschön, bei deren bloßem Anblick einem Ekel aufsteigt" (S. 129). Das Visuddhi-Magga fährt mit einer detaillierten Beschreibung der Umstände fort, die zum „Begehrlichgearteten" passen:

„Geeignet sind für ihn auch ein Unter- und Obergewand mit zerrissenen Rändern, voll von überall herumhängenden Fäden, einem Netzkuchen ähnlich, rauh anzufassen wie ein hänfernes Tuch, beschmutzt, schwer, mühsam zu tragen. – Auch eine häßlich aussehende Almosenschale eignet sich für ihn, und zwar eine irdene Schale oder eine mit Nieten beschlagene eiserne Schale, schwer, unförmig, ekelhaft wie ein Totenschädel. – Auch der Weg für seinen Almosengang sei unbequem, weit zum Dorf und uneben. – Auch für seinen Almosengang empfiehlt sich ein Dorf, wo die Menschen so tun, als ob sie ihn nicht sähen, und, nachdem er auch nicht bei einem einzigen Haus Almosen erhalten hat, jene ihn beim Verlassen des Dorfes mit den Worten: ‚Komm, o Ehrwürdiger!' in die Sitzhalle eintreten heißen, ihm Grütze und Reis geben und dann, als ob sie eine Kuh in den Stall geführt hätten, weggehen, ohne sich zu verabschieden. – Gut für ihn sind auch häßliche und übel aussehende Aufwärter, Knechte oder Arbeiter, die beschmutzte Kleidung tragen, übel riechen und Abscheu erwecken, und die beim Aufwarten ohne Achtung die Grütze und den Reis gleichsam hinwerfen. – Gut für ihn sind auch dürftige, übel aussehende, aus Hirse, Kudruse, Bruchreis usw. hergestellte Suppe, Spreis und Kauwaren; ferner verdorbene Buttermilch, saure Grütze, Zuspeisen aus altem Gemüse, oder was sonst irgendwie nur zum Füllen des Leibes dient" (Nyanatiloka 1952, S. 129f.).

Die richtigen Umstände für den Haßerfüllten hingegen sind so erfreulich, bequem und entgegenkommend wie nur irgend möglich. Für den Verblendeten sollten die Dinge einfach, klar und ebenso erfreulich und bequem wie für den Haßerfüllten sein. In jedem Einzelfall ist die Umgebung darauf abgestimmt, diejenigen Bewußtseinsfaktoren zu bekämpfen, die in der jeweiligen Persönlichkeit vorherrschen: der Lustvolle findet wenig, was er begehren könnte, der Haßerfüllte wenig zu verachten, und für den Verblendeten ist alles ganz eindeutig. Dieser Versuch, durch die Gestaltung der Umgebung Einfluß auf die seelische Gesundheit zu nehmen, kann als Vorgänger der „Milieutherapie" angesehen werden. Buddha erkannte, daß verschiedene Menschentypen auf unterschiedliche Meditationsarten ansprechen und entwickelte daher ein breites, auf die verschiedenen Persönlichkeitstypen zugeschnittenes Spektrum an Meditationsmethoden.

Seelische Gesundheit

Die Faktoren, die den Geisteszustand eines Menschen formen, bestimmen seine seelische Gesundheit. Die Definition von Geistesstörungen, mit der der Abhidhamma arbeitet, ist einfach: er spricht in diesem Fall von dem Fehlen heilsamer und der Anwesenheit unheilsamer Faktoren. Jede Art geistiger Verwirrung ist Folge der Gewalt, die unheilsame Faktoren über den Geist haben. Ihre besonderen Merkmale führen zu bestimmten Störungen – so ist Egoismus die Grundlage jenes ausschließlich selbstzentrierten Handelns, das wir im Westen als „soziopathisches Verhalten" bezeichnen; Aufgebrachtsein und Sorge sind Anspannungen, die Neurosen zugrunde liegen; der Widerwille gegen ein bestimmtes Objekt oder eine Situation führt zur Phobie.

Das Kriterium für seelische Gesundheit ist dementsprechend das Vorhandensein heilsamer und das Fehlen unheilsamer Faktoren im Seelenhaushalt eines Menschen. Die heilsamen Faktoren verdrängen nicht nur die unheilsamen, sie schaffen auch das notwendige seelische Klima, ohne das positive Gefühlszustände nicht entstehen könnten. Dazu gehören Mitleid *(Karuna)* und „altruistische Freude" *(Mudita)*, das heißt Mitfreude am Glück anderer.

Beim normalen Menschen besteht der Strom der Geisteszustände aus heilsamen und unheilsamen Faktoren. Jeder von uns erlebt, während unser Bewußtseinsstrom dahinfließt, Zeiten völlig heilsamer oder unheilsamer seelischer Verfassung. Allerdings erleben nur wenige Menschen ausschließlich heilsame Zustände und in diesem Sinne sind wir alle „ungesund". Ziel der seelischen Entwicklung im Abhidhamma ist es, die heilsamen Zustände im Geist eines Menschen zu vermehren und die unheilsamen zu verringern. Auf der Höhe seelischer Gesundheit entstehen im Geist des Menschen überhaupt keine unheilsamen Faktoren mehr. Dies ist ein Ideal, das jeder Mensch anstreben sollte, das aber nur selten erreicht wird.

Daß so wenige Menschen eine ideale seelische Gesundheit erreichen, liegt unter anderem an *Anusayas*, den latenten Neigungen des Geistes zu unheilsamen mentalen Zuständen. Anusayas halten sich im Geist eines Menschen verborgen, bis ein günstiger Moment für ihr Erscheinen kommt. Sieben unheilsame Faktoren sind besonders starke Anusayas: Begehren, falsche Ansichten, Verblendung, Widerstreben, Zweifel, Stolz und Zorn. Durchlebt ein Mensch einen heilsamen Geisteszustand, bleiben diese Anusayas in der Schwebe, können aber sofort aktiv werden, wenn der Augenblick günstig scheint. Das letzte Kriterium völliger seelischer Gesundheit ist, daß ein Mensch alle Anusayas und damit auch jede Neigung zu unheilsamen Zuständen in sich getilgt haben muß. Die Anusayas entsprechen am ehesten dem, was wir als das Unbewußte bezeichnen.

In Anbetracht der Vielzahl seelischer Zustände, die wir von einer Sekunde zur nächsten durchlaufen, enthält der Abhidhamma natürlich keine vollständige Aufstellung aller geistigen Faktoren: Deren Kategorisierungsmöglichkeiten sind ohne Zahl. Die Verfasser des Abhidhamma behaupten auch nicht, daß es sich um ein lückenloses Kompendium handele. Ihre Kategorien sind darauf abgestimmt, einem Menschen zu helfen, seine seelischen Grundzustände zu erkennen und zu beherrschen bzw. sich von unheilsamen Zuständen zu befreien. Um sein höchstes Ziel, ein stabiles Niveau ausschließlich heilsamer seelischer Zustände zu erreichen, koordiniert und kontrolliert der Buddhist Umwelt, Verhalten und Aufmerksamkeit. Wer dem klassischen buddhistischen Weg folgt, wird dazu in die geregelte Welt eines Klosters eintreten.

Meditation: Der Weg zur seelischen Gesundheit

Wer sich mit den Kategorien der heilsamen und unheilsamen Bewußtseinsfaktoren nun so weit vertraut gemacht hat, daß er erkennt, wann sie im eigenen Geist am Werk sind, wird feststellen, daß das bloße Wissen darum, daß ein Zustand ungesund ist, noch nicht ausreicht, um ihn zu beenden. Wer sich darüber ärgert, daß in seinem Denken die negativen Faktoren überwiegen und sich wünscht, sie würden verschwinden, fügt dieser Seelenmixtur nur noch Widerwillen und Begehren hinzu.

Zur Erlangung heilsamer Zustände empfiehlt der Abhidhamma die Meditation.

Im Abhidhamma erlangt man einen gesunden Bewußtseinszustand, indem man ungesunde Zustände durch ihr polares Gegenteil ersetzt. Das Prinzip, das dies ermöglicht, ähnelt dem des „wechselseitigen Ausschlusses", das bei systematischer Desensibilisierung eingesetzt wird, wo Entspannung das physiologische Gegenteil, Anspannung, verhindert. Jeder negative seelische Aspekt besitzt eine heilsame Entsprechung, die ihn aufzuheben vermag. Ist ein bestimmter heilsamer Faktor in einem seelischen Zustand bereits vorhanden, kann der von ihm unterdrückte unheilsame Faktor nicht erstarken.

In der Psychodynamik des Abhidhamma schließen sich positive und negative seelische Faktoren gegenseitig aus; wo der eine vorhanden ist, kann der andere nicht entstehen. Einander zugeordnete heilsame und unheilsame Faktoren verhalten sich jedoch nicht immer parallel zueinander; mitunter vermag ein einziger heilsamer Faktor eine ganze Gruppe unheilsamer Faktoren zu unterdrücken – so kann neben Verblendung kein einziger positiver Faktor entstehen.

Jedem ungünstigen entspricht mindestens ein günstiger Faktor, der verhindert, daß seine negative Entsprechung vordringt. Wenn bestimmte unheilsame Faktoren besonders stark sind, muß ihr Gegenteil mehrfach beschworen werden, um sie auslöschen zu können. In dem Maße, in dem der Einfluß unheilsamer Faktoren schwindet, gewinnen die entsprechenden gesunden Einflüsse an Stärke. Fortschritt in der Meditation könnte auch damit umschrieben werden, daß heilsame Faktoren unheilsame immer mehr verdrängen.

Der Abhidhamma hält es für ausgeschlossen, daß im Geist zuträgliche und unzuträgliche Faktoren zugleich existieren. Der Geist kann nicht im gleichen Moment als leicht und schwer, klar und vernebelt empfunden werden. Ist eines vorhanden, annuliert es das andere. Im normalen Wachzustand oszilliert das Bewußtsein zwischen beiden Einflüssen; ein völliges Fehlen unheilsamer Faktoren über einen längeren Zeitraum hinweg ist im normalen Bewußtsein allerdings sehr selten.

Der Abhidhamma kennt zwei verschiedene Methoden, um den Einfluß negativer Faktoren zu vermindern und schließlich aufzuheben. Die erste Methode bedient sich der Strategie meditativer Sammlung, die zweite der Achtsamkeit. Die beiden Meditationsformen unterscheiden sich darin, auf welche Weise sie die verschiedenen Bewußtseinsfaktoren umstrukturieren.

Der Abhidhamma geht von einem Menschen aus, dessen Geist durch unheilsame Faktoren begrenzt ist. Sind die günstigen Faktoren schwach, ist die seelische Gesundheit dieses Menschen insgesamt schlecht. Mit den Augen des Abhidhamma betrachtet, ist die psychische Verfassung des normalen Menschen recht unerquicklich:

„Daraus resultiert eine allgemeine Schwerfälligkeit und Unflexibilität geistiger Prozesse: vorherrschend ist die Macht der Gewohnheit; Veränderungen und Anpassungen geschehen langsam, widerwillig und in so geringem Ausmaß wie möglich; das Denken ist rigide und neigt zum Dogmatismus. Aus Erfahrung oder Ratschlägen zu lernen dauert lange; Zu- und Abneigungen sind festgeschrieben und vorurteilshaft; im großen und ganzen erweist sich der Charakter als kaum zugänglich" (Nyanaponika 1949, S. 67).

Da sowohl Achtsamkeit als auch Sammlung eines Menschen als schwach eingeschätzt werden, wird von ihm zu Beginn nur eine sehr geringe Kontrolle über seine Wahrnehmungsfähigkeit erwartet. Die ersten Schritte sollen zum einen den Geist des Meditierenden fügsam und für den Einfluß heilsamer Eigenschaften empfänglich machen, zum anderen die erstarrte Kontrolle der ungünstigen Faktoren lockern. Das Praktizieren ist anfangs oft schwierig und sogar schmerzhaft, da der Geist des Meditierenden an diese Art geistiger Disziplin, die hier von ihm verlangt wird, nicht gewöhnt ist.

Technisch gesprochen, ist Meditation der beständige Versuch, eine bestimmte Aufmerksamkeitshaltung aufrechtzuerhalten. Wenn der Meditierende beispielsweise versucht, seine Aufmerksamkeit nicht von den Empfindungen seines Atems abzuwenden, bemüht er sich, seinen Geist zu konzentrieren. Dies wird ihm allerdings nicht gelingen; sein Geist wird sich anderen Gedanken und Gefühlen zuwenden. Tatsächlich bringt der Meditierende den größten Teil seiner Zeit damit zu, sich selbst daran zu *erinnern*, seinen abschweifenden Geist auf den Gegenstand seiner Betrachtung, die Atmung, zurückzulenken. Wesentlich ist der ständige Versuch, sich auf den Atem zu konzentrieren.

Beim zweiten Meditationstypus, der Achtsamkeit, bleibt der Meditierende gegenüber allem, was in seinem Bewußtseinsstrom auftaucht und verschwindet, neutral und mißt allem, was in seinem Geist geschieht, gleiche Bedeutung bei. Was immer ihm in den Sinn kommt, er versucht, achtsam zu bleiben. Dabei geht es nicht darum, auf direktem Wege gesunde Faktoren anzustreben. Da die gesunden Faktoren die mentalen Eigenschaften sind, die seine Aufmerksamkeit stabilisieren, wird es ein Nebenprodukt seines Meditationserfolges sein, wenn sie schließlich seinen Geist beherrschen. Indem er lernt, immer besser zu meditieren, erhöht der Meditierende zugleich die gesunden Faktoren in seinen Bewußtseinszuständen.

Das höchste Stadium der Meditation – Nibbana oder Nirvana – ist erst möglich, wenn der Meditierende die sieben Erleuchtungsfaktoren in hohem Maße kultiviert hat. Diese sind: Achtsamkeit, Weisheit, Tatkraft, Begeisterung, abgeklärte Ruhe, Sammlung und Gleichmut. Sie sind mit größter Sorgfalt aufeinander abgestimmt, um den Geist des Meditierenden möglichst schnell zum Nibbana zu führen:

„Dies sind die sieben Eigenschaften der Erleuchtung, die durch unsere Übung zur Reife gebracht werden müssen. Drei von ihnen sind erweckende Faktoren und drei sind beruhigende. Weisheit, Willenskraft und Verzückung erwecken den Geist, sie machen ihn wach und aufmerksam. Gestilltheit, Sammlung und Gleichmut beruhigen den Geist und machen ihn still. Sie alle müssen in Harmonie zueinander stehen: Wenn der Geist zu sehr erweckt wird, wird er ruhelos; wenn der Geist zu sehr beruhigt wird, wird er schläfrig. Der Faktor Achtsamkeit ist so voller Energie, daß er nicht nur alle anderen Faktoren erweckt und stärkt, sondern sie auch in ihrem richtigen Gleichgewicht hält" (Goldstein 1978, S. 158f.).

Im Abhidhamma heißt es, Nibbana verändere den Geisteszustand eines Menschen radikal und auf Dauer. Die Bedeutung des Nibbana liegt in seinen Nachwirkungen. Anders als Jhana, das nur eine kurzzeitige Wirkung auf die Persönlichkeit des Meditierenden hat, wird von der Nach-Nibbana-Persönlichkeit eines Menschen gesagt, sie sei unwiderruflich verändert. Das Erleben von Nibbana löst eine Reihe von Veränderungen aus, die schließlich so weit gehen können, daß unheilsame Faktoren überhaupt nicht mehr entstehen. Dieser Bewußtseinswandel geschieht schrittweise. Die Erfahrung des Nibbana ist zwar immer gleich, doch erreicht der Meditierende mit zunehmender Einsicht ein immer intensiveres Nibbana. Jede neu erreichte Stufe blockiert weitere unheilsame Faktoren endgültig. Schließlich taucht in keinem Geisteszustand des Betreffenden auch nur ein einziger unheilsamer Faktor auf. Der Meditierende, der diesen Punkt erreicht hat, wird *Arahat* genannt.

Arahat: Der Idealtypus des gesunden Menschen

Der Arahat verkörpert im Abhidhamma das Ideal seelischer Gesundheit. Sein Charakter hat sich auf Dauer verändert: Alle Motive, Wahrnehmungen und Handlungen, die unter dem Einfluß unheilsamer Faktoren standen, sind verschwunden. Rune Johansson (1970) hat die Persönlichkeitsmerkmale zusammengetragen, die der Abhidhamma dem Arahat zuschreibt.

● Nicht vorhanden sind: das Begehren von Sinnesgelüsten; Furcht, Vorbehalte und Ängste; dogmatische Annahmen wie die, etwas sei „die Wahrheit"; der Widerwille gegen Gefühle wie Verlust, Schande, Schmerz oder Schuld; Gefühle von Lust oder Zorn; das Erleben seelischen Leids; das Suchen von Bestätigung, Vergnügen oder Anerkennung; das Begehren von etwas für die eigene Person, was über das absolut Notwendige hinausgeht.

● Vorhanden sind: Unvoreingenommenheit anderen gegenüber und Gleichmut in allen Situationen; beständige Wachheit und ruhige Freude am Erlebten, wie gewöhnlich es auch erscheinen mag; starkes Mitgefühl und grenzenlose Güte; eine schnelle Auffassungsgabe; Gelassenheit und Geschick im Handeln; Offenheit und Empfänglichkeit für andere und ihre Bedürfnisse.

Aufschlußreich ist schließlich noch eine der wenigen Stellen, an denen im Abhidhamma Träume erwähnt werden. Insgesamt wird zwischen vier Traumarten unterschieden: Die erste Art von Träumen tritt als Folge organischer oder muskulärer Fehlfunktionen auf. In diesen Träumen spielen starke Körperempfindungen wie Fallen, Fliegen oder Verfolgtwerden eine Rolle. Auch Alpträume gehören in diese Kategorie. Die zweite

Traumart greift auf die Erlebnisse des vergangenen Tages zurück. Solche Träume sind in der Regel recht realistisch. Die dritte Kategorie von Träumen betrifft Ereignisse, die in diesem Moment tatsächlich geschehen. Sie ist dem Jungschen Prinzip der Synchronizität vergleichbar. Die letzte Kategorie besteht aus hellsichtigen Träumen, in denen zukünftige Ereignisse vorausgesehen werden. Wenn ein Arahat träumt, dann handelt es sich immer um einen prophetischen Traum (Van Aung 1972). Auch wenn der Abhidhamma kein formales System der Symboldeutung enthält, war Buddha damit vertraut, die Symbole seines Traumes zu deuten. Unmittelbar vor seiner Erleuchtung hatte er einige sehr lebhafte prophetische Träume, in denen er dieses Ereignis, sein späteres Lehren, seine Schülerschar und den Weg des Buddhismus nach seinem Tod sah.

Der Arahat ist ein erleuchtetes Wesen. Seine Eigenschaften gehören zum Idealtypus fast jeder asiatischen Psychologie. Er bezeichnet den Endpunkt einer schrittweisen Veränderung, die jeder anstreben kann, auch wenn er damit vielleicht nur in geringem Maße Erfolg haben wird. Der Meditierende dürfte also kaum über Nacht zum Heiligen werden, doch mag er durchaus erleben, wie er sich verändert und zunehmend mehr heilsame Bewußtseinszustände erlebt.

Östliche und westliche Psychologie

Fast alle Weltreligionen erkennen im Arahat sofort den Heiligen. Obwohl es diese Möglichkeit in der abendländischen Religion noch gibt, hat die westliche Psychologie sie nie gekannt.

Unterschiedliche Auffassungen von Bewußtsein

Der Arahat stellt für die westliche Psychologie eine Herausforderung dar. Aus abendländischer Sicht übersteigt seine Tugendhaftigkeit jedes Maß. In unserer Gesellschaft und in unserer Psychologie haben wir kein Vorbild für eine derart radikale Bewußtseinsveränderung: Diese Ebene menschlicher Entwicklung übersteigt die Visionen und Ziele der abendländischen Psychologie bei weitem. Darüber hinaus fehlen dem Arahat zahlreiche Wesenszüge, die in der westlichen Psychologie als Unabänderlichkeiten der menschlichen Natur angesehen werden.

Diese Auseinanderentwicklung setzte im Grunde mit dem Beginn der modernen Psychologie ein. Bis zu einem gewissen Grad ist Psychologie Autobiographie: In sie ist die persönliche Geschichte jener Männer verwoben, die sie entwickelten. Freud berichtet in der Einleitung zu *Das Unbehagen in der Kultur* von einem an ihn gerichteten Brief des Dichters Romain Rolland, der Schüler des großen indischen Heiligen Shri Ramakrishna geworden war. Rolland beschrieb das Empfinden von „etwas Unbegrenztem, Schrankenlosem", was ihm als die „Quelle der religiösen Energie" erschien. Freud nannte dieses Gefühl „ozeanisch", räumte seine Verblüffung sowie das Unvermögen ein, dieses ozeanische Gefühl in sich selbst zu entdecken und machte sich dann daran, diese Erfahrung auf eine Weise umzudeuten, die zu seiner Weltauffassung paßte: Er führte sie auf das Gefühl kindlicher Hilflosigkeit zurück, das er als Quelle religiöser Gefühle ansah.

Freud wandte damit ein Schema an, das er zum Verständnis einer völlig anderen Art von Erfahrung als der von Rolland beschriebenen entwickelt hatte, das diese aber offenbar für Freud erträglicher werden ließ. Er vermerkte: „Die Idee, daß der Mensch durch ein unmittelbares, von Anfang an hierauf gerichtetes Gefühl Kunde von seinem Zusammenhang mit der Umwelt erhalten sollte, klingt so fremdartig, fügt sich so übel in das Gewebe unserer Psychologie, daß eine psychoanalytische (...) Ableitung eines solchen Gefühls versucht werden darf."

In den letzten Sätzen dieser Einleitung formulierte Freud eine Auffassung über diesen und andere Aspekte von veränderten Bewußtseinszuständen, die seither viele, wenn nicht gar alle stillschweigend übernommen haben, die zu der von Freud begründeten Richtung der Psychoanalyse zählen: „Beziehungen zu manchen dunklen Modifikationen des Seelenlebens, wie Trance oder Ekstase, lägen hier nahe. Allein mich drängt es, auch einmal mit den Worten des Schillerschen Tauchers auszurufen: ‚Es freue sich, wer da atmet im rosigen Licht'" (das heißt im normalen Wachzustand).

William James hält für die Art, mit der Freud spirituelle Zustände abtut, eine Replik bereit. Auch wenn James hierbei nicht an Freud dachte, hatte er eben diese intellektuelle Haltung vor Augen, als er schrieb:

„Sicherlich sind wir alle im allgemeinen vertraut mit dieser Methode, Geisteszustände zu diskreditieren, gegen die wir eine Antipathie hegen. (...) Medizinischer Materialismus scheint in der Tat eine gute Bezeichnung für die allzusehr auf Vereinfachung gerichtete Denkweise zu sein, die wir gerade betrachten. Medizinischer Materialismus beschließt sein Paulusstudium mit der Feststellung, Paulus sei Epileptiker gewesen und seine Vision auf der Straße nach Damaskus die Entladung einer Beschädigung des Sehzentrums. Er erledigt die heilige Theresa als Hysterika, den heiligen Franz von Assisi als erbmäßig degeneriert. George Fox' Unzufriedenheit mit der Anmaßung seiner Zeit, und seine Sehnsucht nach geistlicher Wahrhaftigkeit behandelt er als Symptom einer Darmverstimmung. (...) Er behauptet, jede solche geistige Überspanntheit ist, wenn man der Sache auf den Grund kommt, nur eine Sache körperlicher Veranlagung (wahrscheinlich Autointoxikation), verursacht durch die Dysfunktion verschiedener Drüsen, die die Physiologie einst entdecken wird" (James 1979, S. 22f.).

Bedenken Sie, wie die westliche Psychologie das spirituelle Leben wertet. Wir leben in einer Kultur, die einer naturwissenschaftlichen Sicht der Welt verpflichtet ist. In ihrem Bemühen, eine empirische Wissenschaft zu sein, hat sich die Psychologie dieser Sicht mit großem Gewinn, aber um einen hohen Preis angeschlossen. Psychologe zu werden heißt dazu erzogen zu werden, spirituellen Entwicklungen gegenüber negativ eingestellt zu sein oder solche Möglichkeiten überhaupt nicht zu bedenken.

Die Folge davon ist, daß zu den kulturellen Tabus, die nur schwer in unser kollektives Bewußtsein treten, das religiöse Erleben gehört. Eine Mitte der 70er Jahre in den USA durchgeführte Meinungsumfrage zum Lebensstandard stellte unter anderem auch die folgende Frage: „Hatten Sie jemals das Gefühl, in unmittelbarer Nähe zu einer großen spirituellen Kraft zu sein, durch die Sie über sich selbst hinausgehoben wurden?" 40 Prozent der Befragten hatten dies mindestens einmal erlebt; 20 Prozent mehrfach und 5 Prozent sagten, es sei häufig geschehen. Fast alle räumten ein, darüber nie mit jemandem – ob Therapeut, Pfarrer, Priester oder Rabbi – gesprochen zu haben. „Sie würden mich für verrückt halten", lautete die Erklärung. Solche Erfahrungen passen weder in das abendländische noch in unser religiöses Weltbild, von dem der Psychologie ganz zu schweigen. Für eine Nation von „heimlichen Mystikern" sind unsere Theorien über die Möglichkeiten des Menschen sehr begrenzt. Unsere Wahrnehmung hat einen kollektiven blinden Fleck.

Unterschiedliche Auffassungen von Realität

Die Menschen jeder Kultur kodifizieren ihre Erfahrungen in den Kategorien ihrer Sprache und erfassen Realität nur so, wie sie sich in diesen sprachlichen Codes darstellt. Jede Kultur bewertet und kategorisiert Erfahrung anders. Der Anthropologe weiß, daß wir durch das Studium eines Codes, der sich von dem unseren unterscheidet, Auffassungen und Aspekte von Realität erkennen können, die sich unserer Weltsicht nicht erschließen.

Jede Kultur hat ein spezielles Vokabular für Lebensbereiche, die für ihre besondere Art, die Welt zu erleben, am wichtigsten sind. In diesem Licht betrachtet, ist es vielsagend, daß das technische Vokabular, das unserer Gesellschaft zur Verfügung steht, um innere Empfindungen zu beschreiben, im wesentlichen eine hochspezialisierte psychopathologische Krankheitslehre ist, während asiatische Kulturen wie beispielsweise Indien ein gleichermaßen detailliertes Vokabular haben, um veränderte Bewußtseinszustände und Stufen der spirituellen Entwicklung zu benennen.

Die Gesellschaft formt das Bewußtsein, bestimmten Normen zu entsprechen, sie begrenzt die Arten oder Kategorien der Erfahrung, die dem einzelnen möglich sind und sie bestimmt, ob ein bestimmter Bewußtseinszustand angemessen oder akzeptabel ist und in einer sozialen Situation mitgeteilt werden kann. Wie Goffman (1986) gezeigt hat, gelten diese Regeln auch für die Psychopathologie in unserer Gesellschaft und auch veränderte Bewußtseinszustände können Gegenstand dieser Einflüsse sein. In der Geschichte des Abendlandes wurden bestimmte veränderte Bewußtseinszustände nicht geduldet – ein Beispiel dafür ist der häretische Gnostizismus im Mittelalter, der zur Inquisition führte. In anderen Zusammenhängen wurden veränderte Zustände befürwortet – ein Beispiel hierfür sind die Exerzitien des Ignatius von Loyola im katholischen Mönchtum.

Unsere normative gesellschaftliche Realität postuliert nur einen Bewußtseinszustand. Da „Wirklichkeit" eine Konvention ist, die durch Übereinkunft für gültig erklärt, gleichwohl aber beliebig ist, kann ein veränderter Bewußtseinszustand eine gegen die Gesellschaft gerichtete, unbotmäßige Art der Existenz sein. Ramanujan (1973) interpretiert eine derart veränderte Wahrnehmung als Ungehörigkeit gegen eine implizite Gesellschaftsordnung, die „das Menschengemachte demaskiert und auflöst. Sie ist ein Gewaltakt gegen allgemein erwartete Loyalitäten, der Zusammenbruch des Vorhersehbaren und Sicheren". Dieses Element des Unvorhersehbaren ist einer der Faktoren, der zur öffentlichen Politik der Zwangseinweisung von Psychotikern geführt hat. Da veränderte Bewußtseinszustände die gesellschaftliche Ordnung auf dieselbe Weise unterminieren könnten, mag diese Angst vor dem Unvorhersehbaren eine der wesentlichen Triebfedern dafür sein, daß in unserer Gesellschaft Substanzen, die veränderte Zustände auslösen – psychedelische Drogen beispielsweise –, unterdrückt werden, aber auch dafür, daß der Meditation mit verbreitetem Mißtrauen begegnet wird.

Das gesellschaftliche Wertesystem, das den Wachzustand zum allein gültigen erklärt und alle veränderten Bewußtseinszustände (mit Ausnahme der Alkohol-Intoxikation) ablehnt oder sanktioniert, hat sich zwar unter den Aspekten von Bruttosozialprodukt und Wirtschaftswachstum als funktional erwiesen, uns aber auch eine Gesellschaft beschert, die im Hinblick auf veränderte Bewußtseinszustände vergleichsweise unbedarft ist. So manche „primitive" und traditionale Gesellschaft ist zwar in materieller Hinsicht nicht so produktiv wie die unsere, weiß aber viel mehr über die Feinheiten des Bewußtseins. Es gibt Kulturen, die einige oder alle ihrer Mitglieder explizit in der Veränderung des Bewußtseins schulen und die zu diesem Zweck eigene „Techniken" ausgebildet haben. Die Buschmänner lernen, sich durch Tanzen in Trance zu versetzen und in diesen Trancezuständen zu heilen (Katz 1973); ein „Krieger" der Yaqui-Indianer schult seine Perzeption auf eine Weise, daß er Botschaften und Naturkräfte verstehen kann, die normalerweise nicht wahrnehmbar sind; die Senoi Malaysias arbeiten systematisch mit Trauminhalten, um in der Gemeinschaft die Harmonie zwischenmenschlicher Beziehungen zu erhalten (Stewart 1969).

Die asiatischen Kulturen haben einen hochentwickelten Wortschatz, um unterschiedliche Grade, Ebenen und Arten meditationsspezifischer Bewußtseinsveränderungen zu beschreiben und gegeneinander abzugrenzen, die wir mit unserer Sprache nur annäherungsweise und plump umschreiben können. Die buddhistische Psychologie kennt acht verschiedene Jhana-Stufen, während unsere Begriffe wie „Sammlung", „Versenkung" und „Trance" – in dieser Verbindung die bestmögliche Annäherung an „Jhana" – die Sache nicht treffen; für die im gleichen System beschriebenen achtzehn Bewußtseinsstufen zum Nirvana kennt unsere Sprache keinerlei Entsprechung. Wir haben zwar das Wort *Nirvana* übernommen, doch ist seine umgangssprachliche Verwendung eine Verzerrung dessen, was es an sich bezeichnet; wir haben den Begriff vereinnahmt und die Erfahrungen, auf die er sich bezieht, dabei völlig ignoriert. Die Erfahrungsgrundlage der östlichen Lehren könnte sich jedoch für unsere Psychologie und unsere Gesellschaft als weitaus folgenreicher erweisen als ihre Begriffe.

Östliche und westliche Psychologien überschneiden sich in manchen Punkten – so in ihrem gemeinsamen Interesse an Prozessen der Aufmerksamkeit oder an der

Natur menschlichen Leidens –, jede befaßt sich aber auch sehr gründlich mit Bereichen und Techniken, die von der anderen übergangen oder nur flüchtig berührt werden. So hat die Psychoanalyse einige Aspekte dessen, was man in Asien „Karma" nennen würde, sehr viel genauer erforscht als jede östliche Psychologierichtung, während diese zahlreiche Techniken zur willentlichen Bewußtseinsveränderung entwickelt und damit ein System zum Umgang mit Realitäten begründet haben, die über das hinausgehen, was unsere moderne Psychologie begrifflich als Geist faßt und auch über das, was wir in unseren normalen Bewußtseinszuständen erfahren.

Psychologien in Ost und West

Nachdem wir die Visionen, Ziele und Mittel der buddhistischen Psychologie beschrieben haben, wollen wir sie aus abendländischer Sicht betrachten. Der westliche Psychologe William James schreibt in seinen *Principles of Psychology*:

„Die Fähigkeit, eine abschweifende Aufmerksamkeit immer wieder willentlich zurückzuholen, ist die wahre Wurzel von Urteilsvermögen, Charakter und Willensstärke. Wer dies nicht kann, ist nicht *compos sui*. Eine Erziehung, die diese Fähigkeit förderte, wäre eine mustergültige Erziehung" (James 1950, S. 424).

James erkannte die Vorteile unverwandter Aufmerksamkeit – der entscheidende Punkt der Meditation –, fügt aber hinzu: „Es ist leichter, dieses Ideal zu beschreiben, als praktische Anweisungen zu geben, wie man es erlangt."

„Eine abschweifende Aufmerksamkeit immer wieder willentlich zurückzuholen" – dies ist das Fundament der Meditation, doch James wußte offenbar nicht, daß es die von ihm empfohlene Unterweisung in den östlichen Psychologien gab. Er war zwar mit einigen Aspekten der östlichen Philosophie vertraut, wußte aber – wie die meisten amerikanischen Psychologen – nichts über ihre Psychologien. Dies ist verständlich, da sie bis vor kurzem nur denen zugänglich waren, die Pali, Sanskrit oder eine der anderen Sprachen lesen konnten, in denen sie geschrieben sind. Hinzu kommt, daß diese Psychologien, selbst wenn sie in westliche Sprachen übersetzt werden, selten als solche erkannt, sondern häufig als religiöse Lehren bezeichnet werden. Wenn frühe Persönlichkeitstheoretiker wie Freud darauf aufmerksam gemacht wurden, lehnten sie sie rundweg ab.

Die meisten Persönlichkeitstheoretiker des Westens aber wissen nicht einmal, daß es östliche Psychologien wie den Abhidhamma überhaupt gibt. Selbst wenn man sie darauf hinweist, werden die meisten höchstwahrscheinlich deren Gültigkeit mit allen möglichen Begründungen bestreiten. Die Behavioristen beispielsweise würden eine Psychologie wie die des Ostens wegen ihrer introspektiven, phänomenologischen Züge ablehnen. Nach behavioristischer Lehrmeinung sind innere Erfahrungen nicht wissenschaftlich erforschbar, weshalb es auch keine Psychologie geben kann, die auf Introspektion gründet.

Der Behaviorismus trug schon in seinen Anfangszeiten Kämpfe mit den Introspektionisten der Titchener-Schule aus, deren Lehrmeinungen denen des Abhidhamma ähnelten: Sie gingen davon aus, daß das Bewußtsein direkt beobachtbar und aus beschreibbaren Einheiten zusammengesetzt sei und die Aufgabe des Psychologen darin bestehe, dessen Bestandteile zu analysieren. Watson (1913) kritisierte die Introspektionisten, die „Bewußtsein" nannten, was früher Seele hieß: „Die Zeit scheint gekommen, da die Psychologie jeden Bezug auf das Bewußtsein aufgeben muß und sich nicht mehr der Illusion hingeben darf, daß sie Bewußtseinszustände zum Gegenstand ihrer Beobachtung macht."

Westliche Psychologen haben östliche Psychologie in aller Regel abgelehnt und nicht verstanden, daß es sich hierbei um *Psychologien* handelt. Statt dessen sahen sie in diesen Lehren selten mehr als verworrene und unklare religiöse Systeme, die einem effektiven und nüchternen Psychologen nichts Wissenswertes zu bieten haben.

Gemeinsamkeiten zwischen den Systemen

Ein Blick auf die am weitesten verbreiteten Modelle seelischer Gesundheit in der abendländischen Psychologie zeigt einige bemerkenswerte Gemeinsamkeiten mit der östlichen Psychologie. George Allport (1968) beispielsweise nennt als Merkmal von Reife oder seelischer Gesundheit unter anderem realistische Wahrnehmung, Selbst-Akzeptanz oder Zufriedenheit mit sich, Mitgefühl und Wärme. Insofern sind diese beiden Systeme leicht miteinander zu vereinbaren. Allports Betonung einer starken Ich-Identität unterscheidet sich jedoch drastisch vom buddhistischen System. Der Buddhismus geht z. B. davon aus, daß es kein unwandelbares

Selbst gibt, daß das Ich als solches eine Illusion ist. Hierin liegt der wichtigste Unterschied zwischen beiden.

Oder denken wir an Erik Eriksons (1987) letzte der acht Phasen im Lebenszyklus. Zu ihren Merkmalen gehören ein Sich-Anpassen an die Lebensumstände sowie das Fehlen von Groll und Furcht (vor allem vor dem Tod). Auch dies kollidiert nicht mit dem Buddhismus – bis Erikson Ich-Integrität hinzufügt, die Verteidigung der eigenen Lebensform, die Verteidigung eines Selbstbewußtseins. Wenn es jedoch kein beständiges und unveränderliches Selbst gibt, was gibt es dann zu verteidigen?

Eine engere Parallele zu den Eigenschaften des Arahat weist in der abendländischen Psychologie auch Abraham Maslows (1971) sich selbst verwirklichender Mensch auf, der die Realität klar wahrnimmt und sich durch Spontaneität, Distanz (Beziehungen sind nicht klammernd, grenzverletzend oder besitzergreifend) sowie Unabhängigkeit von Schmeicheleien, Kritik und Leidenschaft auszeichnet.

Ähnlichkeiten lassen sich auch feststellen, wenn wir Ernest Beckers Beschreibung des „Charakterpanzers" lesen:

„Dadurch werden ... Menschen, wie Reich erkannte, auffällig starr, als trügen sie tatsächlich einen Panzer. Er macht sie völlig unerreichbar für Meinungen, bei denen sie entschieden haben, daß es sich nicht lohnt, sie zu vertreten oder die zu bedrohlich sind, um vertreten zu werden. Er trennt sie hermetisch von anderen, die es wagen, in seine Welt einzudringen und sie durcheinanderzubringen, selbst wenn dieses Durcheinanderbringen mit Freundlichkeit und Liebe geschieht. Liebe öffnet den Menschen, reißt Barrieren ein, läßt die Beziehung zwischen Menschen beidseitig werden. Mit einem Wort, durch Liebe wird die Beziehung der Kontrolle der gepanzerten Person entzogen. Leben kostet Kraft, einfach weil es Kraft kostet, ohne Panzer dazustehen, ausgeliefert, offen für die Bedürfnisse anderer" (Becker 1969, S. 83f.).

Dies ist natürlich die Haltung des Arahat: ohne Panzer und offen für die Bedürfnisse anderer. Hier gibt es, was den Idealtypus von „seelischer Gesundheit" angeht, Überschneidungen mit dem Buddhismus.

Eine bemerkenswerte Parallele findet sich in einem Aufsatz, den Franz Alexander (1941) vor knapp fünfzig Jahren verfaßt hat. Er trägt den unglücklich gewählten Titel „Buddhistische Unterweisung als künstliche Katatonie". Alexander hatte, bevor er in die Vereinigten Staaten kam, in den 30er Jahren am Psychoanalytischen Institut in Berlin gearbeitet und dort Zugang zu buddhistischen Schriften gehabt, die aus dem Pali ins Deutsche übersetzt worden waren. Im Gegensatz zu Freud befaßte er sich eingehend mit diesen Texten und war, anders als die meisten westlichen Psychologen, fasziniert von dem, was er dort fand. Er erfuhr, daß zu den ersten Stufen der Meditation eine asketische Entsagung oder Abkehr von der Welt gehört und schloß daraus in psychoanalytischen Begriffen: „Diese symptomatische Unterdrückung des emotionalen Lebens ist im Grunde der Abzug der Libido von der Welt, um sie dann in einem ‚sadistischen Wahn', in dem jeder von uns – klinisch gesehen – die Melancholie erkennt, auf den Körper zu lenken."

Er interpretierte mit anderen Worten die erste Stufe zunehmenden Hellblicks als Schwermut. Über die meditative Versenkung schrieb er:

„Der Körper des Betreffenden, sein ganzer Körper, wird zum einzigen Gegenstand. Dieses Gefühl der Freude, der Sinnlichkeit aller Organe, Gewebe und Zellen, dieses Vergnügen, das ganz losgelöst ist von den Genitalien, dieser den ganzen Körper durchströmende Orgasmus, ist ein Zustand, den wir schon beschrieben haben – der des Schizophrenen in katatoner Ekstase."

Nach Alexander bewegt man sich in der Meditation von der Schwermut zur Katatonie. Der nächste Schritt besteht dann in einer ständigen Abnahme des Gefühls von Freude, was mit einem langsamen Abgleiten in einen apathischen Zustand einhergeht – das Stadium des Unbeteiligtseins.

Das letzte Stadium ist für ihn gleichbedeutend mit völliger geistiger Leere und Einförmigkeit. Er schließt mit einem Kommentar über das Nirvana: „Hierin erkennen wir unschwer die letzte Stufe der Schizophrenie – *schizophrenia dementia.*"

Trotz seiner psychoanalytischen Sichtweise ist Alexanders Haltung nicht ablehnend. Er stellte vielmehr bemerkenswerte Ähnlichkeiten zwischen dem Verlauf der Einsichtsmeditation einerseits und einer guten Psychoanalyse andererseits fest. Den Endpunkt buddhistischer Versenkung interpretierte er als einen Versuch, psychisch in den Zustand der intrauterinen Existenz zu regredieren. Der Weg ins Nirvana, schreibt er, läßt sich mit einem Film vergleichen, den man rückwärts laufen läßt. Er meinte, daß die Stufen der Hellblick-Meditation die kognitive Entwicklung im Grunde Schritt für Schritt bis in die Kindheit zurückdrehen, ein Gedanke, den später Daniel Brown (1977) systematischer entwickelt hat.

Schließlich wies er auf die verblüffenden Ähnlichkeiten zwischen Psychoanalyse und buddhistischer Lehre hin, das heißt auf das Überwinden wirksamer Widerstände sowie des Narzißmus, was es ermöglicht, sich an das Vergangene zu erinnern, ohne es in einer Regression ständig wiederholen zu müssen.

Alexander erkannte, daß sich der freudianische und der buddhistische Ansatz in gewisser Hinsicht sehr ähnlich sind. Freud spricht an einer Stelle von der Aufmerksamkeit des Analytikers als „gleichschwebender Aufmerksamkeit".

Seine Beschreibung, was für eine Art von Aufmerksamkeit dies sei, erinnert stark an die Meditation der Achtsamkeit oder des Hellblicks. Freud schreibt nämlich, es bedeute lediglich, „sich nichts besonderes merken zu wollen und allem, was man zu hören bekommt, die nämliche gleichschwebende Aufmerksamkeit (...) entgegenzubringen". In diesem Sinne könnte man die Psychoanalyse als interpersonale Einsichtsmeditation bezeichnen: Der Patient bringt den Strom des Bewußtseins hervor, der Analytiker ist der Beobachter – von ihm kommt die einsichtsvolle, gleichschwebende Aufmerksamkeit.

Hier allerdings enden die Ähnlichkeiten der Techniken. In der Analyse durchläuft der Betreffende nicht die Stufen der Einsicht, die der Abhidhamma beschreibt. Dies würde als Abwehr gewertet werden. Aus der Sicht des buddhistischen Modells dagegen bleiben Psychoanalyse und Psychotherapie auf der untersten Einsichtsstufe stecken. Sie wenden sich niemals der Weiterentwicklung zu, die die buddhistische Lehre fordert, um das Bewußtsein dauerhaft zu verändern.

Begegnungen zwischen Westen und Osten:
Ein kurzer Ausflug in die Geschichte

Die asiatische Psychologie hat mehr als zwei Jahrtausende überdauert und sich somit als überaus langlebig erwiesen; verglichen damit sind unsere westlichen Persönlichkeitstheorien sehr jung. Praktisch jedes östliche Meditationssystem, das in den Westen verpflanzt wurde – Transzendentale Meditation, Zen und dergleichen –, basiert auf der asiatischen oder einer ihr ähnlichen Psychologie. Aber auch schon vor dieser jüngsten Welle gab es Berührungen zwischen dem Westen und der östlichen Psychologie.

Seit den Zeiten der Griechen und Römer wurden Denker des Abendlandes von östlichen Philosophien beeinflußt. Alexander (356–323 v. Chr.) und seine Heere hatten ein Reich begründet, das bis nach Nordindien reichte und auf den Seidenstraßen, die durch Eurasien führten, kamen auch Techniken und Gedanken in den Westen. Einer der ersten Philosophen, dessen Denken enge Verbindungen zu den psychologischen Ansichten östlicher Denker seiner Zeit aufwies, war Plotin (205–270 n. Chr.), ein Ägypter römischer Herkunft, der 242 nach Persien und Indien reiste, um die dortigen Philosophien zu studieren. Seine Gedanken sollten noch Jahrhunderte später die christlichen Mystiker beeinflussen. Er skizzierte eine Erfahrungswelt jenseits der Begrenzungen einer sinnlich erfahrbaren Realität, verglichen mit der die normale Welt eine Illusion war. Seine Theorie lautete, der Mensch könne ein höheres Maß an Vollkommenheit erlangen, indem er seine „Seele" – das heißt das Gewahrsein, das über die Sinne wahrnimmt, nicht aber die Sinne selbst – von seinem

Körper trennt. Wenn er so die Wahrnehmung seiner selbst sowie der von Zeit und Raum transzendiert, erfährt er in einem Zustand der Ekstase den „Unbegreiflichen Einen". Plotins Beschreibung der Ekstase stimmt völlig mit klassischen indischen Lehrbüchern wie Patanjalis *Yoga Sutra* überein, in dem es heißt, wer die üblichen Beschränkungen des Körpers, der Sinne und des Geistes transzendiere, werde einen veränderten Zustand der ekstatischen Vereinigung mit Gott erlangen. Diese Lehre wurde Teil der christlichen Psychologie, und taucht in der einen oder anderen Form auch in den Schriften des Hl. Antonius, des Johannes vom Kreuz sowie Meister Eckhardts auf, um nur einige zu nennen.

Mit dem Aufkommen der Naturwissenschaften geriet die abendländische Wissenschaft und mit ihr die Philosophie zunehmend unter den Einfluß des Positivismus. Für progressive Denker verloren die mystischen Aspekte des Denkens – wenn nicht gar Religion überhaupt – jede Anziehung. Die westliche Psychologie gründet im Positivismus, und die frühen Psychologen interessierten sich in der Regel für andere Dinge als für die Mystiker des Ostens. Im 19. Jahrhundert übte das östliche Denken weniger Einfluß auf die sich etablierende Psychologie aus als auf Philosophen und Dichter. So sind die Schriften von Transzendentalisten wie Emerson und Thoreau oder die Gedichte Walt Whitmans mit Begriffen und Vorstellungen des Ostens regelrecht gespickt. William James, der berühmteste amerikanische Psychologe des letzten Jahrhunderts, interessierte sich sowohl für die östlichen wie die westlichen Religionen. Er freundete sich mit dem indischen Swami Vivekananda an, der 1893 beim ersten Weltkongreß der Religionen gesprochen hatte und danach die Vereinigten Staaten bereiste. James war fasziniert von Religion und Okkultem; sein Buch *Die Vielfalt religiöser Erfahrung* (1979) ist noch heute ein Klassiker der Religionspsychologie. Das östliche Denken ist zum überwiegenden Teil religiös; die naturwissenschaftliche Orientierung der modernen Psychologie hat dazu geführt, daß sich die meisten westlichen Psychologen nicht um die Lehren ihrer Kollegen im Osten kümmerten.

Wenn einige westliche Psychologen sich dennoch mit östlichen Theorien befaßten, dann darum, weil sie Erfahrungen behandeln, die unsere Theoretiker fast völlig übergangen haben. Ein gut dokumentierter Fall ist der des kanadischen Psychiaters R. M. Bucke, der während einer Englandreise im Jahre 1872 ein solches Erlebnis hatte:

„Es war Nacht; er hatte zusammen mit zwei Freunden Wordsworth, Shelley, Keats, Browning und insbesondere Whitman gelesen. Sie hatten sich gegen Mitternacht getrennt, und er war im offenen Wagen allein in die Nachbarstadt zurückgefahren. Noch ganz unter dem Eindruck des Gelesenen und der von der Lektüre angeregten Gespräche stehend, befand er sich gleichwohl in einem Zustand friedvoll heiterer Gelöstheit. Da geschah es: Völlig unvermittelt fühlte er sich von so etwas wie einer flammenden Wolke erfaßt. Im ersten Augenblick dachte er an eine plötzliche Feuersbrunst in der Stadt, doch dann erkannte er, daß dieses gleißende Licht aus seinem eigenen Innern hervorgebrochen war. Von Frohlocken gewiegt, von Seligkeit durchflutet, erfuhren seine Verstandeskräfte jene totale Durchlichtung, die mit Worten unmöglich wiederzugeben ist" (Bucke 1988, S. 21 f.).

Später sagte Bucke, er habe mit diesem Erlebnis einen kurzen Blick auf das „kosmische Bewußtsein" geworfen, ein Begriff, den der amerikanische Dichter Walt

Whitman aus der indischen Vedanta-Philosophie entlehnt hatte und den Bucke nun seinerseits übernahm. Bucke war, als er zur Deutung seiner ungewöhnlichen psychischen Verfassung auf ein östliches Konzept zurückgriff, einer der ersten, die sich nach Osten wandten, um Facetten des Bewußtseins zu verstehen, über die westliche Psychologien wenig zu sagen wußten. Zu Buckes Zeiten verfügte die Psychologie – mit Ausnahme der Psychopathologie – über keinerlei Namen für Zustände wie den, den er in jener Nacht erlebt hatte. Das heutige Interesse an östlichen Psychologien mag auch darauf zurückzuführen sein, daß immer mehr Menschen veränderte Zustände wie Bucke erleben, mit denen sich die westlichen psychologischen Theorien nicht befassen. Unsere moderne Psychologie weiß wenig über solche Zustände – seien sie nun durch Drogen, Meditation oder anderes ausgelöst –, in denen die Erfahrungen desjenigen schwingen, der sie erlebt. Viele östliche Psychologien bieten Möglichkeiten zum Verständnis veränderter Zustände, die diesen oftmals verwirrenden Erfahrungen Sinn verleihen können.

Unter den modernen Persönlichkeitstheoretikern dürfte C. G. Jung mit dem Bereich der östlichen Psychologien am vertrautesten gewesen sein. Jung war eng mit dem Indologen Heinrich Zimmer befreundet und selbst ein Experte auf dem Gebiet des Mandala, einem zentralen und weitverbreiteten Motiv der religiösen Kunst Asiens. Jung schrieb Vorworte zu Büchern des Zen-Gelehrten D. T. Suzuki (1974) und Richard Wilhelm, der das chinesische I Ging und andere Tao-Schriften übersetzt hatte. Er kommentierte auch Evans-Wentz' Übersetzungen *Der geheime Pfad der Großen Befreiung* (1978) und *Das Tibetanische Totenbuch* (1980), zwei wichtige psychologische Werke des tibetischen Buddhismus. Jungs Freund und Nachbar Hermann Hesse verbreitete das östliche Denken durch seine Romane *Siddhartha* und *Die Morgenlandfahrt*. Jung stieß durch sein intensives Studium der östlichen Religionen in Bereiche vor, die einer positivistischen Wissenschaft fremd waren. Obwohl er vor den Gefahren warnte, die einen Menschen des Westens erwarten, der sich von östlichen Lehren überwältigen läßt, bilden seine Bücher eine wichtige Brücke zwischen den Psychologien des Ostens und des Westens.

C. G. Jungs Werk beweist, daß er über östliche Psychologien viel besser informiert war als Freud. Trotz seiner Vertrautheit mit den Psychologien des Ostens übte Jung an Europäern, die diese Lehren auf sich beziehen wollten, scharfe Kritik. Ihm schien es allzu einfach, in einer Faszination für die exotischen Formen des Ostens den eigenen Problemen zu entfliehen:

„Man tut ja alles, auch das Absurdeste, um der eigenen Seele zu entgehen. Man betreibt indischen Yoga jeglicher Observanz, beobachtet Speisegebote, lernt Theosophie auswendig, betet mystische Texte der ganzen Weltliteratur nach – alles, weil man mit sich selbst nicht auskommt und weil einem jeglicher Glaube fehlt, daß aus der eigenen Seele irgend etwas Nützliches kommen könnte" (Jung 1972, S. 123).

Jung, der die östlichen Psychologien eingehend studiert hatte, mißbilligte jeden Versuch, sich ihnen mit einem anderen Interesse als dem des Gelehrten zu widmen. Möglicherweise wollte er damit Kritik an seinen eigenen Theorien und Methoden unterbinden. Denn einige seiner Zeitgenossen hielten seine Art der Beschäftigung mit der menschlichen Psyche und seine Verwendung von Mandalas, des I Ging und anderer Hilfsmittel für nicht weniger verrückt als jeden x-beliebigen östlichen Mystiker. Jung konterte, ziemlich gereizt:

„Ich möchte solche Leute bei ihren Lieblingsbeschäftigungen keineswegs stören; wenn aber jemand, der ernst genommen werden will, ebenso verblendet ist und meint, daß ich Yogamethoden und Yogalehren anwende, womöglich Mandalas zeichnen lasse, um meine Patienten auf den ‚richtigen Punkt' hinzuführen, dann muß ich Protest erheben und diesen Leuten vorwerfen, daß sie meine Schriften mit einer geradezu sträflichen Unachtsamkeit lesen" (Jung 1972, S. 125).

Jungs Ablehnung nährte sich auch aus seinem Verständnis von Religion. Für ihn entstehen Religionen als eine Begegnungsmöglichkeit des Menschen mit den Archetypen – jenen Potentialen des Handelns und Denkens, die in der Struktur der menschlichen Seele liegen. Er sah in den östlichen Religionen eine höhere Entwicklung verkörpert, die die Reife der uralten Kulturen Asiens widerspiegelte. Europa und seine Glaubenssysteme waren jünger und daher weniger differenziert. Ähnlich wie ein Mensch jede Entwicklungsstufe durchlaufen muß, um zur höchsten Reife zu gelangen, trifft dies auch auf jede Kultur zu. Es sei für Europäer keineswegs natürlich, sich Lehren wie dem Yoga zuzuwenden, da diese Methoden eine Geschichte und Erfahrung widerspiegelten, die spezifisch östlich seien.

Jung verwarf das Ziel östlicher Psychologien nicht, er fand ihre Methoden lediglich ungeeignet für den abendländischen Geist. Er interpretierte den veränderten Bewußtseinszustand, den ein Yogi in der Trance (oder Samadhi) anstrebt, als Versenkung in das kollektive Unbewußte, in die tiefste Schicht der Seele und den Bereich der Archetypen. Er glaubt, seine eigene Methode der Individuation führe zum gleichen Ziel: der Verschiebung vom Ich zum Selbst. In seinem Aufsatz „Yoga und der Westen" zollt Jung dieser östlichen Psychologie seinen Respekt, kann sie jedoch als Methode für den Westen nicht gutheißen: „Ich sage, wem ich kann: ‚Studieren Sie den Yoga. Sie werden unendlich viel daraus lernen, aber wenden Sie ihn nicht an, denn wir Europäer sind nicht so beschaffen, daß wir diese Methoden ohne weiteres richtig anwenden könnten'" (1963, S. 576). Anstatt ein ungeeignetes Yoga aus dem Osten zu übernehmen, sollten wir den eigenen Weg finden:

„Anstatt die geistigen Techniken des Ostens auswendig zu lernen und sie in einer durchaus christlichen Art mit entsprechend forcierter Einstellung zu imitieren – imitatio Christi! –, wäre es viel wichtiger herauszufinden, ob im Unbewußten eine introvertierte Tendenz existiert, die dem führenden geistigen Prinzip des Ostens ähnlich ist. Wir wären dann in der Lage, auf unserem Boden und mit unseren Methoden aufzubauen" (Jung 1963, S. 520).

Die gewachsene Verbreitung östlicher Psychologien im Westen zeigte sich auch an dem Einfluß, den sie beispielsweise auf ganzheitliche Theorien wie die von Angyal und Maslow ausübten, auf die Humanisten Buber und Fromm, den Existentialisten Boss sowie die Bewegung der sogenannten „transpersonalen Psychologie" (Tart 1978). Maslow beispielsweise befaßte sich eingehend mit östlicher Literatur und sowohl Buber als auch Fromm und Boss hatten ihre eigenen Begegnungen mit östlichen Lehrern. Buber kannte die Schriften der Chassidim, der jüdischen Mystiker. Fromm suchte über viele Jahre den Dialog mit buddhistischen Lehrern; die Mitautoren seines Buches *Zen-Buddhismus und Psychoanalyse* sind D.T. Suzuki, Zen-Praktizierender und Gelehrter sowie der Theologieprofessor Richard DeMartino.

Medard Boss, der einflußreiche Schweizer Existentialist, wurde eingeladen, in Indien Vorlesungen über Psychoanalyse zu halten, wo sich ihm die Möglichkeit bot, indische Heilige kennenzulernen. Ihm schien, daß westliche Therapien keine derart erhellenden Einsichten vermitteln konnten, die mit östlichen Methoden vergleichbar gewesen wären; er suchte Hilfe bei den Lehren Indiens. Boss traf Europäer, die sich das Mönchs- oder Nonnengewand übergeworfen hatten, doch sie konnten ihn wenig beeindrucken; sie hatten, so meinte er, ihre begrenzte Ichhaftigkeit mit indischen Weisheitsformeln aufgebläht, waren aber unverändert geblieben, da sie diese Lehren nicht wirklich in der Tiefe ihres Herzens aufgenommen hatten. Die indischen Weisen hingegen, die er kennenlernte, beeindruckten ihn zutiefst:

„Doch da war andererseits das hohe Vorbild der Weisen und Heiligen selber, jeder einzelne von ihnen ein lebendiger Beweis für die Möglichkeit menschlicher Gesundung und Reifung bis zu einem unstörbaren inneren Frieden, einer glückhaften Freiheit von Angst und Schuld und einer abgeklärten, selbstlosen Güte und Gelassenheit. ... So sehr ich auch das wache Leben der Heiligen beobachtete, so bereitwillig sie mir Auskunft über ihre Träume gaben, ich vermochte bei den Besten von ihnen weder die Spur einer selbstsüchtigen Handlung, noch irgendwelcher verdrängten oder wissentlich geheim gehaltenen Schattenseiten zu entdecken" (Boss 1987, S. 253f.).

Boss gewann aus diesen Begegnungen die Überzeugung, daß angesichts der Lehren und des Verhaltens der östlichen Meister die Methoden und Ziele der westlichen Psychotherapie unzulänglich waren. Verglichen mit der von der östlichen Lehre geforderten Leistung an eigener Läuterung, „ist jedoch selbst die beste westliche

Lehranalyse nicht viel mehr als ein Propaedeutikum". Dennoch glaubte Boss, daß die westlichen „Yogis", die ihn so enttäuscht hatten, ausnahmslos von einer Psychoanalyse als Vorbereitung für ihre weitere Schulung in den östlichen Lehren profitiert hätten. Der italienische Psychiater Roberto Assagioli würde sich Boss' Einschätzung der Beziehung zwischen westlichen Therapien und östlichen Lehren anschließen. Assagiolis „Psychosynthesis" (1978) arbeitet mit einem breitgefächerten Spektrum therapeutischer Methoden, die mit der Beschäftigung mit den körperlichen Problemen eines Menschen – insbesondere psychosomatischen Leiden – beginnt, sich dann seinen psychischen Störungen widmet und schließlich in spirituellen Übungen gipfelt.

Alan Watts ist zwar selbst kein Psychologe, trug aber viel dazu bei, östliche Lehren bei westlichen Psychologen bekannter zu machen, indem er an zahlreichen medizinischen Hochschulen, Krankenhäusern und psychiatrischen Anstalten Vorträge hielt und einige Bücher schrieb (vgl. Watts 1986). Watts erkannte, daß das, was er „östliche Befreiungswege" nannte, der westlichen Psychotherapie insofern ähnelt, als es bei beiden darum geht, die Gefühle des Menschen sich selbst gegenüber und sein Verhältnis zu anderen und zur Natur zu verändern. Westliche Therapeuten befassen sich meist mit gestörten, östliche Lehren dagegen mit normalen, sozial angepaßten Menschen. Dennoch sah Watts, daß die Ziele der Befreiungswege den Therapiezielen einiger westlicher Therapeuten entsprachen, insbesondere Jungs Individuation, Maslows Selbstaktualisierung, Allports funktionaler Autonomie und Adlers kreativer Erfüllung der eigenen Person.

Etwa zehn Jahre nach Erscheinen von Watts Buch, das östliche Schulen und westliche Therapien verglich, erschien postum ein Sammelband von Abraham Maslow (1971), in dem er Watts Arbeit indirekt einen Schritt weiter führte. Etwa ein Jahr vor seinem Tod hatte Maslow einen schweren Herzanfall. Nachdem er sich von dieser Konfrontation mit dem Tod erholt hatte, machte er sich daran, seine wichtigsten Beiträge zur Individualpsychologie zu ordnen und neu zu überdenken. Ergebnis dieser Arbeit war unter anderem ein Aufsatz mit dem Titel „Theorie Z", in dem er von einer Art Gesundheit sprach, die „menschlicher" sei als alles, was er bis dahin beschrieben hatte. Seine „selbstverwirklichenden Grenzerfahrer" erinnern an das Ideal des kerngesunden Menschen der asiatischen Psychologien. Auch wenn sich Maslow auf keinen bestimmten östlichen Psychologen als Quelle seines Denkens beruft, sind seine Ausführungen mit zahlreichen östlichen Begriffen durchsetzt; so bezeichnet er den Therapeuten auf der Ebene der Z-Theorie als „taoistischen Führer", „Guru", „Boddhisattva" und „Zadik", ausnahmslos Namen, mit denen östliche Traditionen Weise oder Heilige bezeichnen. Es ist fast sicher, daß Maslow seine neue Theorie der Gesundheit eigenständig erarbeitet und Versatzstücke östlicher Psychologien nur dort eingeflochten hat, wo sie zu seinem eigenen Denken paßten. Unwahrscheinlich ist es dagegen, daß er sich eingehend mit einer der östlichen Lehren befaßt hat.

Derselbe Sammelband enthält auch einen Aufsatz, in dem Maslow davor warnt, die „Grenzerfahrungen" zum Selbstzweck zu machen oder sich in romantischer Suche von der Welt abzuwenden: „Die große Lehre der wahren Mystiker lautet, daß das Heilige im Profanen ist, daß man es im Alltagsleben finden kann, im Nachbarn, den Freunden und der Familie, im eigenen Hinterhof, daß Reisen eine Flucht sein kann vor der Begegnung mit dem Heiligen – diese Lehre wird leicht übersehen." Auch hier bezieht er sich auf die östlichen Psychologien, indem er sowohl den Wert wie auch die harte Arbeit erwähnt, die für das erforderlich ist, was er als „Plateau-Erfahrung" bezeichnet:

„Das Erleben des Plateaus kann durch harte Arbeit erlangt, erlernt, verdient werden. ... Ein kurzer Blick darauf ist sicher in den Grenzerfahrungen möglich, das jeder einmal erleben mag. Doch den Wohnsitz auf dem Plateau aufzuschlagen ..., ist etwas völlig anderes. Das pflegt ein lebenslanges Streben zu sein" (Maslow 1971, S. 348 f.).

1969 gründete Anthony Sutich, ein enger Mitarbeiter Maslows, eine psychologische Fachzeitschrift, die sich der Erforschung der von Maslow beschriebenen Begriffe widmen sollte. Sutichs *Journal of Transpersonal Psychology* wurde zum Forum für Psychologen, die ähnliche Interessen wie Maslow hatten; hier erschien auch sein Aufsatz „Theorie Z". Maslow war sowohl Gründungsmitglied als auch Mitherausgeber der Zeitschrift. Die Psychologen, die sich der transpersonalen Psychologie verbunden fühlten, waren durchaus bereit, sich mit östlichen Psychologien zu beschäftigen und dort auch Anleihen zu machen. In der ersten Nummer des *Journal* (1969) umriß Sutich die breitgefächerten Interessen der transpersonalen Psychologie:

„Transpersonale Psychologie ist der Name für eine im Bereich Psychologie neu auftauchende ‚Kraft'; die Gruppe von Psychologen ... ist an jenen übergreifenden menschlichen Fähigkeiten und Möglichkeiten interessiert, die sich weder in die positivistische bzw. behavioristische Theorie („erste Kraft') noch in die klassische psychoanalytische Theorie („zweite Kraft'), noch in die humanistische Psychologie („dritte Kraft') systematisch einordnen lassen. Sie sich neu entwickelnde ‚transpersonale Psychologie' („vierte Kraft') befaßt sich ganz speziell mit dem empirischen wissenschaftlichen Studium ... der Grundwerte, des All-Bewußtseins, der Gipfelerlebnisse, der Ekstase, des mystischen Erfahrungsbereichs, des Numinosen, des Seins, der Selbstverwirklichung, des Essentiellen, der Seligkeit, des Wunders, des letztgültigen Sinns, der Transzendierung des eigenen Ichs, des spirituellen Bereichs, des Einsseins, der kosmischen Bewußtheit ... sowie der wechselseitig aufeinander bezogenen Vorstellungen, Erfahrungen und Aktivitäten" (zit. in: Tart 1978, S. 9).

Charles Tart, einer der wichtigsten Wissenschaftler auf dem Gebiet der veränderten Bewußtseinszustände, stellte 1976 mit *Transpersonale Psychologie* eine richtungweisende Sammlung östlicher Theorien zusammen. Tart weist darauf hin, daß die östlichen Psychologien nicht von den gleichen Annahmen ausgehen wie die westlichen und somit auch nicht den gleichen Begrenzungen unterliegen:

„Die orthodoxe westliche Psychologie hat sich nur in recht unzulänglicher Form mit der spirituellen Seite der Natur des Menschen befaßt; sie hat deren Existenz entweder überhaupt geleugnet oder sie mit dem Etikett ‚pathologisch' versehen. Dabei ist die Agonie unserer Zeit doch zum großen Teil die Folge eines spirituellen Vakuums. Unsere Kultur und unsere Psychologie haben die spirituelle Natur des Menschen verdrängt, aber sie haben für den Versuch einer derartigen Unterdrückung einen ungeheuren Preis bezahlen müssen. Wenn wir zu uns selbst, das heißt zu den spirituellen Aspekten unseres Seins finden wollen, dann ist es für uns unerläßlich, uns mit denjenigen Psychologien zu befassen, die sich mit diesen Aspekten auseinandergesetzt haben" (Tart 1978, S. 14f.).

Tart ist auch der Meinung, daß spirituelle Erfahrungen und veränderte Bewußtseinszustände zusammenhängen. Da die östlichen Psychologien uns helfen, solche veränderten Zustände vorherzusagen oder zu kontrollieren, sind auch diese Psychologien zustandsspezifische Wissenschaften, das heißt Theorien, die sich auf bestimmte Bewußtseinszustände beziehen und für sie Gültigkeit haben. Tart wollte mit seiner Darstellung der transpersonalen Psychologien Asiens keinesfalls einer unkritischen Übernahme durch die westlichen Psychologien das Wort reden, sondern betrachtete sie als Orientierungshilfen für unsere eigenen Bestrebungen. Er ist der Überzeugung, daß wir das östliche Denken nutzen können, um mit ihm – im Einklang mit den modernen empirischen Wissenschaften – zu einem umfassenderen Verständnis der spirituellen Bereiche und des veränderten Bewußtseins zu gelangen. Warnend fügt er jedoch hinzu:

„Ich habe keinen Zweifel daran, daß es viele religiöse Schriften gibt, die wertvolle Informationen und Weisheiten enthalten, und ich bin auch sicher, daß viele spirituelle Lehrer uns Dinge zu sagen haben, die für uns von höchstem Wert sind, aber selbst die bedeutendsten spirituellen Lehren müssen dem Weltbild derjenigen Menschen angepaßt werden, denen man sie anbietet, wenn diese sie wirklich mit ganzer Seele aufnehmen sollen" (Tart 1978, S. 96).

Tart hofft, in Zukunft werde „das Beste unserer wissenschaftlichen Tradition in das ungeheure (in seiner Tiefe von der Wissenschaft nicht ausgelotete) Potential [integriert], das wir als die spirituellen Möglichkeiten des Menschen bezeichnen können".

Die differenziertesten Verknüpfungen zwischen westlicher und östlicher Psychologie finden sich heute bei europäischen und amerikanischen Forschern, die mit den östlichen Weisheitslehren selbst Erfahrungen gesammelt und diese Erkenntnisse mit den psychologischen Systemen des Westens in Verbindung gebracht haben. Richtungweisend hierfür ist der Sammelband *Psychologie der Befreiung* (1988) mit Beiträgen von Ken Wilber, Jack Engler, Daniel P. Brown und Mark Epstein. Diese Arbeiten bringen die wichtigsten Entwicklungsrichtungen der klinischen Psychologie des Westens und die Theorien des Ostens zusammen und zeigen, daß sie zu einer sich ergänzenden Sicht menschlicher Möglichkeiten zusammengefügt werden können. Dieses Buch markiert den Beginn einer neuen Ära des Austauschs zwischen den Psychologierichtungen, in der sich die beiden Denktraditionen mit gegenseitigem Respekt und Verstehen begegnen.

Meditation: Forschung und praktische Umsetzung

Meditation und Streß

Als ich 1971 in Indien war, lernte ich indische Yogis, tibetische Lamas und buddhistische Mönche kennen. Die entspannte Freundlichkeit, Offenheit und Wachheit dieser Männer und Frauen beeindruckte mich tief. Sie alle waren Menschen, mit denen ich mich wohl fühlte. Beim Abschied schien mir jedesmal, daß ich von ihnen etwas bekommen hatte.

In ihrem Glauben und ihrer Geschichte unterschieden sie sich gravierend, ihre Gemeinsamkeit war die Meditation. Dann lernte ich S. N. Goenka kennen, einen Lehrer, der nicht Mönch, sondern Industrieller und früher einer der reichsten Männer Burmas war. Obwohl er großen Erfolg hatte, erfuhr Goenka, daß sein hektisches Leben seinen Preis in Form täglicher Migräneanfälle forderte. Behandlungen in europäischen und amerikanischen Krankenhäusern konnten diese Kopfschmerzen nicht beheben. Als alle anderen Versuche gescheitert waren, wandte er sich der Meditation zu. Bereits drei Tage nach seiner ersten Anleitung war die Migräne verschwunden.

In den 60er Jahren kam es in Burma zu einem Militärputsch. Die neue sozialistische Regierung beschlagnahmte Goenkas gesamten Besitz, so daß er praktisch keinen Pfennig mehr besaß. Er wanderte nach Indien aus, wo er mit Hilfe alter Geschäfts- und Familienbeziehungen eine neue Existenz gründete. Während die neue Firma langsam aufblühte, bereiste er Indien und hielt zehntägige Meditationskurse ab. Innere Kraftreserven erlaubten es ihm, zwei Berufe zugleich auszuüben: Meditationslehrer und Geschäftsmann. Sein Beispiel öffnete mir die Augen dafür, daß man nicht Mönch sein muß, um zu meditieren. Die körperlichen Auswirkungen der Meditation lassen sich von ihrem klösterlichen Umfeld trennen.

Als ich von Indien nach Harvard zurückkam, erfuhr ich, daß der Psychologe Gary Schwartz mit einer Studie über Meditation begonnen hatte. Er stellte fest, daß Meditierende über ein sehr viel niedrigeres tägliches Anspannungsniveau berichten als Nichtmeditierende. Zudem litten sie seltener unter psychischen oder psychosomatischen Erkrankungen wie Erkältungen, Kopfschmerzen und Schlaflosigkeit.

Meine eigenen Erfahrungen und diese Forschungsergebnisse schienen zu bestätigen, daß Meditierende den Wechselfällen des Lebens gewachsen sind, gut mit dem täglichen Streß zurechtkommen und nicht so viele unangenehme Folgen davontragen. Mit Schwartz als Doktorvater plante ich eine Studie darüber, wie Meditieren zur Streßbewältigung beiträgt.

In unser physiologisches Labor kamen zwei Gruppen von Freiwilligen: Die einen waren Meditationslehrer, die seit mindestens zwei Jahren meditierten, die anderen interessierten sich für Meditation, hatten aber noch nicht damit begonnen. Im Labor baten wir jede Versuchsperson, ruhig zu sitzen und dabei entweder zu entspannen oder zu meditieren. Wollten Nichtmeditierende meditieren, brachte ich ihnen im Labor an Ort und Stelle bei, wie man dies macht. Nach 20 Minuten Entspannung oder Meditation sahen die Versuchspersonen einen kurzen Film über schwere Arbeitsunfälle in einem Sägewerk an. Dieser Film gilt als Standardmethode, um in einer Laborsituation Streß zu erzeugen, da die dargestellten Unfälle bei allen Zuschauern Bestürzung hervorrufen.

Das Reaktionsmuster der Meditierenden auf den Film war einzigartig: Unmittelbar vor einem Unfall beschleunigte sich ihr Pulsschlag und sie begannen stärker zu transpirieren als die Nichtmeditierenden. In Vorbereitung auf den belastenden Anblick wurde ihr Herzschlag kräftiger und ihr Körper mobilisierte etwas, das Physiologen als Kampf-oder-Flucht-Reaktion bezeichnen. Sobald der Unfall vorüber war, erholten sich die Meditierenden; die Signale körperlicher Erregung ließen bei ihnen schneller nach und sie waren nach dem Film entspannter als die Nichtmeditierenden, die immer noch Zeichen der Anspannung zeigten.

Dieses Reaktionsmuster größerer Anfangserregung und schnellerer Erholung zeigte sich bei erfahrenen Meditierenden ganz unabhängig davon, ob sie vor dem Film meditiert hatten oder nicht. Die Meditierenden fühlten sich die ganze Zeit über, die sie im Labor verbrachten, entspannter. Schneller Streßabbau ist eine typische Eigenschaft von Meditierenden. Selbst die Anfänger, die an diesem Tag im Labor das allererste Mal meditierten, waren nach dem Film weniger angespannt und erholten sich rascher als die Nichtmeditierenden.

Meditation ist die wahrscheinlichste Ursache für den schnellen Streßabbau. Wäre der schnelle Rückgang bei den erfahrenen Meditierenden Folge eines gemeinsamen Charakterzuges von Menschen, die bereits seit längerem meditieren, hätte die Erholungszeit der Anfänger ebenso lang sein müssen wie die der Probanden, die Entspannungsübungen gemacht hatten.

Meine Untersuchung könnte die niedrigere Rate von Angespanntheit und psychosomatischen Störungen bei Meditierenden erklären. Menschen mit chronischen Anspannungen oder psychosomatischen Störungen reagieren auf eine bestimmte Art auf Streß: Ihre Körper machen mobil, um der Herausforderung zu begegnen, doch wenn die Situation vorüber ist, hört die Reaktion nicht auf. Die anfängliche Anspannung ist entscheidend für die Bereitstellung von Energien und Aufmerksamkeit, um sich der potentiellen Bedrohung zu stellen. Aber ihr Körper erwartet auch dann noch Gefahren, wenn er entspannt sein sollte, um Energien zu erneuern und Kräfte für die nächste Belastungssituation zu sammeln.

Ein angespannter Mensch geht mit den normalen Geschehnissen des Lebens um, als seien es Krisen. Jedes geringfügige Vorkommnis vergrößert seine Anspannung, und diese Anspannung läßt ihrerseits die nächste Alltagssituation – einen Termin, ein Gespräch, einen Arztbesuch – zu einer Bedrohung anwachsen. Der Körper eines angespannten Menschen bleibt auch dann noch mobilisiert, wenn eine Situation vorüber ist, wodurch seine Angstschwelle für die folgende Situation sinkt. Wäre er entspannt gewesen, hätte er die zweite Situation spielend gemeistert.

Die Art, wie der Meditierende mit Streß umgeht, unterbricht die Spirale aus Bedrohung-Erregung-Bedrohung. Nach einer überstandenen Anstrengung entspannt der Meditierende häufiger als der Nichtmeditierende. Daher hält er harmlose Ereignisse nicht für gefährlich. Er kann Bedrohungen besser einschätzen und reagiert nur dann mit Erregung, wenn es nötig ist. Nach einer Erregung erholt er sich schneller und wird deswegen die nächste Belastung vermutlich nicht als Bedrohung interpretieren.

Auswirkungen der Meditation auf das Gehirn

Was die Meditation für viele attraktiv macht, ist die Aussicht, dadurch entspannter zu werden. Entspannung wird jedoch nicht von allen als positiv angesehen. Als Herbert Benson von der Harvard Medical School in der *Harvard Business Review* einen Aufsatz veröffentlichte, der Unternehmern dringend riet, ihren Angestellten Zeit für eine Meditationspause einzuräumen, gab es eine Flut protestierender Leserbriefe, in denen die Meinung vertreten wurde, Streß und Anspannung seien für eine gute Unternehmensführung unabdingbar. Als man einem meiner Freunde riet, zur Senkung seines Blutdruckes zu meditieren, antwortete er: „Ich muß ein bißchen langsamer machen, aber ich will kein Zombie werden."

Zum Glück produziert Meditation keine Zombies. Die versierten Meditierenden, die ich in Indien und den Vereinigten Staaten kennengelernt habe, gehören zu den lebendigsten Menschen, die mir je begegnet sind. Kenntnisse darüber, wie Meditation auf das Gehirn wirkt, könnten hierfür eine Erklärung liefern.

Meditation übt das Aufmerksamsein. Dies unterscheidet sie von anderen Entspannungsmethoden, die zumeist die Gedanken nach Belieben umherschweifen lassen. Die Schärfung der Aufmerksamkeit geht über die Zeit des eigentlichen Meditierens hinaus und zeigt sich auf unterschiedliche Weise im Alltag des Meditierenden. So verbessert Meditation die Fähigkeit, winzige perzeptuelle Hinweise der Umgebung zu bemerken und auf das zu achten, was geschieht, statt mit den Gedanken woanders zu sein. Diese Fähigkeiten sollten jemanden, der meditiert, im Gespräch mit anderen Menschen einfühlsamer machen. Da der Meditierende genauer auf das achten kann, was der andere tut und sagt, versteht er die verschlüsselten Botschaften leichter, die der andere sendet.

Die TM-Technik und die Gurdjieff-Technik

Alle Meditationstechniken scheinen gleichermaßen geeignet, das Anspannungsniveau zu senken und zur Streßbewältigung beizutragen. Aber unterschiedliche Meditationsarten lenken die Aufmerksamkeit auf unterschiedliche Weise.

Einige meiner Kollegen in Harvard – Gary Schwartz, Richard Davidson und Richard Margolin – verglichen Menschen, die in der Transzendentalen Meditation (TM) geschult worden waren mit anderen, die die Gurdjieff-Technik praktizierten.

Bei der TM lauscht der Meditierende innerlich einem Sanskrit-Laut und kehrt in Gedanken immer wieder zu diesem Laut zurück, sobald die Aufmerksamkeit abschweift. Wie die TM, kennt auch die Gurdjieff-Schulung Techniken, die die Fähigkeit verbessern, bei einem einzigen, subtilen Gedanken zu bleiben. Aber die Gurdjieff-Schüler nutzen diese verbesserte Aufmerksamkeitsleistung auch, um eine komplizierte Folge tanzähnlicher Bewegungen zu erlernen und bestimmte Bereiche ihres Körpers zu spüren.

Die Harvard-Gruppe testete die Meditierenden der TM und der Gurdjieff-Schule einzeln. Unter anderem wurden die Gehirnströme aufgezeichnet, während der Meditierende sich auf die Empfindungen seiner rechten Hand und dann auf das Bild einer Person in einem Laborstuhl konzentrierte. Die Psychologen stellten fest, daß im Gehirn eines Gurdjieff-Meditierenden, der seine Aufmerksamkeit auf seine Hand richtete, das Bewegungszentrum des Gehirns aktiv wurde. Zugleich verminderten sich die Aktivitäten des Sehzentrums. Sah sich ein Gurdjieff-Schüler das Bild an, geschah genau das Entgegengesetzte: das Sehzentrum wurde aktiver, das motorische Zentrum ruhig. Bei der TM-Gruppe fanden sich, ebenso wie bei einer Kontrollgruppe, die nie in irgendeiner Art von Meditation unterwiesen worden war, keine derartigen Unterschiede.

Das Gehirn der Gurdjieff-Meditierenden weist eine kortikale Besonderheit auf, die Fähigkeit nämlich, jene Areale des Gehirns zu benutzen, die für die zu erledigende Aufgabe erforderlich sind, ohne zugleich andere Areale zu aktivieren. So funktioniert unser Gehirn, wenn wir auf dem Höhepunkt unserer Leistungsfähigkeit und Achtsamkeit sind. Werden zu viele Areale zu stark erregt, sind wir hektisch und erbringen schlechte Leistungen. Sind zu wenig Areale aktiv, sind wir erschöpft. Die Maschinerie Gehirn-Körper funktioniert am besten, wenn nur die Areale aktiviert werden, die für die anstehende Aufgabe gebraucht werden. Die Gurdjieff-Methode bildet diese Fähigkeit aus, die TM-Methode nicht.

Sowohl die TM- wie die Gurdjieff-Methode verbessern die Konzentrationsfähigkeit und entspannen zugleich den Körper. Nur die Gurdjieff-Schulung verwendet jedoch diese entspannte Wachsamkeit dazu, die Sinneswahrnehmungen und die Muskelkontrolle zu verbessern. Viele östliche Kampfsportarten schulen die gleiche Kombination von Fertigkeiten. Ein unaufmerksamer Karatemeister zerschmettert nicht den Ziegelstein, sondern seine eigene Hand. Die kraftvolle Sammlung vervielfacht die Wirksamkeit einer jeden Tätigkeit.

Die Forschungsergebnisse zeigen, daß alle Meditationstechniken die Fähigkeit zur Streßbewältigung etwa gleich gut verbessern. Je länger Menschen meditieren, desto entspannter werden sie. Zugleich werden sie wacher. Dies erreichen andere Entspannungstechniken nicht, weil sie die Aufmerksamkeit nicht trainieren.

Meditation als Therapie

Das National Institute of Health (NIH) veröffentlichte 1984 das Ergebnis einer Umfrage, demzufolge Meditation (zusammen mit einer salzarmen Diät) noch vor allen Medikamenten als beste Behandlungsmethode bei leichtem Bluthochdruck empfohlen wurde. Diese offizielle Empfehlung beschleunigte die Verbreitung der Meditation und anderer Entspannungstechniken als Behandlungsmethoden in Medizin und Psychotherapie.

Als ich Anfang der 70er Jahre über Meditation und Entspannung als Mittel gegen Streßüberreaktion promovierte (Goleman und Schwartz 1976), war diese Idee neu. Ich konnte nachweisen, daß Meditation das Anspannungsniveau senkt und der Meditierende sich von den Erregungen des Stresses schneller erholt. Die klinischen Anwendungsmöglichkeiten der Meditation schienen offensichtlich.

Ich war mit dieser Entdeckung nicht allein. Mitte der 70er Jahre gab es eine wahre Flut von Forschungsarbeiten zur Meditation und ihren gesundheitlichen Auswirkungen (einen umfassenden Überblick geben Shapiro und Walsh 1984). Die methodische Strenge dieser Untersuchungen war, ehrlich gesagt, etwas uneinheitlich, die grundsätzliche Richtung der Ergebnisse ließ jedoch keinen Zweifel aufkommen: Meditation war in vielerlei Hinsicht hilfreich. So verminderte regelmäßiges Meditieren die Häufigkeit von Erkältungen oder Kopfschmerzen und senkte den Blutdruck. Diesen medizinischen Anwendungen wurde zwar ein gewisses Maß an Aufmerksamkeit zuteil, noch begeisterter aber wurde die Meditation von Psychotherapeuten aufgenommen. Zum einen sahen sie darin eine Möglichkeit für ihre Patienten, Angstgefühle ohne Medikamente zu bekämpfen sowie Zugang zu ansonsten blockierten Erinnerungen und Gefühlen zu bekommen, zum anderen bot sie sich zur Bewältigung allgemeiner Streßerscheinungen an. Meditation wurde das Mittel gegen Streß schlechthin und als solches, neben einer Reihe anderer Entspannungstechniken, in Schulen, Krankenhäusern und Büros praktiziert.

Meditation und Entspannung sind nicht das gleiche. Meditation ist im wesentlichen der Versuch, die Konzentration beizubehalten und zu verbessern. Dennoch wird sie hauptsächlich als schnelle und einfache Entspannungstechnik benutzt. Die asiatischen Wurzeln der Meditation schienen zwar exotisch, doch erkannten

Forscher schon bald, daß ihre Wirkung auf den Stoffwechsel deutliche Parallelen aufwies zu solch uramerikanischen Entspannungstechniken wie Edmund Jacobsens progressivem Entspannungs- und Muskelspannungs-Biofeedback sowie zu europäischen Varianten wie dem Autogenen Training. Meditation, so Herbert Benson in seinem Buch *The Relaxation Response* (dt.: *Gesund im Streß*), unterscheidet sich von anderen Entspannungstechniken durch die Komponente der Konzentration; ihre therapeutischen Vorteile liegen jedoch größtenteils in ihrer Effektivität, den Meditierenden in einen Zustand tiefer Entspannung zu versetzen.

Die Erforschung von Entspannungstechniken als Behandlungsmethoden bei Streßüberreaktion lieferte immer eindeutigere Beweise für ihre Wirksamkeit. Es hat sich gezeigt, daß die neuroendokrinologischen Veränderungen, die durch tiefe Entspannung bewirkt werden, viel umfassender sind als frühe Forscher annahmen, die Entspannungstechniken vor allem unter dem Aspekt der Erleichterung bei Muskelverspannungen und seelischem Kummer betrachteten. Untersuchungen, die stärker auf die biologischen Aspekte eingingen, wiesen bedeutsame Auswirkungen auf das Immunsystem nach und zeigten einige spezielle klinische Anwendungsmöglichkeiten auf.

So fand Janice Kiecolt-Glaser (1984, 1985), daß bei den Bewohnern eines Altersheimes, die Entspannungsübungen machten, die Immunabwehr gegen Tumore und Viruserkrankungen deutlich anstieg. Bei Medizinstudenten, die diese Techniken während der Belastungen des Examens benutzten, zeigte sich eine signifikante Zunahme von Helferzellen, die gegen Infektionskrankheiten schützen. Diese Entdeckungen bestätigten damit die schon früher geäußerten Vermutungen, daß Meditieren die Widerstandsfähigkeit gegen Erkältung und Grippe stärken kann.

Das medizinische Interesse an Entspannungstechniken galt in erster Linie ihrer Hilfe bei der Behandlung von Herzerkrankungen. Die Forschergruppe um Dr. Benson fand heraus, daß Meditation die Reaktionen des Körpers auf Noradrenalin herabsetzt, einem Hormon, das bei Streß ausgeschüttet wird. Normalerweise regt Noradrenalin das kardiovaskuläre System an und hebt damit den Blutdruck. Bei Meditierenden hatte es jedoch nicht diese Wirkung. Bei ihnen sank der Blutdruck statt dessen, eine Reaktion, die der Wirkung von Beta-Blokkern entspricht, die zur Regulierung von Bluthochdruck verschrieben werden.

Entspannung ist inzwischen eine klinisch durchaus übliche Behandlungsmethode zur Kontrolle von Bluthochdruck, vor allem bei leichten Fällen; gewissenhaft ausgeführt, kann sie oftmals die Medikation ersetzen oder die Abhängigkeit von Medikamenten reduzieren. Eine britische Untersuchung ergab, daß Patienten, die in dieser Methode unterwiesen worden waren, noch vier Jahre nach Abschluß der Unterweisung einen niedrigeren Blutdruck hatten (Patel u. a. 1985).

Die positiven Wirkungen auf Herzpatienten gehen weit über die Kontrolle des Blutdrucks hinaus. Entspannung, so weiß man heute, lindert Angina und Herzrhythmusstörungen und senkt den Cholesterinspiegel im Blut. Dean Ornish (1983) hat gezeigt, daß Entspannungsübungen den Blutzufluß zum Herzen verbessern und so die Gefahr einer stillen Ischämie vermindern.

Auch für Diabetiker kann Entspannung von Nutzen sein. Richard Surwit (1983) fand heraus, daß Entspannungsübungen bei Patienten mit einer Altersdiabetes die Glukoseregulation verbesserte. Paul Lehrer (1986) stützte sich auf Jacobsens progressive Entspannung bei Asthmatikern und kam zu dem Ergebnis, daß die Übungen die Gefühlsreaktionen dämpfen, die häufig den Anfällen vorangehen sowie den Strom in den beengten Atemwegen verbessern.

Einige Entspannungsarten sind für Schmerzpatienten besonders erfolgversprechend. Jon Kabat-Zinn (1985) fand, daß eine Achtsamkeitsmeditation, in Verbindung mit Yoga, die Abhängigkeit von Schmerzmitteln mindert und die Schmerzschwelle bei chronischen Schmerzpatienten senkt. Die Ursachen für die Schmerzen reichten von Rücken- und Kopfschmerzen (Migräne und Spannungskopfschmerz) bis hin zu den verschiedenen Krankheiten, die in einer Schmerzklinik behandelt werden. Die positiven Auswirkungen hielten noch vier Jahre nach der Beendigung des Trainings an.

Entspannungstechniken jeder Art werden von Patienten mit unterschiedlichen Krankheiten benutzt, vor allem, wenn Streß eine auslösende Rolle spielt oder das Krankheitsbild verschärft – und nur in wenigen Fällen trifft dies nicht zu. Einige sehr vielversprechende Erfolge zeigen sich darüber hinaus bei der Behandlung der Nebenwirkungen von Nierendialysen, Chemotherapien bei Krebs, gastrointestinalen Störungen, Schlaflosigkeit, Emphysem und Hauterkrankungen.

Entspannung wird auch häufig begleitend zur Psychotherapie eingesetzt, wo sie schon sehr viel länger als in der Medizin akzeptiert ist. Allerdings gibt es bei der Anwendung dieser Techniken mitunter Schwierigkeiten. Einige Menschen reagieren auf Entspannungsübungen mit vermehrter Spannung oder sogar mit Panik (Cohen 1985). In solchen Fällen sollten Entspannungsübungen nur nach besonderer psychischer Vorbereitung oder gar nicht angewandt werden.

Meditation und Psychotherapie

Hans Selye (1957) hat auf die Notwendigkeit einer „Streßtherapie" hingewiesen, die nicht auf einen speziellen Krankheitsauslöser oder ein bestimmtes Symptom reagiert, sondern präventiv wirkt und dem Organismus als Ganzem guttut. Das Muster der Streßreaktion, das ich bei Meditierenden fand, zeigt, daß der Meditierende auf Bedrohungssignale achtsamer, aber gefaßt reagiert und sich besser erholt. Falls es zutrifft, daß die Erholungsphase nach einem Streßerlebnis der Schlüssel zu chronischen Anspannungssymptomen und psychosomatischen Beschwerden ist, könnte die Meditation sowohl auf psychischer als auch auf rein somatischer Ebene eine geeignete Streßtherapie sein, die eine rasche Erholung nach Streß-Situationen erleichtert. Dies könnte Meditation auch zu einer nützlichen Ergänzung einer jeden Psychotherapie machen.

Andere Eigenheiten der Meditation können mit Teilaspekten der Therapie zusammentreffen. Richtet beispielsweise der Meditierende seine Aufmerksamkeit nach innen, erlebt er deutlich, wie Gedanken, Gefühle und Zustände spontan aus dem gesamten angehäuften Schatz seiner bisherigen Erfahrung auftauchen. Da der Meditierende zugleich tief entspannt ist, könnte man all seine Gedanken als „Desensibilisierungshierarchie" ansehen. Diese Hierarchie bleibt nicht darauf beschränkt, was Therapeut und Patient als problematisch erkannt haben, sondern erstreckt sich darüber hinaus auf alle Lebensbereiche, auf alles, was einem „so im Kopf herumgeht". In diesem Sinne könnte Meditation als neutrale, globale Selbst-Desensibilisierung wirken.

Dies mag erklären, warum die Anspannungen, die in der Regel mit Verdrängtem einhergehen, nachlassen, sobald Meditation therapiebegleitend eingesetzt wird, so daß die ehemals schmerzlichen Erlebnisse bei einer größeren Bewußtheit wieder auftauchen können. Nach einer Meditation ist die freie Assoziation von Patienten besonders vielfältig, und sie können das auftauchende Material auch eher zulassen. Auf diese Weise erleichtert Meditation offenbar den Zugang zum Unbewußten.

Vielen modernen Therapien liegt ein Menschenbild zugrunde, das in mancherlei Hinsicht dem das Abhidhamma ähnelt. Freud sprach von der „Universalneurose des Menschen", Buddha meinte, daß „alle Lebewesen außer sich" sind. Die Erkenntnisse ähnelten sich, die daraus gezogenen Schlußfolgerungen nicht. Freud wollte seinen Patienten durch die Analyse helfen, sich dieser „tragischen" Lebensbedingung zu stellen, sie zu verstehen und sich mit ihr auszusöhnen. Buddha versuchte, durch Meditation die Ursachen des Leidens in einer radikalen Umorientierung des Bewußtseins auszulöschen.

Seit Freud hat die psychodynamische Therapie innerhalb der Grenzen des Bewußtseins gearbeitet, um die Auswirkungen der aus der Vergangenheit stammenden Inhalte auf die Gegenwart zu verändern. Die asiatischen Psychologien haben die *Inhalte* des Bewußtseins weitgehend unbeachtet gelassen und sich bemüht, die

Begleitumstände zu verändern, mit denen sie im Bewußtsein verknüpft werden.

Die konventionellen Psychotherapien werten die Mechanismen, die seelischen Prozessen zugrunde liegen, als Konstante und sind bemüht, sie auf der Ebene der gesellschaftlich konditionierten Strukturen zu verändern. Die asiatischen Systeme zielen unmittelbar auf eine Kontrolle und Selbstregulierung der zugrundeliegenden Mechanismen, während sie den gesellschaftlich konditionierten Strukturen keine Beachtung schenken.

Therapien durchbrechen die Herrschaft einer früheren Konditionierung über das gegenwärtige Verhalten; Meditation will den Konditionierungsprozeß als solchen verändern, damit er das zukünftige Verhalten nicht mehr dominiert. Aus asiatischer Sicht sind Verhaltens- und Persönlichkeitsveränderungen sekundär und nur *Begleiterscheinungen* der Veränderungen, die durch gezielte Selbstregulierung seelischer Zustände, jener fundamentalen Prozesse, die unsere Wirklichkeit bestimmen, erreicht werden. Bewußtsein ist das Medium, das die Botschaften transportiert, die Erfahrung ausmachen. Psychotherapien befassen sich mit diesen Botschaften und deren Bedeutungen; Meditation ist auf die Natur des Mediums, das Bewußtsein gerichtet. Diese beiden Vorgehensweisen schließen sich keinesfalls gegenseitig aus; sie sind vielmehr komplementär.

Eine Therapie der Zukunft könnte Methoden beider Systeme in sich vereinen und so eine Veränderung der ganzen Person erreichen, die umfassender und nachhaltiger wäre als jedes einzelne System es für sich vermag.

Meditation und die Erforschung des Bewußtseins: Einige Vorschläge

Wie bereits erwähnt, gibt es in der Meditation zwei grundlegende Methoden, um die Wahrnehmung zu lenken: Sammlung und Achtsamkeit. Welchen Bewußtseinszustand der Meditierende schließlich erlangt, ist abhängig von der angewandten Methode. Durch Sammlung erreicht der Meditierende Gerichtetheit und wird in seiner Aufmerksamkeit schließlich eins mit seinem Meditationsobjekt. Achtsamkeit läßt ihn die Funktionsweise seines Geistes beobachten, wobei er mit Gleichmut immer kleinere Teile seines Gedankenstroms wahrnimmt. Die veränderten Bewußtseinszustände, die Folge dieser Methoden sind, unterscheiden sich drastisch.

Damit sind die Bewußtseinsveränderungen, die durch Meditation herbeigeführt werden können, jedoch noch keineswegs erschöpft. Das Lenken der Aufmerksamkeit kann mit anderen Praktiken wie Bewegung, kontrolliertem Atmen oder Fasten einhergehen. Je mehr Praktiken hinzukommen, um so schwieriger wird es, die daraus resultierenden Bewußtseinsveränderungen abzuschätzen.

In der klassischen Literatur zur Phänomenologie der Meditation wird zwischen veränderten Bewußtseins*zuständen* und veränderten Bewußtseins*zügen* unterschieden. Veränderte Zustände sind vorübergehend und entstehen zumeist im Verlauf der Meditation – etwa bei Trancezuständen, die in Sanskrit Samadhi, in Pali Jhana genannt werden. Veränderte Bewußtseinszüge bezeichnen dagegen einen dauerhaften Wandel im Wesen des Meditierenden. Meditativ veränderte Zustände dauern nur so lange an, wie die betreffende meditative Praktik (zum Beispiel Gerichtetheit) anhält und lassen rasch nach, wenn die Meditation vorüber ist. Veränderte Bewußtseinszüge sind mühelos beizubehaltende Veränderungen, die zur Gewohnheit und daher zu einem unveränderlichen Merkmal der ständigen Bewußtseinszustände eines Menschen geworden sind. Sie bleiben, auch wenn das ursprüngliche Bemühen aufhört.

Forschung zu Meditation und Bewußtsein

Auch wenn die Erforschung der Meditation bislang im Grunde unsystematisch war, bestätigt sie doch in groben Zügen die Unterscheidung in Bewußtseinszustand und Bewußtseinszug, die die klassischen Texte machen. Andererseits lieferte auch keine Forschungsarbeit eine eindeutige Bestätigung dieser Behauptungen, was zum Teil an nicht repräsentativen Versuchsgruppen und anderen methodologischen Schwierigkeiten liegt (siehe dazu J.M. Davidson 1976, Shapiro 1980, Schuman 1980), zum Teil daran, daß entscheidende Messungen nicht durchgeführt wurden.

Ein Forschungsschwerpunkt waren die Zustandsveränderungen beim Meditieren. Die klassische Literatur weist darauf hin, daß die Zustände, die durch Meditation herbeigeführt werden, von den angewandten Methoden zur Lenkung der Aufmerksamkeit abhängig sind. So führen Techniken der Gerichtetheit zu einer Einengung des Bewußtseins, die an dem Punkt größter Konzentration in einen Zustand mündet, in dem der Meditierende für alle äußeren Geschehnisse unempfänglich ist. Achtsamkeitstechniken dagegen streben einen Zustand an, in dem alle Reize ständig wahrgenommen werden, ohne daß in der Reaktion darauf eine Gewöhnung eintritt.

Zwei sehr frühe Studien schienen diese klassischen Hypothesen zu bestätigen. Anand und seine Kollegen (Anand u.a. 1961) reisten mit einem tragbaren EEG-Gerät nach Indien und führten bei einem hilfsbereiten Yogi Messungen durch, der behauptete, in den Zustand des Samadhi gelangen zu können. Während der Meditation zeigte sein EEG einen starken, anhaltenden Alpha-Rhythmus. Als die Forscher laute Geräusche machten und den Arm des Yogi sogar mit einem erhitzten Teströhrchen berührten, soll sich der Alpha-Rhythmus in keinerlei Weise verändert haben. Da der Yogi trotz starker Reize keine Alpha-Blockierung erkennen ließ, kann man vermuten, daß er sich tatsächlich in einem Zustand des Samadhi befand und für äußere Reize unempfänglich war.

Kasamatsu und Hirai (1969) führten eine ähnliche Untersuchung bei Zen-Meditierenden in Japan durch. Sie trugen ihr EEG-Gerät in ein Zendo, wo sie sich mit Mönchen in tiefer Meditation befaßten. Die Forscher gingen von der Hypothese aus, daß Zen-Mönche sich bemühen, eine Haltung der Achtsamkeit auszubilden. Die Meditierenden wurden einem wiederkehrenden Reiz, der Abfolge von 40 Klopftönen, ausgesetzt. Sollte das Meditieren ihre Fähigkeit zur Achtsamkeit entwickelt haben, so lautete die Annahme, würden sie während der gesamten Folge der Töne Reaktionen zeigen. Befanden sie sich hingegen lediglich in einem normalen Wachzustand, würde ihr Alpha-Rhythmus etwa bei den ersten zehn Tönen von jedem Klopfen unterbrochen (eine normale Orientierungsreaktion), sollte keine Störung des Alpha-Rhythmus mehr auftreten. Dies wäre ein Zeichen dafür, daß sie sich an den Reiz gewöhnt haben.

Kasamatsu und Hirai berichten, daß sich die meisten Zen-Meditierenden an die Töne gewöhnten, was bedeutet, daß sie sich nicht in einem veränderten Zustand befanden. Die drei Mönche aber, die nach Meinung ihrer Lehrer am weitesten fortgeschritten waren, reagierten auf den letzten Ton noch genauso stark wie auf den ersten – ein Ergebnis, das einen Zustand achtsamer, anhaltender Wachsamkeit anzeigt, der über den normalen Wachzustand hinausgeht.

Überprüfung der Forschungsergebnisse

Diese beiden Untersuchungen werden häufig zitiert, konnten aber nie erfolgreich wiederholt werden. Beide stammen aus den ersten Tagen der EEG-Forschung und wurden ohne Computer-Analyse oder andere neuere Techniken durchgeführt. Für eine Wiederholung müßten Versuchspersonen und Meßverfahren sorgfältig ausgewählt werden. Das Niveau der Versuchspersonen sollte sehr hoch sein – und das ist selten der Fall. Die Gefahr, eine nicht zutreffende, negative Aussage zu erhalten, ist groß, wenn ungeeignete Versuchspersonen untersucht werden. Die Versuchspersonen müssen tatsächlich eine der Aufmerksamkeitstechniken ausüben, die diese hypothetischen Veränderungen herbeiführen sollen. Allerdings praktizieren viele Zen-Meditierende andere Techniken als die der Achtsamkeit. Die besten Probanden, um die Achtsamkeitsstudie zu wiederholen, wären vermutlich geübte Hellblick-Meditierende der Theravadan-Richtung (Brown 1984). Das geeignetste Verfahren zur Messung der Gehirntätigkeit bestünde bei diesen Untersuchungen vermutlich in der Ableitung evozierter Potentiale, möglicherweise gepaart mit alpha-basierten Messungen, wie sie bei den älteren Studien benutzt wurden. Das Verfahren der evozierten Potentiale ermöglicht eine aussagestarke Messung der zentralen Gehirntätigkeit und könnte bei einer Wiederholung deutlichere Resultate erbringen.

Als Zusatzmaßnahme wäre eine vollständige Analyse des EEG-Spektrums von Nutzen, insbesondere, um einen topographischen Überblick über die diversen Veränderungen in der Meditation zu erarbeiten. Auch hierfür müssen die Versuchspersonen mit größter Sorgfalt ausgewählt werden. Die Zustände, die getestet werden sollen, sind flüchtig und nur wenige Meditierende geübt genug, sie auf Anfrage herbeiführen zu können, so daß ein Vergleich von Versuchspersonen nur dann aufschlußreiche Ergebnisse bringen kann, wenn diese erfahren genug sind.

Meditativ veränderte Züge und Zustände

Der angestrebte Endpunkt der verschiedenen Meditationswege wird zwar in sehr unterschiedlichen Begriffen gefaßt, hat aber einen gemeinsamen Kern: eine Umgestaltung des Bewußtseins herbeizuführen. Jede Lehre beschreibt „die, die angekommen sind" mit ihren eigenen Worten, entsprechend der eigenen Weltanschauung und des eigenen Glaubenssystems, doch gibt es eindeutige Überschneidungen. Die Persönlichkeitszüge, die der klassische Buddhismus dem Arahat zuschreibt, sind für alle Beschreibungen des idealen „vollendeten" Wesens typisch.

Brown und Engler (1980) führten eine repräsentative Studie über Meditierende mit unterschiedlicher Erfahrung durch, indem sie geübten buddhistischen Hellblick-Meditierenden in den Vereinigten Staaten und in Asien eine Reihe von Persönlichkeitstests vorlegten. Ein Ergebnis dieser Studie ist von besonderem Interesse. Meditierende, die eine intensive dreimonatige Unterweisung in der Hellblick-Meditation erhielten, unterzogen sich vor und nach dieser Zeit einem Rorschachtest. Davon unabhängig beurteilten die Lehrer das Maß der erreichten Gerichtetheit und Achtsamkeit jeder einzelnen Versuchsperson. Daraufhin wurden die Rorschach-Antworten der am höchsten eingestuften Versuchspersonen verglichen. Wer in der Technik der Gerichtetheit gut vorangekommen war, antwortete spärlich und wenig phantasievoll, die Achtsamkeits-Meditierenden hingegen gaben breitgefächerte Antworten mit vielfältigen Assoziationen. Dieses Testergebnis spiegelte offenbar die Auswirkungen der Meditationspraktiken: Ausgeprägte Gerichtetheit läßt den Meditierenden den Strom gedanklicher Assoziationen mißachten, während ausgeprägte Achtsamkeit dazu führt, daß der Meditierende jedes einzelne Element seines Bewußtseinsflusses wahrnimmt. Aus dieser Untersuchung geht jedoch nicht hervor, wie lange diese speziellen Arten der Aufmerksamkeit bei den Versuchspersonen andauerten, nachdem sie in ihren Alltag zurückgekehrt waren.

Verschiedentlich haben Untersuchungen dauerhafte Auswirkungen der Meditation dokumentiert, auch wenn sie nicht der Frage nachgingen, ob diese Langzeitwirkungen eine Begleiterscheinung der Meditation überhaupt oder einer bestimmten meditativen Richtung sind. Zu diesen Veränderungen gehören eine Schärfung der Wahrnehmung und verminderte Ablenkbarkeit (Pelletier 1974; Van Nuys 1971), selbständige Stabilität und eine schnellere Erholung nach Streß-Einwirkung (Orme-Johnson 1973; Goleman und Schwartz 1976) sowie ein niedrigeres allgemeines Anspannungsniveau (Davidson /Goleman /Schwartz 1976).

Der Abhidhamma geht davon aus, daß Meditieren bestimmte dauerhafte Persönlichkeitsveränderungen herbeiführen kann. Seine wichtigste Aussage, daß negative Zustände ab- und positive zunehmen, läßt sich anhand neuerer empirischer Untersuchungen zur Persönlichkeit Meditierender überprüfen. So wurde beispielsweise festgestellt, daß Meditierende im Vergleich zu Nichtmeditierenden signifikant weniger angespannt sind (Ferguson und Gowan 1976; Goleman und Schwartz 1976; Nidich u. a. 1973), weniger psychosomatische Erkrankungen aufweisen, häufiger positiv gestimmt und nach der Neurotizismus-Skala von Eysenck weniger neurotisch sind (Schwartz 1973). Meditierende zeigen eine größere Unabhängigkeit von situativen Schwankungen, das heißt, ihre innere Kontrolle ist ausgeprägter (Pelletier 1974); sie sind spontaner, können engere Beziehungen eingehen, verfügen über eine bessere Selbstakzeptanz und ein höheres Selbstwertgefühl (Seeman u. a. 1972); sie haben mehr Mitgefühl mit anderen Menschen (Lesh 1970; Leung 1973) und weniger Angst vor dem Tod (Garfield 1974). Diese Untersuchungen zielten zwar nicht speziell darauf ab, die Aussagen des Abhidhamma über die Auswirkung der Meditation auf die Persönlichkeit zu überprüfen, doch bestätigen die Resultate im großen und ganzen seine wichtigste Behauptung: daß Meditation negative Bewußtseinszustände verringert und positive verstärkt.

Die Forschungsliteratur erlaubt auch den vorläufigen Schluß, daß Meditieren nicht nur zu Veränderungen im Befinden, sondern auch im Charakter führt. Wie schon bei den Auswirkungen auf das Befinden, müssen auch die Daten über die festgestellten Auswirkungen auf den Charakter wiederholt und erweitert werden. Es gibt zwei Versuchsanordnungen, die für eine Langzeitstudie von Bedeutung sein könnten: Ausgangsprofile und Leistungswerte in Reaktion auf Belastungen.

Bislang existiert keine methodologisch unanfechtbare Untersuchung über die Langzeitwirkungen von Meditation (Shapiro 1980). Im Idealfall müßte eine solche Studie die Ausgangsunterschiede (zum Beispiel in der Motivation) zwischen den Versuchspersonen kontrollieren, diese dann willkürlich unterschiedlichen Meditationsarten zuordnen und sowohl vor als auch nach den Übungen Messungen durchführen. Eine abschließende Studie würde diese Faktoren berücksichtigen und die Versuchspersonen dann an Maßstäben messen, die für die Veränderungen, die Meditation angeblich herbeiführt, relevant sind. Die wichtigsten Meßverfahren wären hier vermutlich standardisierte Testbatterien, Verhaltensmessungen sowie Messungen der Gehirntätigkeit bei Aufmerksamkeit.

Viele charakteristische Merkmale zeigen sich nur unter besonderen Bedingungen. Beispielsweise belegen Untersuchungen mit Hypertonikern, daß Blutdruckmessungen der Person in Ruhe durchaus normale Werte ergeben können, während eine Messung unter Streß

Bluthochdruck anzeigt. Ebenso könnten einige besondere Eigenschaften von Meditierenden unter normalen Bedingungen verborgen bleiben, die erst unter Belastung auftreten. Solch verborgene Fähigkeiten ließen sich durch Untersuchung der Performanz messen.

Wie die Versuche in ihren Einzelheiten auch aussehen und welche Meßverfahren sie auch anwenden mögen, die fruchtbarste Forschung wird sich an den Weisheiten östlicher Psychologien orientieren. Sie erlauben einen theoretischen Blick auf den Ablauf der Veränderungen durch Meditation, der für die Forschung von Nutzen sein kann. Bislang gibt es nur wenige Studien über Meditation, die innerhalb eines übergreifenden Theoriegerüstes durchgeführt wurden. Die meisten Untersuchungen waren partiell, einige maßen die Gehirnströme, andere untersuchten Stoffwechselveränderungen und wieder andere betrachteten die psychischen Auswirkungen. Die östlichen Psychologien verfügen im Gegensatz dazu über Theorien und überprüfbare Hypothesen, was Meditation ist und was sie bewirkt. Die Ausarbeitung dieser Hypothesen könnte zu einem abendländischen Verständnis von Meditation führen, das sowohl theoretisch wie empirisch begründet wäre.

Ein hervorragendes Beispiel für eine derartige Studie bildet Daniel Browns (1984) Forschungsarbeit über Veränderungen in der Wahrnehmung bei Vipassana-Meditierenden.

In den östlichen Psychologien finden sich zahlreiche Arbeitshypothesen. Eine Meditationsforschung, die sich an ihnen orientiert, wird für unser Verständnis des menschlichen Bewußtseins wertvolle Beiträge leisten können.

Meditation und Flow: Leben im Tao

Der Arahat, so heißt es, lebt in jedem Augenblick und ungeachtet aller äußeren Umstände in einem inneren Zustand ruhiger Freude, ist sich aller wichtigen Aspekte einer Situation auf das genaueste bewußt und reagiert angemessen auf die Erfordernisse des Augenblicks. Ein ähnlicher Zustand wurde in der modernen Psychologie von Csikzentmihalyi (1985) beschrieben, der eine breite Palette in sich selbst (be-)lohnender Tätigkeiten untersucht hat, die sich alle durch ein ähnliches Erleben auszeichnen, das er „*flow*" nennt.

Die wichtigsten Merkmale von *flow* sind: (a) ein Verschmelzen von Handlung und Bewußtsein in ungeteilter Aufmerksamkeit auf die fragliche Aufgabe, (b) ein Zentrieren der Aufmerksamkeit auf die Tätigkeit, das unabhängig ist vom Ergebnis, (c) Selbstvergessenheit mit erhöhter Bewußtheit der Aktivität, (d) ausreichende Fähigkeiten zur Bewältigung der Umweltanforderungen sowie (e) Klarheit bezüglich der Anforderungen der jeweiligen Situation und der angemessenen Reaktionen. *Flow* entsteht aus einer optimalen Übereinstimmung zwischen den Fähigkeiten eines Menschen und den jeweiligen Anforderungen. Auf der einen Seite wird *flow* durch angstauslösende Situationen begrenzt, bei denen die Anforderungen die Fähigkeiten zu übersteigen drohen, auf der anderen Seite durch Langeweile, wenn die Fähigkeiten größer sind als die Anwendungsmöglichkeiten.

Hartmann (1973) spricht von einer „hemmenden Schärfung" bei kortikalen Erregungsvorgängen, das heißt einer optimalen Anpassung der Reaktionen des

Gehirns auf Anforderungen von außen. Gerichtete Aufmerksamkeit zeichnet sich durch deutlich umgrenzte kleine Areale kortikaler Erregung aus, die von Hemmungsarealen umgeben sind.

„Verschwimmen" im Gehirn die Grenzlinien zwischen Erregung und Hemmung, dann „überschwemmt" die Erregung auch Hirnareale, die für die fragliche Aufgabe irrelevant sind. Dies, so Hartmann, ist das Merkmal einer weniger gut balancierten, weniger fein abgestimmten Gehirntätigkeit, wie sie etwa bei Müdigkeit auftritt. Eine solche „Erregungs-Überschwemmung" kann auch bei akuter Bedrohung vorkommen und mag das unter solchen Umständen verminderte Wahrnehmungs- und Reaktionsvermögen zu erklären. Eine präzise gerichtete kortikale Anpassung hingegen kennzeichnet ein Handeln im ausgeruhten Wachzustand, das eine Flexibilität in der Reaktion auf äußere Anforderungen ermöglicht. Dies könnte ein Merkmal des neurophysiologischen Substrats von *flow* sein.

So wie ich die *flow*-Theorie im Rahmen der Neurophysiologie interpretiere, deutet Hartmanns Arbeit auf ein signifikantes Merkmal von *flow* hin: Es muß im neurologischen Erregungsmuster ebenso Präzision wie Plastizität aufweisen, so daß sich die Aktivierung entsprechend der situativ wechselnden Anforderungen verändern kann. Ein *flow*-Zustand ist kein festes Muster anhaltender Erregung: er braucht Zustands-Flexibilität. Wer chronisch angespannt ist oder immer in *gleich welchem* Erregungszustand gefangen bleibt, wird sich vermutlich häufiger in Situationen wiederfinden, in denen seine innere Befindlichkeit kein optimales Anpassen an die äußeren Anforderungen erlaubt – wo also *flow* nicht entstehen kann. Wechselnde Umstände verlangen wechselnde innere Zustände.

Die Wahrscheinlichkeit eines *flow*-Erlebens kann auf zweifache Weise vergrößert werden: entweder kann man die äußeren Anforderungen so steuern, daß sie den eigenen Talenten entsprechen oder man versucht durch Selbst-Regulierung der inneren Fähigkeiten einer größeren Vielfalt äußerer Anforderungen zu genügen. Meiner Meinung nach ist Meditation ein funktionales Äquivalent der zweiten Strategie, die zu einer Veränderung der inneren Zustände führt und so die Chance für *flow* vergrößert.

„Manche Menschen", schreibt Csikzentmihalyi, „können *flow* erlangen, indem sie ihre Aufmerksamkeit in einer Weise steuern, die das Feld der Reizeinwirkung so sehr begrenzt, daß Tätigkeit und Bewußtsein eins werden können" – das heißt eine gerichtete Konzentration unter Ausschluß aller ablenkenden Reize. Dies entspricht der grundlegenden Fähigkeit, die in der Meditation praktiziert wird: sie bildet das Kernstück einer jeden meditativen Richtung (auch wenn sich die Techniken hinsichtlich des Ausmaßes an konzentrativen Bemühungen unterscheiden mögen).

Eine Zusammenstellung der Forschungsergebnisse zu den dauerhaften Auswirkungen von Meditation läßt ein Spektrum von Veränderungen erkennen, das sowohl Wahrnehmungsschärfung als auch eine Verbesserung der Fähigkeit einschließt, einen Reiz gezielt zu beachten und irrelevante Reize zu ignorieren; eine Zunahme kortikaler Spezifität, das heißt eine Erregung umschriebener Hirnregionen, die für die fragliche Aufgabe von Bedeutung sind, bei gleichzeitiger Inaktivierung irrelevanter Hirnregionen (ein Verteilungsmuster, das erlernten Reaktionen zugrunde liegt); erhöhte situationsspezifische Erregbarkeit des Kortex mit limbischer Blockierung; selbständige Stabilität und eine sinkende Angstschwelle; Ausgeglichenheit und Besonnenheit angesichts emotional aufgeladener und bedrohlicher Situationen.

Falls diese verschiedenen Ergebnisse tatsächlich auf jeden Meditierenden zutreffen, müßten diese Charakterzüge in einer Weise wirken, daß die Schwelle zum *flow*-Zustand herabgesetzt und auf Situationen ausgeweitet wird, in denen *flow* ansonsten durch Fehleinschätzung, Ablenkbarkeit, unangemessene Erregungszustände oder eine durch Anspannung verminderte Reaktionsbereitschaft ausgeschlossen gewesen wäre. Wenn der Anwendungsbereich von *flow* breiter und damit das Gefühl für den Wert einer Handlung, der sich nicht am Ergebnis orientiert, stärker wird, sollten die angstauslösenden, aber auch die langweiligen Situationen im täglichen Leben entsprechend seltener werden. Die im *flow* zu beobachtende Anpassung der inneren Zustände an die Anforderungen des jeweiligen Tuns ist in vielen asiatischen Weisheitslehren schon immer das Ideal persönlicher Weiterentwicklung gewesen. Mit den Worten des Zen-Meisters Unmon: „Wenn du gehst, gehe. Wenn du sitzt, sitze. Aber was du auch tust, wakkele nicht dabei."

Die Phänomenologie von *flow* weist viele Übereinstimmungen mit der geistigen Verfassung eines in der Meditation erfahrenen Menschen auf, wie der Abhidhamma ihn beschreibt: Ungetrübte Wahrnehmung, Wachsamkeit, Gleichmut und Nachgiebigkeit, Leistungsfähigkeit und geschicktes Handeln. In dem Maße, in dem sich die dauerhaften Auswirkungen der

Meditation diesem Ideal annähern, kann der *flow*-Zustand als positive Folge des Meditierens gewertet werden.

So verstanden, stimmt das Ziel der Meditation teilweise überein mit den Merkmalen eines geübten Handelns und, allgemeiner gesprochen, mit *flow:* von Furcht unbelastetem Handeln, ungetrübter Wahrnehmung und angemessenem Reagieren, dem Vergnügen an einer Beschäftigung nur um ihrer selbst willen. Das Gedicht des taoistischen Meisters Chuang-tzu beschreibt das Wesen dieser Erfahrung sehr schön:

Ch'ui der Zeichner
konnte mit freier Hand perfektere Kreise zeichnen
als mit dem Zirkel.

Seine Finger erzeugten
spontane Formen aus dem Nichts.
Dabei war sein Geist
frei und unbekümmert.

Kein Trieb, kein Zwang,
kein Bedürfnis, keine Anziehung:
Sind deine Dinge
unter Kontrolle,
bist du ein freier Mann.

Literatur

Abu Al-Najib (1975). A Sufi Rule for Novices. Übers. v. M. Milson. Cambridge, Mass.
Alexander, F. (1941). The Scope of Psychoanalysis. New York
Allport, Gordon (1968). The Person in Psychology. Boston
Amma (1969). Dyan-yoga and Kundalini Yoga. Ganeshpuri, Indien
Anand, B. K./China, G. S./Singh, B. (1961). „Some Aspects of EEG Studies in Yogis". In: EEG and Clinical Neurophysiology 13 (1961), S. 452–456
Anandamayi Ma (1972). Matri Vani. 2 Bde. Hg. von Gurupriya Devi. Varanasi, Indien
Anandamayi Ma (1980). Worte der glückseligen Mutter. Übers. v. Chandravali. Heiligenkreuzsteinach
Arberry, A. J. (1972). Sufism: An Account of the Mystics of Islam. London
Assagioli, A. (1978). Handbuch der Psycho-Synthesis: Angewandte transpersonale Psychologie. Übers. v. E. Hanefeld und G. Schibel. Freiburg i. Br.
Babbitt, I. (1965). The Dhammapada. New York
Becker, E. (1969). Angel in Armour. New York
Bennett, J. G. (1976). Gurdjieff – Der Aufbau einer neuen Welt. Übers. v. H. F. M. Freiburg
Benson, Herbert (1978). Gesund im Streß. Übers. v. O. Marbach. Berlin
Berger, P. L./Luckmann, T. (1977). Die gesellschaftliche Konstruktion der Wirklichkeit. Übers. v. M. Plessner. Frankfurt am Main
Bharati, Agehananda (1977). Die Tantra-Tradition. Übers. v. R. Rana. Freiburg
Bhikku Soma (1949). The Way of Mindfulness. Colombo, Ceylon
Blofeld, J. (1962). The Zen Teaching of Hui Hai on Sudden Illumination. London
Blofeld, J. (1981). Der Weg zur Macht. Übers. v. U. v. Mangoldt. Berlin
Boss, Medard (1987). Indienfahrt eines Psychiaters. Bern (4. Aufl.)
Brown, Daniel P. (1977). „A Model for the Levels of Concentrative

Meditation". In: International Journal of Clinical and Experimental Hypnosis 25 (1977), S. 236–273

Brown, Daniel P./Engler, Jack (1980). „The Stages of Mindfulness Meditation: A Validation Study". In: Journal of Transpersonal Psychology 12 (1980), S. 143–192

Brown, D. P./Forte, M./Dysart, M. (1984). „Differences in Visual Sensitivity Among Mindfulness Meditators and Non-Meditators". In: Perceptual and Motor Skills 58 (1984), S. 227–233

Brunner-Traut, Emma (1982). Die Kopten. Köln

Bucke, R. M. (1988). Die Erfahrung des kosmischen Bewußtseins: Eine Studie zur Evolution des menschlichen Geistes. Übers. v. K. Reese. Freiburg i. Br.

Buddhaghosa (1976). Visuddhi-Magga: The Path of Purification. Übers. v. B. Nyanamoli. Berkeley

Butler, D. C. (1966). Western Mysticism. New York

Chadwick, A. W. (1966). A Sadhu's Reminiscences of Ramana Maharshi. Tiruvannamalai, Indien

Chögyam, Trungpa (1975). Cutting Through Spiritual Materialism. Berkeley

Chögyam, Trungpa (1978). Das Märchen von der Freiheit und der Weg der Meditation. Übers. v. S. Luetjohann. Freiburg i. Br.

Cohen, Alan u. a. (1985). „Psychophysiology of Relaxation-Associated Panic Attacks". In: Journal of Abnormal Psychology 94 (1985), S. 96–100

Coleman, J. E. (1971). The Quiet Mind. London

Conze, E. (1956). Buddhist Meditation. London

Csikzentmihalyi, M. (1985). Das Flow-Erlebnis. Jenseits von Angst und Langeweile. Übers. v. U. Aeschbacher. Stuttgart

Dalai Lama (XIV) (1965). An Introduction to Buddhism. New Delhi, India

Dalai Lama (XIV) (1979). Das Auge der Weisheit. Grundzüge der buddhistischen Lehre. Bern

Dhammapada (1921). Übers. v. Karl Eugen Neumann. München

Dhammapada (1954). Sprüche und Lieder. Übers. v. K. Schmidt. Konstanz

Davidson, J. M. (1976). „The Physiology of Meditation and Mystical States of Consciousness". In: Perspectives in Biology and Medicine 19 (1976), S. 345–379

Davidson, R. J./Goleman, D./Schwartz, G. E. (1976). „Attentional and Affective Concomitants of Meditation: A Cross-Sectional Study". In: Journal of Abnormal Psychology 85 (1976), S. 235–238

Dogen (1971). A Primer of Soto Zen. Honolulu

Eliade, M. (1977). Yoga. Unsterblichkeit und Freiheit. Übers. v. I. Köck. Frankfurt am Main

Erikson, Erik (1987). Kindheit und Gesellschaft. Übers. v. M. v. Ekkardt-Jaffé. Stuttgart
Evans-Wentz, W. Y. (1957). Yoga und Geheimlehren Tibets. Weilheim/Obb.
Evans-Wentz, W. Y. (Hg.) (1972). Der geheime Pfad der Großen Befreiung. Übers. v. Alterego. Mit einem Vorwort von C. G. Jung. Weilheim/Obb. (3. Aufl.)
Evans-Wentz, W. Y. (Hg.) (1980a). Das Tibetanische Totenbuch. Übers. v. L. Göpfert-March. Eingel. v. Lama Anagarika Govinda. Freiburg (4. Aufl.)
Evans-Wentz, W. Y. (1980b). Milarepa. Tibets großer Yogi. München (4. Aufl.)
Ferguson, P./Gowan, J. (1976). „TM: Some Preliminary Findings". In: Journal of Humanistic Psychology 16 (1976), S. 51–60
French, R. M. (1970). The Way of the Pilgrim. New York
Fromm, Erich/Suzuki, D. T./de Martino, R. (1972). Zen-Buddhismus und Psychoanalyse. Frankfurt am Main
Garfield, C. (1974). „Consciousness Alteration and Fear of Death". In: Journal of Transpersonal Psychology 7 (1974), S. 147–175
Goffman, E. (1986). Asyle: Über die soziale Situation psychiatrischer Patienten und anderer Insassen. Übers. v. U. Lindquist. Frankfurt am Main (6. Aufl.)
Goleman, D./Schwartz, G. E. (1976). „Meditation as an Intervention in Stress Reactivity". In: Journal of Clinical and Consulting Psychology 44 (1976), S. 456–466
Goldstein, Joseph (1978). Vipassana Meditation. Übers. v. R. Dreves-Dahms. Berlin
Govinda, Lama Anagarika (1962). Die psychologische Haltung der frühbuddhistischen Philosophie und ihre systematische Darstellung nach der Tradition des Abhidhamma. Zürich
Guenther, H. V. (1976). Philosophy and Psychology in the Abhidhamma. Berkeley
Guenther, H. V./Chögyam, Trungpa (1975). The Dawn of Tantra. Berkeley (dt. Tantra im Licht der Wirklichkeit. Freiburg 1976)
Gurdjieff, G. I. (1971). The Herald of Coming Good. New York
Halevi, Z'ev Ben Shimon (1976). The Way of Kabbalah. New York
Hartmann, E. (1973). The Functions of Sleep. New Haven
Hesse, Hermann (1980). Die Morgenlandfahrt. Frankfurt am Main
Hesse, Hermann (1982). Siddhartha. Frankfurt am Main (18. Aufl.)
James, W. (1910). The Principles of Psychology. (Nachdruck New York 1950)
James, W. (1979). Die Vielfalt religiöser Erfahrung. Übers. v. E. Harms. Olten. (Erstveröffentlichung 1901/02)
Johansson, R. E. A. (1970). The Psychology of Nirvana. New York

Jung, C. G. (1963). „Zur Psychologie westlicher und östlicher Religion". In: Gesammelte Werke, Band 11. Zürich und Stuttgart

Jung, C. G. (1972). „Psychologie und Alchimie". In: Gesammelte Werke, Band 12. Olten

Kabat-Zinn, Jon u. a. (1985). „The Clinical Use of Mindfulness Meditation for the Self-Regulation of Chronic Pain". In: Journal of Behavioral Medicine 8 (1985), S. 163–189

Kabir (1984). Im Garten der Gottesliebe. Nach der engl. Übers. v. R. Tagore ins Deutsche übertragen v. G. Wolf. Heidelberg

Kadloubovsky, E./Palmer, G. E. H. (1969). Early Fathers from the Philokalia. London

Kadloubovsky, E./Palmer, G. E. H. (1971). Writings on the Philokalia on Prayer of the Heart. London

Kalu Rimpoche (1974). The Foundation of Buddhist Meditation. Dharamsala, Indien

Kapleau, P. (1969). Die Drei Pfeiler des Zen. Lehre – Übung – Erleuchtung. Übers. v. B. D'Ortschy. Stuttgart

Kasamatsu, A./Hirai, T. (1969). „An EEG Study on the Zen Meditation". In: Altered States of Consciousness. Hg. von C. Tart. New York

Kashyap, J. (1954). The Abhidhamma Philosophy. Bd. 1. Nalanda, Indien

Katz, R. (1973). „Education for Transcendence: Lessons from the Kung Zhu/twasi". In: Journal of Transpersonal Psychology 5, 2 (1973); S. 136–155

Kiecolt-Glaser, Janice K. u. a. (1985). „Psychological Enhancement of Immunocompetence in a Geriatric Population". In: Health Psychology 4, 1 (1985), S. 25–41

Kiecolt-Glaser, Janice K. u. a. (1986). „Modulation of Cellular Immunity in Medical Students". In: Journal of Behavioral Medicine, Mai 1986

Krishnamurti, J. (1962). Commentaries on Living. Hg. von D. Rajagopal. London

Lao Tzu (1962). Tao Te Ching. Übers. v. J. Ulenbrook. Bremen

Ledi Sayadaw (1928). Gospel of Sri Ramakrishna. Mylapore, Indien

Ledi Sayadaw (1965). The Manuals of Buddhism. Rangoon, Burma

Lehrer, Paul/Hochron, Stuart (1986). „Relaxation Decreases Asthma in Asthmatic Subjects With Large-Airway Constriction". In: Journal of Psychosomatic Research. Februar 1986

Lesh, T. V. (1970). „Zen Meditation and the Development of Empathy in Counselors". In: Journal of Humanistic Psychology 10 (1970), S. 39–54

Leung, P. (1973). „Comparative Effects of Training on External and

Internal Concentration on Two Couseling Behaviors". In: Journal of Counseling Psychology 20 (1973), S. 227–234
M. (1952). The Gospel of Sri Ramakrishna. New York
Maharishi Mahesh Yogi (1969). On the Bhagavad Gita. Baltimore
Maharishi Mahesh Yogi (1979). Die Wissenschaft vom Sein und die Kunst des Lebens. Übers. v. N. Graf Blücher. London
Mahasi Sayadaw (1965). The Process of Insight. Übers. v. Nyanaponika Thera. Kandy, Ceylon
Mahasi Sayadaw (1970). Buddhist Meditation and its Forty Subjects. Buddhagaya, Indien
Mahathera, P.V. (1962). Buddhist Meditation in Theory and Practice. Colombo, Ceylon
Marmion, Rev. D. Columba (1926). Christ the Ideal of the Monk. St. Louis
Maslow, A. (1964). Religions, Values, and Peak-experiences. New York
Maslow, A. (1970). „Theory Z". In: Journal of Transpersonal Psychology 2, 1 (1970), S. 31–47
Maslow, A. (1971). The Farther Reaches of Human Nature. New York
Meher Baba (1967). Discourses I, II, III. San Francisco
Merton, T. (1960). The Wisdom of the Desert. New York
Merton, T. (1965). The Way of Chuang Tzu. London
Miura, I./Sasaki, R.F. (1965). The Zen Koan. New York
Muktananda Paramahansa, Swami (1970). Gurukripa. Ganeshpuri, Indien
Muktananda Paramahansa, Swami (1971). Guruvani Magazine. Ganeshpuri, Indien
Muktananda Paramahansa, Swami (1986a). Das Mantra So'Ham. Eine Meditationstechnik für jedermann. Übers. v. H. Radbruch und S. Luetjohann. Freiburg (3. Aufl.)
Muktananda Paramahansa, Swami (1986b). Spiel des Bewußtseins. Die geheime Kundalini-Praxis. Übers. v. D. Krishnak. Freiburg i. Br.
Nanamoli Thera (1964). Mindfulness of Breathing. Kandy, Ceylon
Nanamoli Thera (1976). Visuddhi-Magga. The Path of Purification. Berkeley
Narada, M. (1968). A Manual of Adhidhamma. Kandy, Sri Lanka
Narada Thera (1956). A Manual of Abhidhamma I & II. Colombo, Ceylon
Nicholson, R.A. (1929). Studies in Islamic Mysticism. Cambridge
Nidich, S./Seeman, W./Dreskin, T. (1973). „Influence of Transcendental Meditation: A Replication". In: Journal of Counseling Psychology 20 (1973), S. 565–566

Nyanaponika, T. (Übers. und Hg.) (1985). Anguttaranikaya. Die Lehrreden des Buddha aus der „Angereihten Sammlung", 5 Bde. Freiburg

Nyanaponika, Thera (1949). Abhidhamma Studies. Colombo, Ceylon

Nyanaponika, Thera (1962). The Heart of Buddhist Meditation. London

Nyanaponika, Thera (1971). Pathways of Buddhist Thought. London

Nyanaponika, Thera (1975). Geistestraining durch Achtsamkeit. Konstanz

Nyanatiloka Mahathera (1921). Das Wort des Buddha. München

Nyanatiloka Mahathera (1952). Visuddhi-Magga oder der Weg zur Reinheit. Die größte und älteste systematische Darstellung des Buddhismus (von Buddhaghosa). Konstanz

Nyanatiloka Mahathera (1976). Buddhistisches Wörterbuch. Kurzgefaßtes Handbuch der buddhistischen Lehrbegriffe. (Hg. von Nyanaponika). Konstanz (2. rev. Aufl.)

Nyanatiloka Mahathera (1981). Der Weg zur Erlösung. Übers. v. Nyanaponika. Konstanz

Orme-Johnson, D. W. (1973). „Autonomic Stability and Transcendental Meditation". In: Psychosomatic Medicine 35, 4 (1973), S. 341–349

Ornish, Dean u. a. (1983). „Effects of Stress Management Training and Dietary Changes in Treating Ischemic Heart Disease". In: Journal of the American Medical Association 247 (1983), S. 54–59

Ouspensky, P. D. (1983). Der vierte Weg. Übers. v. R. Gleichmann. Basel

Patel, Chandra u. a. (1985). „Trial of Relaxation in Reducing Coronary Risk: Four-Year Follow-Up". In: British Medical Journal 290 (1985), S. 1103–1106

Patanjali (1983). Die Wurzeln des Yoga. Übers. v. B. Bäumer. München

Pelletier, K. (1974). „Influence of TM Upon Autokinetic Perception". In: Perceptional and Motor Skills 30 (1974), S. 1031–1034

Poddar, H. P. (1965). The Divine Name and its Practice. Gorakhpur, Indien

Prabhavananda, Swami/Isherwood, C. (1962). Gotterkenntnis durch Yoga. München

Ramana Maharshi (1962). Maharshi's Gospel I & II. Tiruvannamalai, Indien

Ramana Maharshi (1983). Seine Lehren. Zusammengestellt von Arthur Osborne. München

Ramana Maharshi (1984). Gespräche des Weisen vom Berge Arunchala. Übers. und hrsg. v. E. Wilzbach. Interlaken

Ramanujan, C. K. (1973). Speaking of Shiva. Baltimore
Rice, C. (1964). The Persian Sufis. London
Rosenberg, Alfons (1983). Die Meditation des Herzgebetes. Ein christlicher Weg zur Meditation. München
Rudi (1973). Spiritual Cannibalism. New York
Johannes vom Kreuz (Juan de la Cruz) (1952). Sämtliche Werke. München
Samyutta-Nikaya (1972). Lehrreden aus der systematischen Sammlung des Pali-Kanons. Übers. v. Nyanaponika Mahathera. Lübeck
Saradananda, Swami (1963). Ramakrishna the Great Master. Mylapore, Indien
Satprem (1973). Sri Aurobindo oder das Abenteuer des Bewußtseins. Übers. v. C. Schüller. Bern (Neuauflage)
Schang, Doris (Übers.) (1980). Narada, Bhakti Sutras. Stühlingen
Scholem, G. (1974). Kabbalah. New York
Schuman, Marjorie (1980). „The Psychophysiological Model of Meditation and Altered States of Consciousness: A Critical Review". In: The Psychobiology of Consciousness. Hg. von J. M. Davidson und R. J. Davidson. New York
Schwartz, G. E. (1973). „Pros and Cons of Meditation: Current Findings on Physiology and Anxiety, Self-Control, Drug Abuse, and Creativity". Vortrag beim Jahreskongreß der American Psychological Association, Montreal, September 1973
Seeman, W./Nidch, S./Banta, T. (1972). „A Study of the Influence of Transcendental Meditation on a Measure of Self-Actualization". In: Journal of Counseling Psychology 19 (1972), S. 184–187
Selye, Hans (1957). Streß beherrscht unser Leben. München
Shah, Idries (1983a). Die Weisheit der Narren. Übers. v. U. Schottelius, Freiburg
Shah, Idries (1983b). Die Sufis. Übers. v. J. Eggert u. S. Schumacher. Köln
Shapiro, Deane (1980). Meditation: A Scientific and Personal Exploration. New York
Shapiro, D./Walsh, R. (1984). Meditation: Classical and Contemporary Views. New York
Srimad Bhagavatam (1969). Gorakhpur, Indien
Steidle, B. (Hg.) (1975). Die Benediktusregel. Lateinisch-Deutsch. Beuron
Stewart, K. (1969). „Dream Theory in Malaya". In: Altered States of Consciousness. Hg. von C. Tart. New York
Surwit, R./Feinglos, M. (1983). „Effects of Relaxation on Glucose Tolerance". In: Diabetes Care 6 (1983)

Sutich, A. (1969). „Statement of Purpose". In: Journal of Transpersonal Psychology 1 (1969), S. 1
Suzuki, D.T. (1958). Essays in Zen Buddhism. London
Suzuki, D.T. (1970). The Field of Zen. New York
Suzuki, D.T. (1973). Erfülltes Leben aus Zen. Übers. v. M. v. Mangoldt und E. v. Pelet. München
Suzuki, D.T. (1974). An Introduction to Zen Buddhism. New York
Suzuki, D.T. (1988). Koan. Der Sprung ins Grenzenlose. Übers. v. J. Eggert. Bern
Tart, C. (1971). „Scientific Foundations for the Study of Altered States of Consciousness". In: Journal of Transpersonal Psychology 3 (1971), S. 93–124
Tart, C. (1978). Transpersonale Psychologie. Übers. v. G. Uellenberg und G. Hesse. Olten.
Vajiranana, P. (1962). Buddhist Meditation in Theory and Practice. Colombo, Sri Lanka
Van Aung, Z. (Übers.) (1972). Compendium of Philosophy. London
Van Nuys, D. (1971). „A Novel Technique for Studying Attention During Meditation". In: Journal of Transpersonal Psychology 3, 3 (1971), S. 125–134
Vivekananda, Swami (1983a). Karma Yoga – Bhakti Yoga. Übers. v. I. Krämer und F. Dispeker. Freiburg
Vivekananda, Swami (1983b). Raja Yoga. Übers. v. E. v. Pelet. Freiburg
Vyas Dev, Swami (1970). First Steps to Higher Yoga. Gangotri, Indien
Waddell, E. (1957). The Desert Fathers. Ann Arbor, Mich.
Walker, K. (1969). A Study of Gurdjieff's Teaching. London
Watson, J.B. (1913). „Psychology as a Behaviorist Views it". In: Psychology Review 20 (1913), S. 158–177. (Dt. unter dem Titel „Psychologie, wie sie der Behaviorist sieht". In: J.B. Watson. Behaviorismus. Hg. v. C.F. Graumann. Übers. v. L. Kruse, Köln 1968)
Watts, A. (1986). Psychotherapie und östliche Befreiungswege. Übers. v. W. Stifter. München
Wei Wu Wei (1968). Posthumous Pieces. Hongkong
Wilber, Ken/Engler, Jack/Brown, Daniel (1988). Psychologie der Befreiung: Perspektiven einer neuen Entwicklungspsychologie. Übers. v. E. v. Scheidt. Bern
Wilhelm, R. (Übers.) (1929). Das Geheimnis der Goldenen Blüte (Teilübers. mit einem Kommentar von C.G. Jung). Zürich
Wilhelm, R. (Übers. u. Hrsg.) (1969). Dschuang Dsi: Das wahre Buch vom südlichen Blütenland. Düsseldorf/Köln

Empfehlenswerte Bücher zum Thema

Nachschlagewerk

Lexikon der östlichen Weisheitslehren. Buddhismus – Hinduismus – Taoismus – Zen. Bern, München, Wien 1986.

Über Meditationswege

Chang, Garma C. C. (1977). Die Praxis des Zen. Freiburg
Dass, Ram (1985). Reise des Erwachens. Handbuch zur Meditation. Übers. v. Stewart Coltman. Berlin
Feild, Reshad (1980). Ich ging den Weg des Derwisch. Frankfurt am Main
Fields, Rick u. a. (1984). Chop Wood, Carry Water. Los Angeles
Goldstein, Joseph (1978). Vipassana Meditation. Übers. v. R. Dreves-Dahms. Berlin
Groening, Lies (1985). Die lautlose Stimme der einen Hand. Zen-Erfahrungen in einem japanischen Kloster. Reinbek
Herrigel, Eugen (1985). Zen in der Kunst des Bogenschießens. Bern (24. Auflage)
Kapleau, P. (1969). Die Drei Pfeiler des Zen. Lehre – Übung – Erleuchtung. Übers. von. B. D'Ortschy. Stuttgart
Kornfield, Jack/Goldstein, Joseph (1989). Einsicht durch Meditation: Die Achtsamkeit des Herzens – buddhistische Einsichts-Meditation für westliche Menschen. Übers. v. T. Kierdorf, Bern
LeShan, Larry (1975). How to Meditate. New York
Levine, Stephen (1979). A Gradual Awakening. New York
Martin, Bruno (1985). Handbuch der spirituellen Wege. Reinbek
Suzuki, Shunryu (1975). Zen-Geist, Anfänger-Geist. Übers. v. D. Dornier und P. Ragg. Zürich
Tweedie, Irina (1979). Wie Phönix aus der Asche. Mein Abenteuer der Selbstfindung auf dem Weg der Sufis – dem „Pfad der Liebe". Übers. v. S. Reinhardt. Bern und München
Wetering, Janwillem van de (1981). Der leere Spiegel. Erfahrungen in einem japanischen Zen-Kloster. Reinbek
Wetering, Janwillem van de (1985). Ein Blick ins Nichts. Erfahrungen in einer amerikanischen Zen-Gemeinde. Reinbek

Über östliche Psychologien, Meditation und Psychotherapie, Meditation und Gesundheit

Benson, Herbert (1978). Gesund im Streß. Übers. v. O. Marbach. Berlin

Borysenko, Joan (1989). Gesundheit ist lernbar: Das klinisch getestete Programm zur Steigerung der Abwehrkräfte des Körpers und zur Förderung der Selbstheilungskräfte. Übers. v. M. v. Kroh. Bern

Kniffke, Christa (1979). Transzendentale Meditation und Autogenes Training: Ein Vergleich der Erfolgsaussichten beider Methoden. München

Naranjo, C./Ornstein, R. E. (1988). Psychologie der Meditation. Übers. v. M. Klostermann. Frankfurt am Main

Shapiro, Deane/Walsh, Roger (1984). Meditation: Classic and Contemporary Perspectives. Hawthorne, N. Y.

Tart, Charles (Hg.) (1978). Transpersonale Psychologie. Übers. v. G. Uellenberg und G. Hesse. Olten

Tarthang, Tulku (1980). Selbstheilung durch Entspannung. Übers. v. M. Steurich. München

Walsh, Roger/Shapiro, Deane (Hg.) (1983). Beyond Health and Normality. New York

Wilber, Ken/Engler, Jack/Brown, Daniel (1988). Psychologie der Befreiung: Perspektiven einer neuen Entwicklungspsychologie. Übers. v. E. v. Scheidt. Bern

Namen- und Sachregister

Abba Dorotheus 91
Abdul-Hamid 101
Abhidhamma 27, 164, 233, 241
Abhidhamma, Flow und 247
Abhidhamma, mentale Faktoren im 169
Abhidhamma, mentale Zustände im 168
Abhidhamma, Persönlichkeit im 167, 178
Abhidhamma, Sinnesobjekte im 168
Abhidhamma, über das Selbst 172
Abhidhamma, über den Arahat 190
Abhidhamma, über Geistesstörungen 183
Abhidhamma, über Meditation 185
Abhidhamma, über seelische Gesundheit 183
Abhidhamma, über Träume 190
Abhidhamma, Westliche Psychologie und 200
Abhidharma → Abhidhamma 165
Ablenkung 39
Abschweifen 52
Abu al-Najibs 101
Abu Said von Mineh 99
Abulafia, Abraham 88

Achtsamkeit 51, 154, 158, 235, 237, 240
Achtsamkeit, auf den Körper 53
Achtsamkeit, auf die Empfindungen 53
Achtsamkeit, auf die Geistesverfassung 53
Achtsamkeit, auf die Objekte des Geistes 53
Achtsamkeit, Gurdjieffs „Vierter Weg" und 140f.
Achtsamkeit, Hellblick und 52
Achtsamkeit im Abhidhamma 188
Achtsamkeit, Jhanas und 52
Achtsamkeit, Kontrolle der Sinne und 31
Achtsamkeit, Krishnamurti und 146
Achtsamkeit, Weg der Einsicht und 50
Achtsamkeit, Zazen und 132
Achtsamkeitsarten, vier 53
Achtsamkeitstechniken 237
Adler, A. 214
Advaita-Vedanta 80
Advait-Hinduismus 106
Alexander, F. 203f.
Al-Ghazali 99
Al-Junaid von Bagdad 100
Allport, G. 201, 214
Al-Muridin 104
Alpha-Rhythmus 237

Al-Qushari 98
Amrita 123
Anagamin 65
Anand, B.K. 237
Anandamayi Ma 77, 82
Anatta 56, 65
Angyal 212
Anicca 57, 65
Anusayas, 184
Anussati 35
Arahat 66ff., 189, 191, 203, 244
Arahat und westliche Psychologie 192
Arberry 100
Aruppa 35
Asana 114
Ashtanga 114
Ashtanga-Yoga, acht Grundpraktiken des 114
Askese → Reinheit 91
Assagioli, R. 214
Asubha 35
Atman 167
Atmung 46
Atta (Selbst) 167
Aufmerksamkeit 152, 159, 205, 224
Augustinus 96
Augustinus, Heiliger 95
Aurobindo, Shri 157
Autogenes Training 229
Azriel von Gerona, 87

Baba, Meher 119
Baqa 100
Becker, E. 202
Behaviorismus 200
Benedikt, Heiliger 96
Bennett, J.G. 142
Benson, H. 224, 229f.
Berger, P.L. 156
Besant, A. 143
Besitz 32

Beta-Blocker 230
Bewußtseinsmoment 56f., 59, 61
Bewußtseinsveränderung 233
Bewußtseinsveränderung, Nirvana und 63
Bewußtseinszug 235
Bewußtseinszustände in der Kabbala 84
Bewußtseinszustand 201, 235
Bewußtseinszustand, höherer
 – in der Kabbala 86
Bhakti 75
Bhakti-Sutras 79
Bhava, 167
Bhikku Soma 28
Bishi al-Hafi 97
Blutdruck 230
Bluthochdruck 227
Bon Marg 150
Boss, M. 212ff.
Brahma-vihara 35
Brown, D.P. 204, 219, 239f., 243
Buber, M. 212
Bucke, R.M. 208
Buddha 33f., 37, 165, 168, 170, 191, 233
Buddha, „Mittlerer Weg" des 34
Buddhaghosa 27
Buddhismus, Psychoanalyse und 204
Buddhistische Psychologie
 → auch Abhidhamma 165

Chaitanya, Shri 75
Chakra 120
„Charakterpanzer" 202
Chögyam Trungpa 128, 130
Cholesterinspiegel 230
Chuang-tzu 248
Cohen, A. 232
Conze, E. 28

Csikzentmihalyi, M. 244ff.

Daath (Erkenntnis) 88
Daigi (Zweifel) 133
Dalai Lama 127, 129
Darshan 77
Davidson, J.M. 236
Davidson, R.J. 225, 241
De Martino, R. 212
Debekuth 89
Desensibilisierungshierarchie 232
Dhammapada, 170
Dharana 116
Dhyana 116, 132
Diabetiker 230
Ditthi 172
Dogen 132
Dualität, des Bewußtseins 113
Dukkha 57

EEG-Forschung 237f.
Einheit in der Vielfalt 111
„Einheitsbewußtsein" 112
Einsicht, Weg der
  → auch Hellblick 50
Emerson, R.W. 207
Engler, J. 219, 240
Entspannung 224, 228
Entspannung, Psychotherapie und 231
Entspannungstechniken 229
Entspannungstechniken, Auswirkungen auf das Immunsystem 229
Entspannungstechniken, bei Schmerzen 231
Entspannungstechniken, Herzerkrankungen und 230
Epstein, M. 219
Erikson, E. 202
Essener 84
Ethik, im Abhidhamma 170
Evangelium 91

Evans-Wentz, W.Y. 131, 209
Existentialisten 213
Eysenck, 241

Fana 100
Ferguson, P. 241
Flow 244ff.
Freud, S. 192f., 205, 233
Fromm, E. 212

Garfield, C. 241
Gebet des Publikan 91, 96
Gebote, ethische 30
Gehirn, Auswirkungen der Meditation auf das 224
Gehirn, Gurdjieff- vs. TM-Technik 225
Gehirntätigkeit, Messung der 239
Geistestätigkeit, Ende der 61
Geistestätigkeit, Stillstand der 60
Gemeinschaft 32
Gerichtetheit 35, 40, 51, 240
Gerichtetheit, Ashtanga-Yoga und 114
Gerichtetheit im Sufismus 97
Gerichtetheit, Techniken der 236
Gerichtetsein auf Ishta 77
Gerichtetsein, Transzendentale Meditation und 108
Geschlechtsverkehr, kontrollierter ritueller (Maithuna) 122
Gesundheit, seelische 183
 – in der westlichen Psychologie 201
Gleichmut 44, 46, 61
Glücksgefühl 40, 42, 44
Goenka, S.N. 220
Goleman, D. 241
Gottesbewußtsein 111, 160
Gowan, J. 241
Grundeinstellung, geistige 30

Gurdjieff, G. J., „Vierter Weg"
  von 138
Gurdjieff-Technik 225
Guru, im Bhakti 77 f.
„Gurukripa" (Unterwerfung
  unter einen Meister) 78

Hal 98
Halevi, Z'ev ben Shimon
  84 f., 87
Hartmann, E. 244
Hatha 115
Hellblick 54
Hellblick im Mahayana-
  Buddhismus 130
Hellblick, Trübungen des 57
Hellblick-Meditation 52, 54
Hellblick-Meditation, Gurdjieffs
  „Vierter Weg" und die 140
Hellblick-Meditation, Höhe-
  punkt der 61
Hellblick-Meditation, Psycho-
  analyse und 204
Hellblick-Meditation, Zazen
  und 132, 135
Hellblick-Meditierende 240
Herzensgebet 92 f.
Hesse, H. 210
Hesychasmus 90
Hesychastes von Jerusalem 93
„Hinayana"-Tradition → auch
  Theravada-Buddhismus 127
Hirai, T. 237
Hui Hai 136

I Ging 209 f.
Ibn al-Najib 101
Ich 56
Ich-Bewußtsein 56
Ich-Bezogenheit 38
Ich-Identität 201
Ich-Integrität 202
Ich-Verlust, Nirvana und 64
Idries Shah 100, 105

Individualpsychologie 215
Introspektion 200
Isherwood, C. 79
Ishta 76

Jacobsen, E. 229, 231
James, W. 194, 199, 207
Japa 76
Jessod 85
Jhana 159, 235
Jhana, achtes 48
Jhana, Bhakti und 79
Jhana, drittes 44
Jhana, erstes 42
Jhana, fünftes 47
Jhana, sechstes 48
Jhana, siebtes 48
Jhana, Transzendentale Medita-
  tion und 107
Jhana u. Gerichtetheit 43
Jhana, unkörperliches 46
Jhana, viertes 46
Jhana, Zen und 133
Jhana, im Mahayana-Buddhis-
  mus 129
Jhana, zweites 44
Jivanmukta 118
Johansson, R. 190
Joriki 134
Joschua ben Miriam 84
Jüdische Kabbala
  → Kabbala 84
Jung, C. G. 209, 211, 214
Jungsches Prinzip der
  Synchronizität 191

Kabat-Zinn, J. 231
Kabbala, Geheimlehren der
  87
Kabbala, Kosmologie der 84
Kabbala, Meditation und 87
Kabir 82
Kadloubovsky/Palmer 92
Kalisantaram Upanishad 75

Kalu Rimpoche 28
Kapala 123
Kapleau, P. 135
Karma 170
Kasamatsu, A. 237
Kashyap 28
Kasina 35, 47
Kawwana 87
Kensho-godo 134
Kiecolt-Glaser, J. 229
Kirtan 76
Koan 133
Körper 32, 49
Körperfunktion, Stillstand der
  – im Nirodha 69
Konzentration 35, 39, 51
Kosmisches Bewußtsein
  109f., 160, 208
Krishna 75
Krishnamurti, J. 143
Kundalini-Yoga, Chakras 120
Kyrie eleison 91

Läuterung → Reinigung 30, 33
Lama Govinda 28
Lao Tse 73
Ledi Sayadaw 28
Lehrer, P. 231
Lesh, T. V. 241
Leung, P. 241
Luckmann, T. 156

Maggid (Lehrer) 86
Mahabba 99
Mahamudra 131
Maharishi Mahesh Yogi 106, 108f., 111
Mahasi Sayadaw 28
Mahayana 127
Maithuna (Erwecken von Kundalini-Energie durch kontrollierten rituellen Geschlechtsverkehr) 122

Makarios, 90
Makyo 135
Mala 76
Mandala 209f.
Mantra 75, 78, 91, 108
Mantra, Das
  – im Kundalini-Yoga 123
  – in den Saiva Upanischaden 108
  – in der Transzendentalen Meditation 107
Maqam 98
Margolin, R. 225
Maslow, A. 202, 212, 214f.
Mazkur 99
Meditation als Therapie 227
Meditation, Auswirkungen der
  – auf das Gehirn 224
  – auf die Persönlichkeit 242
Meditation, Entspannung und 228
Meditation, Flow und 244
Meditation, Furcht und 59
Meditation, Gebet und 93
Meditation im Abhidhamma 185
Meditation, Körperreinigung und 115
Meditation, Langzeitwirkungen von 241f.
Meditation, Meßverfahren 242
Meditation, Psychoanalyse und 203, 205
Meditation, Psychologie der 163
Meditation, Psychosomatische Störungen und 223
Meditation, Psychotherapie und 228, 232
Meditation, Streß und 220, 222
Meditation, Umgebung der 150, 182

Meditation, Umgebung für die 31, 37
Meditation und die Erforschung des Bewußtseins 235
Meditationen 73
Meditationsanfänger 37
Meditationslehrer 37
Meditationsmethoden, Persönlichkeitstypen und 182
Meditationsobjekte 35
Meditationsobjekte, Anbetungsobjekte als 76
Meditationstechniken 153
Meditationstechniken im christlichen Hesychasmus 90
Meditationsvorbereitung 150
Mentale Faktoren 169, 178
Mentale Faktoren, Geistesstörungen und 183
Mentale Faktoren, heilsame 171, 174
Mentale Faktoren, heilsame u. unheilsame 174 ff., 183, 185 f.
Mentale Faktoren, seelische Gesundheit und 183
Mentale Faktoren, unheilsame 171 f.
Mentale Zustände 168
Merton, Th. 91, 94
Metatron 84
Mnemotechnische Hilfen 76
Mönche, buddhistische 30 f., 34, 77
Mönche, christliche 90, 94
Moha (Verblendung) 172
Mudras (Methoden zur Reinigung der inneren Organe) 115, 124
Muktananda, Swami 123, 157

Nafs 104
Nanamoli Thera 28
Narada 75
Narada Thera 28
National Institute of Health (NIH) 227
Nibbana 27, 188 f.
Nidich, S. 241
Nilus 93
Nirodha (Aufhebung) 69
Nirvana 27, 50, 54, 62, 188, 198, 204
Nirvicara Samadhi 117
Nirvikalpa-Samadhi 117
Niyama 114
Nyanaponika Thera 28, 51, 166
Nyanatiloka 28

Östliche Philosophie 206
Östliche Psychologie 164, 199, 206, 243
Orage 138
Orme-Johnson, D. W. 241
Ornish, D. 230
Ouspensky, P. D. 138, 140

Pali 50
Pali-Kanon 56, 67, 165
Pañña 175
Patanjali 207
Patanjali → auch Ashtanga Yoga 113
Patel, Ch. 230
Pelletier, K. 241
Persönlichkeit, der Meditierenden 241
Persönlichkeit des Arahat 190
Persönlichkeit, die
 – im Abhidhamma 178, 168
 – im Visuddhi-Magga 179
 – in der buddhistischen Psychologie 166
Persönlichkeit, Meditationsübungen und 36
Persönlichkeit, Typen 36

Persönlichkeitstest 240
Persönlichkeitstypen 179
Persönlichkeitsveränderungen, Hellblick und 64
Persönlichkeitsveränderungen, Nirvana und 64
Philokalia 92f.
„Plateau-Erfahrung" 216
Plotin 206
Poddar, H.P. 76, 78
Positivismus 207
Prabhavananda, Shami 79
Prajna 117
Pranayama 115
Pratyahara 116
Psychoanalyse 193
Psychoanalyse, Meditation und 203
Psychologie → östliche Psychologie, westliche Psychologie 163
Psychosomatische Störungen 223
Psychosynthesis 214
Psychotherapie, Meditation und 232
Puñña (Einsicht) 29, 50
P.V. Mahathera 28

Quies 94
Qurb 99

Raja-Yoga 114
Ramakrishna, Shri 75, 80, 193
Ramana Maharishi 78, 118, 155
Ramanujan, C.K. 197
Registrieren 51, 61
Reinheit, Hesychasmus und 91
Reinheit, im Bhakti 77
Reinheit, im Hesychasmus 93
Reinheit, im Sufismus 97
Reinheit, Nirvana und 63

Reinheit, Transzendentale Meditation und 109
Reinigung 29, 34
Reinigung als Meditationsvorbereitung 150
Reinigung des Körpers, als Mittel der Bewußtseinsveränderung 115
Reinigung durch Shaktipat 124
Reinigung in der Visuddhi-Magga-Tradition 29
Religiöse Praxis des Bhakti 75
Religion 192, 211
Religionspsychologie 208
Rolland, R. 193
Rorschachtest 240
Rudrananda, Swami 156

Sahaja Samadhi 81
Sahasrara 125
Sakadagamin 65
Samadhi 116, 128, 235, 237
Samadhi, Ashtanga-Yoga und 113
Samadhi, Bhakti und 79
Samadhi, Dalai Lama über 129
Samadhi (innere Sammlung) 29
Samadhi, Kundalini-Yoga und 122
Sammlung 29, 36, 153, 158, 235
Sammlung im Abhidhamma 187
Sammlung im Mahayana-Buddhismus 130
Sammlung, vorbereitende 40
Sammlung, Weg der 34, 39
Samsara 127
Samyama 116
Sangha 32
Sankaracharya 106

Saradananda, Swami 81
Sasaki, R. 137
Sati → Achtsamkeit 31
(Satipatthana) 50
Satori 135
Satori-Erwachen 134
Satprem 157
Satsang 77
Savicara-Samadhi 117
Scheinnirvana 57
Schmerzempfindungen 60
Schuman, M. 236
Schwartz, G. 221, 225, 241
Seeman, W. 241
Selbst, im Abhidhamma 167, 172
Selbst, Nichtexistenz des 56
Selbst, Suche nach dem
– und Bhakti 80
Selbst-Erinnern, das 139 ff.
Selye, H. 232
Sexualtrieb, Nirvana und 65
Sexuelle Gedanken 30
Shabastri, Mahmud 102
Shaktipat-Diksha 124, 159
Shankaracharya 80
Shapiro, D. 228, 236, 242
Shatkarmas 115
Sheikh 102
Shikantaza 134
Shiney 128
Shunyata 129 f.
Siddhí 125
Siddha-Yoga 123
Sila 128
Sila (Sittlichkeit) 29
Simeon der Stylit 91
Sinne, Zügelung der 31
Sinnesobjekte 168
Sotapanna 64
Srimad Bhagavatam 75, 79
Streß 220, 223, 227 ff., 231
Streßbewältigung 222, 227
Streßtherapie 232

Sufi-Lehrgeschichten 103
Sufismus 97
Surwit, R. 230
Sutich, A. 216
Suzuki, D. T. 68, 133, 136, 209, 212

Talmud 88
Tantra 120
Tart, Ch. 160, 217
„Theorie Z" 215
Theravada-Buddhismus 165
Theravada-Buddhismus, Meditationsmethoden des 29
Theravadins 165
Thoreau, H. D. 207
Tibetischer Buddhismus 127
Tifereth (Zustand der Klarheit) 85
Titchener-Schule 200
TM → Transzendentale Meditation 106
Torah 89
Träume 190
Trance 198
Transpersonale Psychologie 212, 216 f.
Transzendentale Meditation 106, 225
Transzendentales Bewußtsein 109, 160
Transzendentalisten 207
Turiya 125
Turiyatita 125

Unbewußte, das 184, 211, 233
Un-ding-lichkeit 48

Van Nuys, D. 241
Veränderte Bewußtseinszustände 158, 196 f., 211, 235
Verhaftung 33
Verhalten, soziales 30

Verlust des Ichs 64
Versenkung 40
Versenkung im Bhakti 80
Versenkungszustand
 → Jhana 42
Verwirrtheit (Vicikiccha) 172
Verzückung 42
Vipassana 31, 50
Vipassana im Mahayana-
 Buddhismus 129
Vishnu 76
Visionen 41
Visualisierungen im Maha-
 yana-Buddhismus 128
Visuddhi-Magga 27, 73,
 179
Visuddhi-Magga, Aufmerksam-
 keit im 152
Visuddhi-Magga, Meditations-
 objekte im 35
Visuddhi-Magga, Meditations-
 vorbereitungen und 29
Visuddhi-Magga, Persönlichkeit
 im 179
Visuddhi-Magga, Weg der
 Einsicht und 50
Visuddhi-Magga, Weg der
 Sammlung und 39
Visuddhi-Magga, zu Visionen
 42
Visuddhi-Magga-Reinigung
 29
Vivekananda 77 ff., 81
Vivekananda, Swami 207
Vyas Dev 115

Wadis 142

Wahrnehmung, Grenzen der
 49
Wahrnehmung in höheren
 Jhana-Zuständen 48
Wahrnehmung, reine
 – bei Krishnamurti 147
Walker, K. 139, 141 f.
Walsh, R. 228
Watson, J. B. 201
Watts, A. 214
Wege der Meditation 149
Wei Wu Wei 68
Weltkongreß der Religionen,
 erster 207
Westliche Psychologie 192,
 194, 199, 206
Whitman, W. 207, 209
Widerstandsfähigkeit 230
Wilber, K. 219
Wilhelm, R. 209
Wissen 29
Wüstenväter → Mönche,
 christliche 90

Yama 114
Yasutani 133
Yoga 212
Yoga-Sutren 113

Zaddik 89
Zakir 99
Zazen 132
Zen 42, 132, 237
Zenrin 38
Zikr 99
Zikr (Gedenken) 97
Zimmer, H. 209